Günter Spitzing

Fototricks und Experimente

information foto

Günter Spitzing
Fototricks und Experimente

Erfolg und Spaß
mit phantastischer Fotografie

AUGUSTUS VERLAG

Die in diesem Buch gegebenen Informationen und Ratschläge beruhen auf gründlicher Recherche. Doch nicht jede Information kann nachgeprüft werden. Verlag und Autor übernehmen für die Richtigkeit der Angaben in diesem Buch und sich daraus ergebende Folgen keine Gewährleistung.

Augustus Verlag, Augsburg 1993

Satz: Cicero Lasersatz GmbH, Augsburg
Gesamtherstellung: Milanostampa, Farigliano
Printed in Italy
ISBN 3-8043-5011-9

Kurz-Wegweiser

Inhaltsverzeichnis

Einfach phantastisch!

Wir sind von der wirklichen Welt umgeben – von ihren Chancen, ihren Gefahren, ihrem attraktiven Reiz und zugleich von alle dem was uns an ihr abstößt. Wir sind von dieser Welt umgeben, in sie eingebettet, aber auch von ihr umzingelt. Sie zwingt uns ihre Regeln auf. Es bleibt uns nichts anderes übrig als uns in ihr zu Hause zu fühlen – ob wir wollen oder nicht.

Doch neben der Welt des Wirklichen gibt es noch eine eigene Welt des Unwirklichen und Phantastischen. Wir sind von einer unbändigen Sehnsucht nach ihr ergriffen, weil wir in ihr frei und ungebunden herumschweifen können. Und es ist sehr wichtig für uns, daß wir alles tun um uns diese freie Welt für unsere Gedankenflüge und für unsere Phantasien zu erhalten. Unserer phantastischen Innenwelt droht Gefahr einer Woge von Fernsehterror und von Videohorror, die über uns hereinbricht und uns in die Enge treibt, zu erliegen. Wir müssen uns dagegen wehren. Widerstand gegen die Gewalt mit der die Medien unsere Phantasie vergewaltigen! Aktiver Kampf für ein freies Universum der Phantasie – für die Welt unserer ureigenen Gedanken und Vorstellung.

Meine und auch Deine Kamera kann mehr als wir ihr im allgemeinen zutrauen. Wir benutzen sie normalerweise um etwas, was uns mehr oder minder interessiert, aus unserer wirklichen Umgebung herauszupflücken und so wirklichkeitsnah, wie es nur immer geht, festzuhalten. Und dagegen ist auch gar nichts zu sagen. Auch ich benutze meine Kamera hauptsächlich um zu dokumentieren. Doch manchmal, nicht immer, aber eben ab und zu – da verführt sie mich dazu, mit ihr zu spielen.

Mit der Kamera zu spielen, das heißt in unserem Falle alle in sie eingebauten Möglichkeiten zu nutzen, die Dinge eben anders darzustellen als sie das Auge sieht. Dazu mögen wir Aufnahmefehler ganz gezielt so zu verwerten, daß sie eben einen interessanten Effekt ergeben, oder aber wir können Materialien, die die Lichtstrahlen abknicken, abbiegen oder auch verfärben – etwa Tricklinsen – in den Strahlengang einfügen. In jedem Falle wird etwas Unwirkliches herauskommen. Wichtig ist es, daß dies dann auch eine faszinierende Wirkung hat – daß es verblüfft oder daß es durch seine Ästhetik besticht – und da kommt es eben darauf an, daß wir viele Versuche machen und daß wir lernen, die Ausrüstung, die uns zu Gebote steht, zu beherrschen. Nebenbei bemerkt: Mit den in diesem Buch geschilderten Aufnahmemethoden lernst Du Deine Fotoausrüstung so gut kennen, daß Dir diese Erfahrungen auch bei der üblichen dokumentarischen Fotografie von gar nicht zu überschätzendem Nutzen sein werden.

Nun käme ich mir wirklich etwas kindisch vor, wenn ich irgendwo in der Welt an einem faszinierenden Fleckchen Erde – vielleicht in Rio oder Hawaii, vielleicht auch in Bali oder Schanghai anfinge meine Aufnahmen mit Tricklinsen, Fehlbelichtungen oder falschen Scharfeinstellungen »creativ« zu »verfremden«. Dort ist doch die Umwelt so neu für mich, so interessant und auch so fremd, daß ich ihr eigentlich nur näher kommen kann, wenn ich versuche sie getreulich zu dokumentieren. Was ich dann dokumentiere und wie ich das tue – das läßt schließlich mir gestalterische Freiheit genug. Die Fremde und das Fremde will ich nicht verfremden, sondern dazu will ich Brücken schlagen, damit ich Zugang dazu gewinne – und dies nicht zuletzt mit einer Art der Fotografie, die sich eben dem Fremden, das mir begegnet, verpflichtet und verantwortlich fühlt. Übrigens: Brücken aller nur erdenklichen Art zu dem Fremden und zu den Fremden zu schlagen, das ist gerade jetzt die erste und wichtigste Aufgabe aller Menschen guten Willens.

Anders, wenn ich zu Hause bin in meiner mir nur zu gut bekannten Umwelt, so gut bekannt vielleicht, daß ich sie vor lauter Vertrautheit schon gar nicht mehr sehe! Da versuche ich gerne den Dingen einen ganz neuen Reiz abzugewinnen, da versuche ich die Kamera als Zauberstab wirken zu lassen, der für mich all das, was sie aufzeichnet, auf magische Weise verändert und umformt. Jetzt entstehen plötzlich neue Formen und Farben, die wir zuvor nicht gekannt, weil es sie noch nicht gegeben. Wir haben so die Chance zumindest für Teile aus der Welt unserer Phantasie Raum zu schaffen in der Welt unserer Wirklichkeit. Teilbereiche der Phantasiewelt werden ins Sichtbare und Mitteilbare umgewandelt.

Also machen wir uns daran – schlemmen wir in einem Spiel von Formen und Farben, das wir völlig neu aus dem Nichts erschaffen. Dabei ist es weniger wichtig, ob wir lediglich der ästhetischen Faszination dieser Erscheinungen verfallen und uns von ihnen verblüffen lassen, oder aber ob wir sogar noch einen Schritt weitergehen und, das was wir neu geschaffen, ausdeuten. So mag für uns die magische farbig beleuchtete Zange gegenüber Seite 112 zu einem mythischen Fabelwesen mit aufgerissenem Drachenmaul werden. Wir können so ganze Bildserien in Märchenschauen von unwirklichen Ereignissen verwandeln. Unserer Phantasie sind keine Grenzen gesetzt, wenn wir nicht selbst ihr Grenzen setzen.

Dies Buch will Euch die Grundlagen phantastischen Gestaltens liefern. Es will Euch die Rezepte liefern um aus Eurer Kamera die reizvollsten Tricks und Effekte herauszukitzeln. Aber wenn Ihr dann Euch schon etwas in alle diese Methoden vertieft habt, dann seid Ihr an der Reihe, dann habt Ihr die Chance zum großen Phantasie-Spiel. Das bedeutet, daß Ihr Euch mit anderen zusammentut und einmal versucht etwas auf phantastisch zu fotografieren, das zeigt, wie es in Euch selbst im Augenblick gerade aussieht. Ihr könnt solche Aufnahmen aber auch still für Euch machen und sie dann einem Kreis von Freunden vorlegen, damit die erraten, was diese Bilder ausdrücken. Wenn Ihr gerade sehr gut gelaunt und ausgeglichen seid, werden die Formen der dargestellten Objekte harmonisch geschwungen sein, als Farben werden vielleicht zarte Blautöne vorherrschen – so ein Bild sieht jedenfalls ganz anders aus, wie eines das Ihr macht, wenn Ihr vor Wut schnaubt oder gerade kopfüber in ein Meer von Liebe gefallen seid.

Tatsächlich kannst Du mit phantastischen ungegenständlichen Bildern Deine jeweilige Seelenlage am besten darstellen. Warum das so ist? Nun – in jedem fotografischen Bild mixen sich zwei Dinge – ein Stück vom erfaßten Motiv und natürlich zugleich ein Stück von der jeweiligen seelischen Gestimmtheit des Fotografierenden. Welchen Anteil das andere, das Objekt, das »Du« also, auf der einen Seite – und Du selbst, Dein »Ich« also, auf der anderen im Bild hat, das hängt von der Art des Fotografierens ab. In einem dokumentarischen Foto ist sehr viel vom Objekt drin, und nur ein bißchen etwas vom Fotografierenden. Bei der phantastischen Fotografie aber bleibt dem Fotografierenden eine Menge Freiheit. Er kann eigentlich alles machen. Und so steckt dann entsprechend viel von ihm persönlich im Bild, und demzufolge sehr viel weniger vom Objekt, das bis zur Auflösung ins Unkenntliche verändert werden kann.

Natürlich kannst Du mit den phantastischen Methoden der Fotografie auch einfach nur so spielen. Du kannst Dich aber damit auch ausdrücken, auch etwas deutlich sagen, was Du vielleicht mit Worten nicht so gut zu sagen vermagst oder nicht sagen willst. Du kannst es für Dich selbst alleine aus Dir herausbringen, Du kannst es aber auch als Mittel benutzen anderen etwas von Dir auf zarte Art und Weise mitzuteilen, in dem Du ihnen die betreffenden Bilder zeigst und eventuell auch ausdeutest. Aber Du kannst noch mehr – Du kannst für Dich alleine oder mit andren zusammen eine ganze Märchenwelt ans Licht bringen, in der Du herumwanderst und Dich glücklich fühlst. Und dafür wünsche ich Dir alles Gute! Glück auf für Deine Wanderung, die zwei Welten miteinander verbindet – die Innenwelt der Phantasie und die Außenwelt der Fotografie.

Günter Spitzing

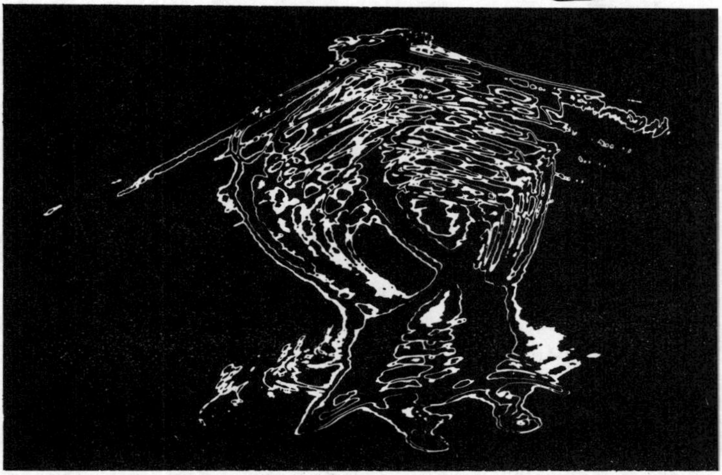

Teil I

Aufnahmefehler alias Gestaltungsmöglichkeiten

Der beliebte Vergleich zwischen fotografischer Kamera und menschlichem Auge ist ein etwas zweischneidiges Schwert. Zu leichtbeschwingt flattert er über die Tatsache hinweg, daß doch die Wahrnehmung per Gesichtssinn einerseits und die Bildaufzeichnung per Kamera anderseits stark unterschiedlichen Gesetzen unterliegen. Diese nicht zu unterschätzenden Gegensätzlichkeiten sind letztlich dafür verantwortlich, daß beispielsweise werbliche Produkt-Fotos, die besonders realistisch wirken sollen, oft mit Hilfe raffiniertester Tricks zurechtmanipuliert werden müssen. Kunstgriffe erschaffen ein Traumgebilde von Natürlichkeit.

Dagegen will ich nichts sagen! Auch manipulierte Reproduktion muß sein. Wir jedoch wollen uns jetzt kopfüber in die verrückte, phantastische Fotogestaltung stürzen. Dabei befinden wir uns dem gegenüber, der realistisch fotografieren will, soll oder muß, in einer wesentlich angenehmeren Situation:

1. dürfen wir unser Objekt im Bild auf phantastische Weise verwandeln, es frei dekorativ umgestalten – wenn's sein muß, sogar verunstalten. Wir können Darstellungen formen, die besonders ins Auge fallen oder sogar springen.
   Vielleicht erregen diese gerade deshalb besondere Aufmerksamkeit, weil sie das Motiv etwas verschleiert wiedergeben. Oft entlockt auch die unrealistische Sicht eines Objektes diesem völlig neue, überraschende Informationen.
2. dürfen wir diese Verwandlungen vornehmen, ohne im eigentlichen Wortsinne manipulieren zu müssen. »Manipulieren« heißt ja doch, so zu manipulieren, daß eben dieses Manipulieren verhehlt wird. Die Verwandlungen aber, die wir vornehmen, sind für jeden auf den ersten Blick sichtbar. Vielleicht wird nicht immer sogleich bemerkt, wie umgestaltet worden ist, aber eben doch, daß umgestaltet wurde und daß auch dieses Umgestalten von vornherein durchaus nicht vertuscht werden sollte.
3. dürfen, ja sollen wir sogar das unserem Auge gegenüber andersartige Verhalten von Aufnahmegerät und -material zum Umgestalten unseres Motives ausnutzen. Dieses hiermit startende erste Kapitel mag beweisen, daß gar nicht so selten Aufnahmefehler, die in der normalen Fotografie unbedingt zu eliminieren sind, ganz bewußt als objektverwandelnde Verfahren herausgekitzelt werden können. Wenn solche Fehler nicht unbeabsichtigt passieren, sondern beabsichtigt gesteuert werden,

vermögen sie im Bild typische Formen zu erzeugen – so typische, wie sie einzig und allein die Fotografie hervorzubringen vermag. Solche Formen unterscheiden sich dann von allen anderen, die durch alle anderen bildgestalterischen Mittel – etwa auch zeichnerische oder malerische – zu schaffen wären.

Auch wenn ich mit meiner Meinung in völligem Gegensatz zu Kollegen (11 A) stehe, möchte ich doch betonen: Fotografieren, das heißt eben gerade die Welt der Bilder und damit unser Weltbild um informative wie dekorative Formen zu bereichern, die eben auf keine andere Weise aufgezeichnet werden können.

Falsch belichten – aber richtig!

Die einfachste Möglichkeit, ungewöhnliche Bilder zu erzielen, liefert eine total falsche Belichtung. Der Ton liegt aber dabei wirklich auf »total«! Belichtungskorrekturen gegenüber der Belichtungsmessung im Werte von ± 1 oder sogar ± 1 1/2 Blendenstufen sind Maßnahmen, die sich noch durchaus im Rahmen der normalen Fotografie bewegen. Darüber hinaus müssen wir für unsere Spezialzwecke die gesamte Unterbelichtung so ziemlich abschreiben. Zu häufig werden insbesondere Farbdias extrem knapp belichtet, um bei geeigneten Motiven Silhouettenwirkungen oder Kontrasteffekte zu erzielen. Das alles kann man einfach nicht mehr guten Gewissens als außergewöhnlich bezeichnen. Demgegenüber liefert eine so richtig anständige Überbelichtung ziemlich zuckrige Effekte – vorausgesetzt, die Aufnahmebedingungen sind günstig! Über die Aufnahmesituationen, aus denen sich mitunter durch Überbelichtung eine besondere Wirkung herauszwiebeln läßt, gebe ich Ihnen jetzt eine Übersicht:

Überbelichtungs-Situationen

Geeignete Beleuchtung	Motiv-Beispiele	Besondere Motiv-Eigenschaften	Wirkung	Geeigneter Filmtyp	Besonders geeignete Filmtypen
Direktes Gegenlicht. (Sonne, Blitz- oder Glühlicht.)	Porträts, insbesondere mit langen Haaren. Personen mit wallenden, teils durchscheinenden Gewändern oder Tüchern, Blüten im dichten Gras oder Gezweig, farbige Gläser.	Hellbeleuchtete Stellen sollen nach Möglichkeit nicht zu große Flächenausdehnung besitzen.	Überbelichtete Stellen – um etwa drei Blendenstufen und mehr – fressen aus. Sie erscheinen als weiße Umrißstreifen oder Flecken. Schatten, die normalerweise dunkel erscheinen, werden hell wiedergegeben.	Farbdia, Farbnegativ, Schwarzweiß-, Dokumentmaterial.	Farb-Negativ
Indirektes Gegenlicht. (Objekt vor weißem Wolkenhimmel, vor angestrahlter Wand oder durchstrahlter Transparentwand.)	Person in Torbogen, Tür, vor Fenster mit Himmel als Hintergrund, Pflanzen vor durchstrahlter Transparentwand.	Typische Aufnahmesituation, die bei normaler bis knapper Belichtung Silhouetteneffekte ergibt.	Starke Überbelichtung läßt die Zeichnung – eventuell sogar die Farbe – im Hintergrund verschwinden. Das dunkle Hauptobjekt erscheint gut durchgezeichnet. Seine farbliche Tönung hängt von der Farbe der umgebenden lichtreflektierenden Flächen ab. (Dazu Thema Farbgestaltung	Farbdia, Farbnegativ, Schwarzweiß	Farbdia, Farb-Negativ

Geeignete Beleuchtung	Motiv-Beispiele	Besondere Motiv-Eigenschaften	Wirkung	Geeigneter Filmtyp	Besonders geeignete Filmtypen
			Seite 177). Es kommen Bilder mit ausgesprochen weicher, duftiger Note zustande.		
Indirekte Beleuchtung (Wände und Decke mit Blitz- oder Glühlicht bestrahlen! Um Objekt herumgebautes Zelt aus Transparentpapier beleuchten).	Stilleben, Blüten, Porträts (gegebenenfalls mit extrem dunkel geschminkten Augen oder Mund).	Schattenfrei ausgeleuchtetes Motiv. Objekt und Hintergrund sollen möglichst in ähnlichen hellen Tönen gehalten sein. Nur kleine Details dürfen ganz dunkel sein.	Durch etwa zwei- bis dreifache Überbelichtung ist am einfachsten ein Bild mit gleichmäßig hellen Tönen zu erzielen, aus dem sich nur wenige dunkle Tupfen herausheben.	Farbnegativ, Schwarzweiß, in Ausnahmefällen, auch Farbdia.	Farb-Negativ, Schwarzweiß
Schattenlose (indirekte) oder schattenarme Beleuchtung! (Schattenaufhellung durch Zusatzlichtquellen genügt.)	Ganze Figur im Profil, Personengruppe vor dunklem Hintergrund aus schwarzem Samt oder vor Nachthimmel.	Die Motive sollen in möglichst hellen Tönen gehalten sein und keine dunklen Details aufweisen.	Bei 3–4facher Überbelichtung entsteht eine weiße »Überstrahlungs-Silhouette« vor dunklem Grund.	Schwarzweiß, Farbdia, Dokumentmaterial	Schwarzweiß

Sicherlich ist Ihnen beim Studieren dieser Übersicht aufgefallen, daß offenbar der Color-Negativ-Film eine besonders wichtige Rolle für die Praxis der beabsichtigten Falschbelichtung spielt. Ich kann das nur noch einmal bestätigen. Nur muß ich gleichzeitig an dieser Stelle auch ein dickes, fettes »Aber« einfügen.

Aber das mit dem Color-Negativfilm gilt nur dann, wenn Sie Ihre Farbvergrößerungen selbst herstellen (die Entwicklung der Color-Negative dagegen können Sie getrost einem guten Labor überlassen!). Als Ihr eigener Farblaborant können Sie mit Hilfe von Filtern die in den überbelichteten Bildern verbleibenden Restfarben nach nahezu jeder beliebigen Richtung hin beeinflussen. Das gilt besonders für die Aufnahmen im indirekten Gegenlicht. Übrigens – auch von schwarzweißen, überbelichteten Negativen à la silhouette lassen sich farblich getönte Color-Vergrößerungen herstellen. Farbige Figuren stehen dann im Bild vor weißem Hintergrund. Beim Farbdia muß die Farbigkeit schon bei der Aufnahme ins Bild praktiziert werden:

- Entweder ein farbiges Filter (z. B. B+W Pop Filter, oder auch ein farbiges an sich für die SW-Aufnahme bestimmtes Filter) vors Objektiv setzen,
- oder aber farbiges Licht einsetzen (z. B. Reflektorlampen in starken Farben oder aber Blitzleuchten, deren Reflektor mit farbigen Papieren oder Gläsern – auch Flaschenscherben – abgedeckt wird).

Das zulässige und empfehlenswerte Ausmaß der Überbelichtung hängt vom Motiv sowie vom Filmmaterial ab. Bei unseren Beispielen umfaßt der Spielraum etwa den Bereich zwischen 2 und 4 Blendenstufen. Die Basis-Belichtung wird selbstverständlich wie üblich beim Negativfilm auf die dunkelsten, beim Diafilm auf die hellsten bildwichtigen Motivteile abgestimmt – wenigstens solange Licht verwendet wird, das wir als »weiß« anzusehen geneigt sind. Für farbiges Licht müssen wir zwei spezielle Gesichtspunkte beachten:

- Die Belichtungsmesser – insbesondere die modernen, batteriegespeisten CdS-Meßvorrichtungen – reagieren wie – angeblich – die Stiere: sie schlagen bei Rot besonders weit aus! Das kühle Blau hingegen läßt sie ziemlich kalt. Ein annähernd normal beleuchtetes Bild kommt zustande, wenn Sie bei rotem Licht die

Überbelichtungs-Silhouette!
Das Negativ wurde reichlich vierfach überbelichtet!

Blende etwa um 1 Stufe weiter öffnen, als es uns die Messung empfiehlt. Blaues Licht erfordert demgegenüber zusätzliches Abblenden – und zwar ungefähr in der gleichen Größenordnung. Grün und Gelb verlangen glücklicherweise nach keiner Korrektur. (Allerdings ist der Begriff »normale« Belichtung bei effektfarbiger Beleuchtung etwas schillernd. Seite 175).

- Der Color-Dia-Film gibt bei exzessiver Überbelichtung die Farben als weiß wieder. Allerdings ist die für das Verweißlichen erforderliche übersteigerte Licht-Dosis nicht nur bei unterschiedlichen Filmtypen, sondern auch bei unterschiedlichen Farben manchmal unterschiedlich.

Im Bedarfsfalle läßt sich diese letztgenannte Eigenschaft der Farbfilme durchaus auch für Trick-Farbgestaltungen ausnutzen. Einige Farben können wir eben durch forsches Überbelichten aus dem Bild hinausdrängen, während uns gleichzeitig andere – von vorneherein möglichst dunkel gewählte – erhalten bleiben.

Selbstverständlich habe ich nicht alle Filmtypen testen können, doch kann ich Ihnen schon einige Anhaltspunkte für eigene Versuche mitteilen: Ich habe eine Stufenfarbtafel mit Farbstreifen in Rot, Grün und Blau sowie eine Farbtafel mit 9 verschiedenfarbigen und 6 unterschiedlich grauen Feldern auf Kunstlicht-Diafilm mit Halogenlicht, sowie auf Tageslichtfarbfilm mit Tageslicht abfotografiert, und dabei die Belichtungszeiten immer länger und länger gehalten. Es ging mir darum, festzustellen, bei welcher Überbelichtung die einzelnen Farben als weiß wiedergegeben werden. Ergänzend habe ich Objekte mit verschiedenfarbigen Schaufensterstrahlern und zwar in Blau, Grün, Gelb und Rot – beleuchtet und davon ebenfalls entsprechende Überbelichtungsreihen angefertigt. Dabei wurden die Leuchten jeweils selbst als Gegenlichtquellen mit ins Bild einbezogen, während im Vordergrund eine Person saß. Selbstverständlich berücksichtigte ich bei der Belichtungsmessung die erforderlichen Korrekturwerte für rotes und blaues Licht.

Alle Ergebnisse sind in der Tabelle aufgeführt:

Erforderliche Überbelichtung um Farben als Weiß wiederzugeben

Farbe	Farbtafel Kunstlicht-Diafilme Halogenleuchte	Farbtafel Tageslicht-Diafilme Tageslicht	Motiv mit Farbstrahlern beleuchtet (hellste Stelle) Kunstlicht-Diafilme
Blau	9–10	8–9	8
Grün	7–8	5–6	7
Gelb	6–7	5–7	9
Rot	7–8	7–8	8
Bemerkungen	Samtschwarz bleibt bis zur 5. Überbelichtungsstufe schwarz.	Samtschwarz bleibt bis zur 3. oder 4. Überbelichtungsstufe schwarz.	überbelichtetes Rot tendiert zu Purpur, Grün zu Blaugrün.

Bitte beachten: Wenn hier von Überbelichtungsstufen die Rede ist, dann sind immer ganze Blenden- bzw. Belichtungszeiten-Stufen gemeint. +2 Stufen heißt also Blende um 2 Stufen (z. B. von 8 auf 4) öffnen oder Belichtungszeit um 2 Stufen verlängern (z. B. von 1/500 auf 1/125) – was einer Belichtungsveränderung um das 4fache entspricht. 4 Stufen bedeutet 16fache, 6 Stufen 64fache und 8 Stufen 256fache Belichtung! Für extreme Eingriffe in die Belichtung reichen die Belichtungskorrektur-Verstellmöglichkeiten verschiedener automatischer Kameras nicht aus. In diesem Fall muß die Filmempfindlichkeitseingabe verändert werden. Eine Stufe Überbelichtung (doppelte Belichtung) heißt den eingegebenen Belichtungswert halbieren (z. B. statt ISO 200/24° einstellen ISO 100/21°). 4 Stufen Überbelichtung (16fache Belichtung) heißt Belichtungswert durch 16 teilen (z. B. statt ISO 200/24° nunmehr ISO 12/12° einstellen) – usw.!

Nebenbei bemerkt: Überbelichtungen – allerdings sehr geringfügige – empfehlen sich auch für verschiedene andere Experimente:

- Sandwichdias (Seite 193) geraten dann besonders gut, wenn die dazu erforderlichen Einzeldias etwa eine reichliche halbe bis eine ganze Stufe überbelichtet sind.
- Kunstlichtfilm, der bei Tageslicht benutzt wird (Seite 170), ist der Messung gegenüber ebenfalls 1/2 bis 1 ganze Stufe überzubelichten.

Telegramm-Information:

- Starke Unterbelichtung ist für außergewöhnliche Bildgestaltungen nicht geeignet – höchstens in seltenen Sonderfällen.
- Überbelichtung (Größenordnung zwischen ca. 2 bis 4 Blendenstufen) kommt für geeignete Motive im Gegenlicht, im indirekten Gegenlicht (Silhouette), bei schattenfreier (-armer) Beleuchtung in Frage.
- Für Überbelichtungs-Experimente können alle Filmtypen herangezogen werden. Besonders günstig ist Farbnegativfilm, wenn eigene Dunkelkammer für Color-Vergrößerungen vorhanden.
- Diafilm: Blau (Testtafel-Farbe) verweißlicht total bei 8- bis 9facher Überbelichtung, Rot bei 7- bis 8facher, Grün und Gelb bei 5- bis 7facher Überbelichtung.

Doppel- und Mehrfachbelichtung

Meine vorletzten unbeabsichtigten Doppelbelichtungen habe ich vor 40 Jahren gemacht. Die meisten bis etwa zur Mitte unseres Jahrhunderts hergestellten Kameras konnten nämlich beliebig oft ausgelöst werden, ohne daß der Film weitertransportiert werden mußte. Unfreiwillige Mehrfachbelichtungen gehörten damals zu den beliebtesten Aufnahmefehlern. Meine allerletzten 36 unfreiwilligen Doppelbelichtungen machte ich jedoch erst vor kurzem – aus höchstpersönlicher Dusseligkeit: Ich hatte einen belichteten Film nicht gekennzeichnet (d. h. ich hatte nicht, wie ich das zu tun pflege, die Filmzunge des Kleinbildfilmes umgeknickt) und ihn dann auch prompt ein zweites Mal in die Kamera eingelegt und belichtet. Nahezu alle Kameras, die vom 2. Viertel unseres Jahrhunderts an auf den Markt kamen und kommen, sind doppelbelichtungsgesperrt. Der nicht zu unterschätzende Vorteil, daß der Fehler der Motivüberlagerung eben doch weitestgehend ausgeschlossen war, wurde zunächst damit erkauft, daß beabsichtigte Mehrfachbelichtungen verunmöglicht oder doch zumindest stark erschwert wurden.

Erst so gegen Ende des 3. Viertels des 20. Jh. kamen Kameras mit selbsttätigem Filmtransport auf – und in die meisten dieser Typen hat man eine Vorrichtung zur Abschaltung der Doppelbelichtungssperre eingebaut. Tatsächlich lassen sich mit den heutigen Systemkameras ohne weiteres Doppel- und Mehrfachbelichtungen vornehmen.

Nun arbeite ich sowohl mit einer ganz modernen Kamera, bei der alles – Belichtungseinsteuerung, Autofocussteuerung und Filmtransport – automatisch ist, als auch mit älteren Fotoapparaten. Falls Du auch mit einem der gut bewährten und haltbaren Modelle aus den 60er oder 70er Jahren fotografierst, will ich doch vorsichtshalber 3 bewährte Methoden verraten, mit denen die Mehrfachbelichtungsblockade zu überlisten ist.

- *Langzeit-Methode:*
  Sollen mehrere Langzeitbelichtungen auf das gleiche Filmstück einwirken, dann ist guter Rat äußerst preiswert. Der Verschluß des auf einem Stativ plazierten Gerätes wird aufgetan und bleibt offen. Dabei leistet ein Drahtauslöser mit Feststellschraube ebenso flexible wie gute Dienste.
  Die Belichtungszeit, die zählen wir aus: Einundzwanzig, zweiundzwanzig, dreiundsoweiter. Ein Objektivdeckel, ein Hut, eine Pelzmütze, schwarzer Seidensamt oder ein Wechselsack über das Objektiv gestülpt, beenden die jeweilige Teilbelichtung. Erst nach der letzten Lichtdosis darf der Verschluß zuschnappen. Kompliziert? Iiwooo! Auf diese Weise habe ich Farbfilme bereits meterweise verknipst. Die Gummilinsen-Doppelbelichtungstricks (Seite 176) sind alle so zustande gekommen. Das Verfahren ist gar nicht so übel, wenn auch etwas umständlich.

- *Entsperrungs-Methode:*
  So ziemlich bei allen Kleinbildkameras ohne abschaltbare Doppelbelichtungssperre:
  1. Film- und Rückspulknopf straff aufwickeln.
  2. Erste Belichtung vornehmen.
  3. Rückspulknopf festhalten, Entsperrungsknopf für das Rückspulen niederdrücken und gleichzeitig Filmtransporthebel betätigen. (Mindestens 3 Hände sollte man haben!)
  4. Zweite Belichtung kann vorgenommen werden. (Der Verschluß ist zwar aufgehoben, aber der Film nicht weitertransportiert worden.)
  5. Im Bedarfsfalle das ganze nochmals von vorne (ab 1.) wiederholen!

Ich habe den Eindruck, daß dieses Verfahren so ziemlich bei allen normalen Kleinbildkameras mehr oder minder gut klappt.

Machen Sie jedoch vorsichtshalber einen Test bei geöffnetem Rückendeckel mit einem verdorbenen Film.

Bitte dringend hinter die Ohren schreiben: Zwar muß der Rückspulknopf mit harter Faust festgehalten werden! Wenn Du aber andererseits den Knopf bei gleichzeitigem Druck auf den Entsperrungsknopf zu markig anziehst, dann kriecht der Film in der Kamera langsam rückwärts. Das ist eine sehr ernst zu nehmende Fehlerquelle! Großzügig, wie wir nun einmal sind, geben wir uns jedoch keinesfalls mit nur einer Fehlerquelle zufrieden! Der zweite wunde Punkt: Wird der Film nun wirklich weitertransportiert, dann springt häufig der Entsperrungsknopf nicht schnell genug zurück. Deshalb rutscht der Film vielleicht nur um 3/4 Breite weiter, anstatt um eine ganze. Um Überlagerungen zu vermeiden, ist entweder ein Bild zu opfern oder sparsamerweise der Film erst ein kleines Stück (halbe Bildbreite) zurückzuspulen, um dann zwei Bilder weitertransportiert zu werden. Übrigens muß bei einigen Typen von Kameras der Rückspulknopf nicht festgehalten werden. Es genügt, beim Weitertransport den Entsperrungsknopf zu drükken, um den Weitertransport des Films zu unterbinden. Da müssen Sie aber mit Ihrer Ausrüstung etwas herumprobieren!

- *Rückspulmethode:*

  Sollte ausgerechnet Ihre Kleinbildkamera sich gegen das beschriebene Verfahren sträuben, so benutze sie als Hammer und schlage damit Nägel in die Wand. Klappt es hinterher immer noch nicht, so versuch's doch mal so:

  1. Rückspulknopf fest anziehen,
  2. Erste Aufnahme machen,
  3. Drehstellung des Rückspulknopfes zum Gehäuse-Oberteil mit Hilfe eines weichen Bleistiftes durch zwei Marken kennzeichnen,
  4. Film ganz normal weitertransportieren,
  5. Film ganz vorsichtig zurückspulen, bis sich die beiden Marken decken,
  6. Kamera ist bereit zur zweiten Belichtung,
  7. Für weitere Belichtungen Filmtransport und vorsichtiges Rückspulen wiederholen.

Mit diesem Rückspulverfahren können Sie allerdings kaum die einzelnen Abbildungen so exakt übereinander auf das gleiche Filmstück projizieren wie mit der Langzeit- und unter Umständen auch mit der an zweiter Stelle genannten Entsperrungs-Methode.

Selbstverständlich – auf Farbdiafilm sind Doppel- und Mehrfachbelichtungen besonders interessant. Aus einzelnen Negativen lassen sich Mehrfachgestaltungen schließlich auch in der Dunkelkammer zusammenmontieren (20 A). Das war schon immer so! Inzwischen hat sich aber auch die Herstellung von Farbvergrößerungen nach Dias auf breitestem Raum durchgesetzt und das Direkt-vom-Dia-Vergrößern ermöglicht es nun, alle Doppel- und Mehrfachbelichtungsverfahren in die Dunkelkammer zu verlagern. Es sind dann einfach zwei oder mehr Dias auf ein Blatt Vergrößerungsmaterial aufzubelichten.

Ich möchte nun – bevor wir uns im nächsten Abschnitt der etwas komplizierten Kash-Praxis zuwenden – die sechs wichtigsten Erscheinungsformen der Doppel- beziehungsweise Mehrfachbelichtung aufzählen:

1. Mehrfach-Belichtung à la Doppelgänger

Der Hintergrund wird für Doppel- oder Mehrfachgänger-Aufnahmen zweckmäßigerweise superkohlrabenschwarz gehalten (Samtvorhang, Nachthimmel). Ein Objekt ist nun mehrfach vor diesem Hintergrund abzubilden. Dabei achten wir peinlich darauf, daß sich die einzelnen Figuren gegenseitig nicht überschneiden. Wenn wir im Geiste das Sucherfeld in mehrere Felder untergliedern, geht das ganz gut. Per Brennweitenwechsel oder Abstandsänderung läßt sich erreichen, daß dasselbe Objekt im gleichen Bild sowohl als Mini-Zwerg wie als Maxi-Riese erscheint.

Derartige Fotos wirken meist nur dann überzeugend, wenn die Beleuchtung bei allen Teilaufnahmen so ziemlich die gleiche ist.

Selbstverständlich ist jede Teilaufnahme exakt nach Empfehlung des B-Messers oder nach Leitzahl zu belichten.

Andererseits können wir auch frei in der Luft schwebende Objektteile abbilden. So habe ich etwa in einem Dia dreimal den sowohl ausnahmsweise unterschiedlich beleuchteten wie auch mit unterschiedlichen Lichtfarben »bemalten« Kopf eines Modells untergebracht. Damit der Oberkörper nicht ebenfalls dreimal im

Bild erscheinen konnte, hängte ich der jungen Dame ein schwarzes Samtlätzchen um den Hals. Vom schwarzen Stoff ist im Bilde nichts zu sehen, wenn indirektes, frontales oder auch leicht seitliches Licht zur Beleuchtung herangezogen wird. Bei Streif- und insbesondere bei Gegenlicht wird von jedem schwarzen Gegenstand doch auch etwas Licht in Richtung Objektiv reflektiert (18 A). Deshalb ist im Foto meist eine schwache – glücklicherweise sehr schwache –, das schwarze Tuch umspielende Lichtkontur zu erkennen.

2. Mehrfach-Belichtung à la Dunkelgrund-Montage

Dafür gelten die gleichen Gestaltungsregeln wie für die Doppelgänger-Aufnahme. Der einzige Unterschied ist eben der, daß im Unterschied zur Doppelgänger-Aufnahme unterschiedliche Motive zum Teil auch in unterschiedlichen Größen angepeilt werden. In einer ziemlich betagten Ausgabe des Fotomagazins (10 B) findet sich ein interessantes Farbbild: Ein Mädchen balanciert auf einer Fingerkuppe. Die in jeder Beziehung fabelhafte Dunkelgrund-Montage hat Franz Lazi per Doppelbelichtung zusammenkomponiert – wohl mit einer Großbildkamera, die ja problemlos Mehrfachbelichtungen gestattet. Profis werden in der Zukunft solche Dinge allerdings wohl per Computer zaubern. Übrigens:

Jede einzelne Teilaufnahme ist genauso zu belichten, wie es Meßgerät beziehungsweise Leitzahl empfehlen.

3. Mehrfach-Belichtung à la Objekt-Muster

Es geht darum, ein Objekt, das sehr brav stillhalten muß, mehrmals nebeneinander vor dunklem Hintergrund abzubilden. Dazu ist vor jeder Teilbelichtung entweder die Kamera ruckweise zu verschwenken (Seite 84 f.), oder aber – wenn Verstellmöglichkeiten zur Verfügung stehen – das Objektiv seitlich zu versetzen (Seite 141 f.). Das Motiv wird – insbesondere bei einer größeren Anzahl von Teil-Belichtungen – zum Glied eines dekorativen Musters. Grundsätzlich können die Einzelaufnahmen unterschiedlich gefiltert werden. Überschneiden sich die abgebildeten Formen – wie das insbesondere bei frontaler Beleuchtung häufig vorkommen wird –, dann muß die Belichtung gegenüber der Messung auf etwa die Hälfte bis ein Dreiviertel reduziert werden.

Seitliches Gegenlicht sorgt für einen einseitigen Lichtsaum auf den Figuren. Weil dabei Überschneidungen vermieden werden, ist jedesmal gemäß Meßergebnis zu belichten.

Spezialtip für die Gestaltung: Bei der ersten Belichtung frontales Vorderlicht, bei allen weiteren einseitig konturierendes Gegenlicht einsetzen!

4. Mehrfach-Belichtung à la Geisterbild

Jetzt sind wir glücklich oder auch nicht ganz so glücklich bei der sowohl häufigsten wie auch am häufigsten eben mißglückenden Mehrfach-Belichtungs-Methode angelangt:

Mehrere Motive – oder auch ein einziges, das aber jedesmal unterschiedlich aufgefaßt sein muß – werden nacheinander ohne Rücksicht auf Überschneidungen aufgenommen.

Das Ergebnis: Die sich gegenseitig überlagernden Bildteile sehen aus, als ob sie durchscheinend wären. Ein Sonderfall sind die »Phantom-Fotos«. Dabei werden eine Aufnahme der äußeren Erscheinung eines Objektes und eine seiner inneren Erscheinung fein säuberlich übereinander belichtet.

Beispiele für derartige Kombinationen:

- Fernrohr zusammen belichtet mit seinem eigenen Querschnitt,
- Pralinenpackung in offenem und geschlossenem Zustand ineinander belichtet,
- Akt eines reizvollen Mädchens zusammen belichtet mit einem Skelett.

Auch bestimmte Vario-Effektaufnahmen (Seite 95) sowie Experimente mit der Schärfenverlagerung (Seite 53) gehören streng genommen zu den Mehrfachbelichtungen à la Geisterbild, wenn auch der Überschneidungseffekt dabei nicht immer auf Anhieb ins Auge springt.

Wichtig: Um Überbelichtungen zu vermeiden, soll den einzelnen Aufnahmen nur eine recht knappe Lichtdosis zugestanden werden. Dabei gilt folgende Faustregel:

- Bei Doppelbelichtungen mit Überschneidungen reichlich 1/2 solange belichten wie normal.

- Bei Dreifach-Belichtungen mit dreifachen Überschneidungen reichlich 1/3 solange belichten.
- Bei Vierfach-Belichtungen mit vierfachen Überschneidungen reichlich 1/4 solange belichten.

5. Doppel-Belichtungen à la Strukturmontage

Ich halte die Strukturmontage für eine interessante Variante der Geisterbild-Methode. Ein verhältnismäßig einfaches Objekt (Porträt, Blüte, Gefäß) ist vor dunklem Hintergrund aufzunehmen. Für die zweite Belichtung wird eine passende Struktur ausgewählt: Mauerwerk, gemasertes Holz, Blumenbeet, Nahaufnahme der Rippen eines Blattes, Seifenschaum oder Sprünge im Lack. Auch Gegenlichtaufnahmen können mit Strukturen kombiniert werden.

Wählen Sie die Belichtung in beiden Fällen 1/2 bis 3/4 reichlicher gegenüber normal.

6. Doppel-Belichtung à la Struktur-Scherenschnitt

Farbig strukturierte Silhouetten fertige ich entweder in der Dunkelkammer (20 A) an oder ich benutze dazu die Doppelbelichtung. Zunächst nehme ich ein dunkles Objekt vor hellem und auch hell beleuchtetem Hintergrund à la silhouette (Seite 17) auf. Zur Zweitbelichtung ziehen wir wieder eine Struktur heran. Das wäre alles! Aber aufgepaßt! Beide Teilaufnahmen müssen unbedingt exakt nach der Empfehlung des Meßgerätes belichtet werden. Sonst geht's schief!

Innerlich – so ganz tief in mir drinnen – höre ich jetzt schon den einen oder anderen Zwischenruf: »Mehrfachbelichtung! Was hat ausgerechnet die in einem phantastischen Fotobuch zu suchen!? Die ist doch ein bereits ziemlich verknautschter vorsintflutlicher Schlapphut! Die Sandwich-Praxis (Seite 193) – zuständig für zwar nicht gleichartige, jedoch verwandte Effekte – dürfte doch viel aktueller sein!«

Stimmt alles! Nur: Ich war gezwungen, so tief bis zum Bauch in dieses Gebiet einzusteigen, weil es eben die Voraussetzung bildet für eine ganze Reihe wichtiger Experimente. In ganz anderen Zusammenhängen kommt die Mehrfach-Belichtung immer wieder und wieder und wieder zur Sprache – demnächst in diesem Buche!

Telegramm-Information:

- Die meisten neueren Systemkameras mit automatischem Filmtransport ermöglichen Doppel- und Mehrfachbelichtung durch Abschalten der Doppelbelichtungssperre bzw. durch spezielle Eingabe der Funktion Doppel- oder Mehrfachbelichtung. Besonders einfach sind Mehrfachbelichtungen mit Hilfe von Großbildkameras für Planfilme zu erreichen.
- Langzeit-Mehrfach-Belichtung ist bei – fast! – allen Kameras möglich: Verschluß öffnen und feststellen, Einzelbelichtungen durch Verdecken des Objektives (Hut, Tuch, Objektiv-Deckel) steuern.
- Überlistung der Doppelbelichtungssperre bei den üblichen Kleinbildkameras etwas älterer Bauart (ohne Doppelbelichtungsentsperrung): Rückspulknopf anziehen und festhalten, Entsperrungsknopf eindrücken, Filmtransporthebel oder -rad betätigen.
  Etwas unsichere Behelfsmethode: Stellung von angezogenem Rückspulknopf markieren. Nach Teilbelichtung Film ein entsprechendes Stück zurückspulen.
- Gestaltungsmethoden mit Mehrfachbelichtung:
  1. Doppelgänger-Aufnahmen. Mehrmals gleiches Motiv vor dunklem Hintergrund aufnehmen, Überschneidungen vermeiden!
  2. Dunkelgrund-Montage: Wie 1., nur unterschiedliche Motive.
  3. Ornamentale Mustergestaltungen: Unverändertes Objekt durch Kamera-Bewegung vor schwarzem Grund mehrmals nebeneinander aufnehmen. Bei Überschneidungen Einzel-Belichtungen knapper halten.
  4. Geisterbild-Aufnahmen: Gegenseitige Durchdringung der nacheinander aufgenommenen Motive. Einzel-Belichtungen entsprechend der Anzahl der Überschneidungen verknappen.
  5. Strukturierte Gestaltungen: Schlichte Motive vor dunklem Grund und Struktur übereinander belichten.
  6. Strukturierte Silhouetten-Gestaltungen: Dunkle Figuren vor hellem Grund und Struktur übereinander belichten. Volle Belichtung für beide Teil-Aufnahmen.

»Kash as Kash can«: Spezial-Mehrfach-Belichtungen

»Jeder Mensch«, sagt jeder Mensch, wenn er seine persönlichen Ansichten verallgemeinern will! Sei's drum: Jeder Mensch sieht sich selbst als gewissermaßen handsigniertes Einzelexemplar an, und nicht etwa nur als eine Kopie im Rahmen einer mehr oder minder großen Auflage. Das mag der Grund dafür sein, daß uns

Doppelgänger so faszinieren. Die schöne und manchmal auch unschöne Literatur greift das Thema »Doppelgänger« wieder und wieder auf. Der Spielfilm pflegt zeitweise in regelrechte Doppelgänger-Hysterien zu verfallen. Darüber hinaus werden auf der Leinwand Zwil-, Dril- und so weiter Linge mit Vorliebe als Mehrfachgänger dargestellt.

Nun findet sich der Film in der Regel nicht damit ab, uns Doppelgänger so einfach vor dunklem Hintergrund zu präsentieren. Nein – die bewegen sich ungeniert inmitten einer Landschaft oder eines dekorativen Innenraumes. Fotografisch können wir das gleiche natürlich mit dem gleichen Mittel erreichen, das auch die Filmfritzen anwenden – mit dem Kash!

Das ist nichts weiter als eine dunkle Abdeckung. In geringem Abstand sitzt sie vor dem Objektiv. Bei Doppelbelichtungen verbirgt sie beispielsweise einmal die linke und einmal die rechte oder aber einmal die obere und einmal die untere Bildhälfte vor den hungrigen Blicken der Kamera. Meist dient als derart kaschierender Kash ein Stück schwarzes Blech oder aber schwarz bepinselter Karton. Daß wir auch mit Polfilterfolien »Kash as Kash can« machen können, darüber Auskunft zu geben beeilen sich die Seiten 32 und folgende.

Als Halterung für den beziehungsweise die eigentlichen Kash-Schablonen empfiehlt sich ein sogenanntes Kompendium. Das ist eine unterentwickelte Ziehharmonika, die sich als bessere Gegenlichtblende aufspielt. Einige Balgengeräte für die Naheinstellung sind mit so einem Quetsch-Dings ausgerüstet. Die Hersteller haben in diesem Falle mit heutzutage schon fast unwahrscheinlicher Sorgfalt darauf geachtet, daß ihr Kompendium unbedingt auch an einem Balgengerät angebracht werden muß und nicht einfach so für sich alleine verwendet werden kann. Sollten Sie so ein Kompendium mit berechtigtem Stolz Ihr eigen nennen, so kann ich nur hoffen, daß es eine wahrhaft kernige Stabilität besitzt. Wenn es bei jedem Mini-Windhauch bereits aus der Fasson gerät, dann ist es für die Kasherei total ungeeignet.

Nun gibt es glücklicherweise eine rühmliche Ausnahme: B+W liefert ein Systemkompendium, das an jede Spiegelreflexkamera angebracht werden kann und für den gesamten Bereich nah bis unendlich einsetzbar ist. Das läßt sich für Kash-Abdeckungen benutzen, ermöglicht eine besonders gute Gegen- und Streulicht-

Abschirmung und auch die Verwendung verschiedener Folienfilter und Blenden. Für eine ganze Reihe von Trickmöglichkeiten empfiehlt sich dieses Systemkompendium als die interessanteste Lösung. Ich kann vor der äußeren Kompendium-Öffnung (120 × 110 mm!) ein Karton- oder Blechstück als Kash anbringen und ich kann den Abstand des Kashstückes von der Frontlinse mittels des Kompendiums-Auszuges verändern.

Bitte auch an folgendes denken:

- Für die Praxis ist es günstig mit zwei Kash-Abdeckungen zu arbeiten. Ich decke beispielsweise eine Bildhälfte mit Kash I völlig ab und belichte das erste Bild auf mein Filmstück auf.

  Dann setze ich zunächst Kash II Stoß auf Stoß neben Kash I vors Kompendium um erst dann Kash I abzunehmen, um die 2. Belichtung durchzuführen. Dies Verfahren bietet die Gewähr, daß bei der 2. Belichtung auch wirklich exakt nur der Bildteil belichtet wird, der bei der ersten Belichtung abgedeckt war.
- Die Möglichkeit, mit Hilfe des Kompendiums den Abstand des Kash vom Objektiv zu verändern, ist wichtig, weil die Schärfe der Wiedergabe der Kashkante durch Veränderung des Abstandes beeinflußt werden kann.

Die Kashkante wird

umso schärfer abgebildet	umso unschärfer abgebildet
• je größer der Abstand Kash – Objektiv	• je geringer der Abstand Kash – Objektiv
• je kürzer die Brennweite	• je länger die Brennweite
• je stärker die Abblendung des Objektives.	• je weiter geöffnet das Objektiv.

Die Kante soll einerseits ganz leicht in Unschärfe verschwimmen, weil dadurch der Übergang zwischen den beiden Teilbelichtungen verwischt wird. Sie darf andererseits auch nicht zu sehr in Unschärfe aufgelöst werden, weil sich sonst die beiden Bildteile in einer mehr oder minder breiten Übergangszone durchdringen.

Günstig ist ein Abstand Objektiv-Kash in der Größenordnung des Doppelten der Brennweite des verwendeten Objektivs, wobei mittlere bis weiter geschlossene Blenden zu bevorzugen sind.

Ganz allgemein – und das geht auch schon aus dem Gesagten hervor – sind für Doppel- oder Mehrfachgänger-Aufnahmen Normalobjektive und kürzerbrennweitige Objektive besonders gut geeignet. Längerbrennweitige kommen nicht in Frage.

In diesem Zusammenhang möchte ich auch auf die Doppelgänger-Vorsätze (B+W, Hama) in Form einer Klarglasscheibe mit abgedunkelter Hälfte in einer Drehfassung hinweisen. Sie sind zur Teilbildabdeckung besonders bei Einsatz von Weitwinkelobjektiven oder aber auch Normalobjektiven mit vertieft angeordneter Frontlinse (z. B. 50 mm Macro-Objektive) geeignet.

Ein recht improvisiertes Doppelbelichtungsverfahren ermöglicht – ebenfalls in Verbindung mit nicht zu langbrennweitigen Objektiven – eine starre Gegenlichtblende, vor der sich Kartonstücke befestigen lassen. In diesem Fall aber unbedingt mit zwei Kash-Stücken, wie oben beschrieben arbeiten. Ich betone jedoch nochmals, daß mit dem Systemkompendium die besten Ergebnisse – und dies noch dazu auf bequeme Weise – zu erreichen sind.

Mit so einem Hilfsmittel ist auch eine besonders elegante Mehrfachbelichtungsmöglichkeit, das Polarisations-Kash-Verfahren, in die Praxis umzusetzen:

Auf die Idee, Polarisationsfilter für ein Kash-Verfahren auszunutzen, brachte mich eine Polarisations-Stereo-Brille. Spielerisch drehte ich ein Kamera-Polfilter vor einem Auge und beobachtete dadurch diese Spezial-Augengläser. Je nach der Drehstellung des Filters erschien nun einmal die rechte Polarisationsfolie in der Brille hell und die linke dunkel, dann wieder die linke hell und die rechte dunkel. Wer mit der physikalischen Erscheinung der Polarisation vertraut ist, der weiß, daß zwei hintereinandergehaltene Polfilter einmal das Licht zu einem guten Teil durchlassen und es dann wieder, sobald ein Filter um 90° weitergedreht wird, völlig sperren. Für den jedoch, der so etwas zum erstenmal sieht, ist das schon sehr verblüffend. Verblüffend hin – verblüffend her! Es liegt auf der Hand, daß sich Polarisationsfilter für einen Kash-Effekt ausnutzen lassen.

Zunächst machte ich ein Experiment: Eine Kamera mit Polfilter vor dem Objektiv wurde auf ein Stativ gesetzt. Die Stereo-Brille befestigte ich dann mit Draht auf einem weiteren Stativ und ordnete sie so zu der Kamera an, daß beide »Brillengläser« mit aufs Bild kommen mußten. Nun konnte ich eine Doppelbelichtung vornehmen. Erste Belichtung: Polfilter ist so gedreht, daß die linke

Folie in der Brille dunkel erscheint. Durch die rechte Folie peilte die Kamera das lachende Gesicht eines Fotomodells an.

Zweite Belichtung: Das gleiche Gesicht, jetzt aber jämmerlich weinend, wurde durch die linke Filterfolie anvisiert, während die rechte dunkel erschien.

Das Ergebnis: In den beiden »Brillengläsern« des unscharf wiedergegebenen Gestells ist das gleiche Modell jeweils mit ziemlich unterschiedlichem Gesichtsausdruck zu sehen. Die Umgebung um die Brille herum ist überbelichtet und weist auch Überschneidungen auf.

Eine Hauptschwierigkeit: Spiegelungen, die in der der Kamera zugewandten Seite der Filterfolien entstehen. Sie müssen, etwa durch Abschirmung von Lichtquellen, unbedingt beseitigt werden. Der »Stereo-Brillen-Trick« ist nur etwas abzuwandeln – und schon steht uns ein echtes Polarisations-Kash-Verfahren zur Verfügung!

Wir brauchen dazu:

1. Ein einfaches Kamera-Polfilter – und zwar am besten als Zirkular-Polfilter ausgebildet. Das wird, wie bereits beschreiben drehbar vors Objektiv gesetzt.
2. Eine Polfilterfolie in der Mindestgröße 120 × 120 mm. Diese wird vors Kompendium gesetzt. (Lieferanten sind B+W und Hama).
3. Eine Zirkular-Polfilter-Folie, die die Rolle der Kash-Schablone übernimmt. (Zirkular-Polfilter-Folie liefert die Fa. Käsemann, Ringstr. 132, 8550 Bad Kreuznach.)

Die große Polfilterfolie wird am Rahmen eines Kompendiums oder eines der geschilderten Eigenbau-Geräte befestigt.

Das Zirkular-Polfilter – das in jeder beliebigen Form zurechtgeschnitten werden kann – ist unmittelbar vor der dem Objektiv zugewandten Seite der Polfilterfolie anzubringen. Dabei ist es so zu drehen, daß es beim Blick durch das Kamera-Polfilter hell erscheint, wenn das Umfeld dunkel herauskommt, und dunkel, wenn dieses hell aufleuchtet.

Möglicherweise gelingt dies nicht auf Anhieb. Dann muß das Zirkular-Polfilter einfach gewendet werden.

Sicherlich hat dies von mir so bevorzugte Polfilter-Kash-Verfahren auch Nachteile – und zwar drei an der Zahl:

1. Es sind lediglich Doppelbelichtungen – mit einem Kunstgriff gelegentlich auch Dreifach-Belichtungen – möglich.
2. Die Filter schlucken Licht – und zwar bei Polfilter-Hellstellungen im Werte von zwei Blendenstufen. Das Zirkular-Polfilter verzehrt in Hellstellung sogar vier Blendenstufen. (Wenn ein einfaches Linear-Polfilter vor dem Objektiv sitzt, ist eine einwandfreie Belichtungsmessung durchs Objektiv oft nicht möglich. Bei vielen Spiegelreflexkameras sind die ausgespiegelten zur Messung genutzten Strahlen selbst bereits teilpolarisiert. Das führt zu falschen Meßergebnissen. Je nach Drehstellung des Filters ist mit Unter- oder Überbelichtungen zu rechnen. Wird dagegen ein Zirkular-Polfilter vor dem Objektiv benutzt, so kommt in jedem Fall – gleichgültig welcher Kameratyp eingesetzt wird – eine einwandfreie Messung durchs Objektiv zu Stande.)
3. Das Zirkular-Polfilter ist in »erhelltem Zustand« nicht ganz farblos. Es hat einen leichten – allerdings schon sehr leichten – bläulichen Ton. Die Nachteile dem Blech-Kash gegenüber werden aber durch ebenfalls drei und noch dazu gewichtige Vorteile wieder ausgeglichen.

- Das Verfahren ist sehr schnell und einfach. Zwischen beiden Teilbelichtungen muß nun das Polfilter vor dem Objektiv um 90° gedreht werden.
- Die wechselseitige Abdeckung der einzelnen Bildteile erfolgt extrem präzise. (Doppelter Brennweiten-Abstand für die Distanz Frontlinse–Rahmen und kräftiges Abdecken ist allerdings auch in diesem Falle dringend zu empfehlen.)
- Das Zirkular-Polfilter kann zu jeder beliebigen Figur zurechtgeschnitten werden. Zwar müssen auch die mit Blech oder Karton hervorgerufenen Einzelbilder nicht unbedingt nur Streifenform haben. Komplizierte Figuren verlangen aber, daß zwei Schablonen passergenau zurechtgeschnitten und auch entsprechend präzise im Halterahmen angeordnet werden. Das wird mitunter jedoch schon recht kompliziert.

Als Formen für das Zirkular-Polfilter bieten sich beispielsweise an: Sterne, Vielecke, Kreise, Spiralen, auch Wappen- oder Schlüssellochumrisse. Aus dem Zirkular-Polfilter mag gegebenenfalls sogar eine Form herausgeschnitten werden, deren Umriß dem eines Objektdetails, das fotografiert werden soll, folgt.

Ragt die Figur an zwei Stellen über das Blickfeld hinaus, dann wird dieses dadurch in drei Teile gegliedert.

Das aber ermöglicht eine Dreifach-Belichtung.

Befindet sich nämlich das Zirkular-Polfilter in Dunkelstellung, kann eine der beiden restlichen Bildteile wechselweise ganz einfach – notfalls mit der vorgehaltenen Hand – abgedeckt werden. Ohnehin ist es von Vorteil, wenn die Zirkular-Folien die Bildfeldbegrenzung überschneiden, da sie sich dann besser – etwa mit Wäscheklammern oder Klebstoff – am Polfilter befestigen lassen.

Ich merke schon: »Wir sehen vor lauter Verfahrenstechniken den Wald nicht mehr.« Lassen Sie mich deshalb zusammenfassend schildern, was sich alles mit der phantastischen Kash-Doppel-Belichtung – und zwar sowohl mit Hilfe von Blech- als auch von Polarisations-Schablonen – erreichen läßt:

1. Doppelgängeraufnahmen: Die gleiche Person erscheint ein- oder mehrmals vor einem gegenständlichen Hintergrund. Die Kamera darf in diesem Fall zwischen den Belichtungen nicht bewegt werden.
2. Geister-Doppelgänger-Aufnahmen: Eine Person erscheint einmal real und einmal durchscheinend vor einem gegenständlichen Hintergrund. (Der eine, abkashierte Teil ist doppelt und entsprechend knapp einmal mit und einmal ohne »Modell« zu belichten.)
3. Strukturierende Mehrfachbelichtung: Das gleiche Motiv wird – gegebenenfalls mit kleinen Variationen – mehrmals nebeneinander im Bilde angeordnet.
4. Phantasie-Montage: Passendes und Unpassendes wird als wildes Durcheinander, Nebeneinander oder Ineinander belichtet.
5. Skurrile Gestaltungen mit isolierten Objekt-Details: Mitten im Bild schwebende Details – etwa ein Oberkörper – brechen plötzlich ab oder wachsen aus einem anderen Objekt – etwa aus einer Blüte oder einem Glas – heraus.
6. Deformationen: Verschiedene maßstäblich kraß unterschiedlich abgebildete Details eines Objekts – Architektur- oder Körperteile – werden zueinander verdreht aneinandergesetzt. (Man könnte die unter 4., 5. und 6. genannten Montage-Typen als Real-Objekt-Kollagen bezeichnen.)
7. Objekt-Umkreisung: Ein Motiv wird gleichzeitig von vorne, in Seitenansicht und in einem einzigen von hinten aufgenommen.

Telegramm-Information:

- Doppel- oder Mehrfachbelichtungen, bei denen Kash-Schablonen wechselweise bald den einen, bald den anderen Motivteil verdecken, ermöglichen es, völlig verschiedene Objekte oder Objektteile in einem Bild zusammenzufassen.
- Kash-Schablonen aus Metall, Karton oder aus bestimmten Polfiltertypen werden in einer Distanz von etwa der doppelten Brennweite vor dem Objektiv angebracht. Mittleres bis kräftiges Abblenden ist ratsam.
- Als Halterung für die Schablonen eignen sich Kompendien oder Eigenbau-Vorrichtungen. Die Öffnung des die Schablone tragenden Rahmens muß mindestens dem doppelten Bildformat (linear) entsprechen.
- Für die ersten Versuche mit der Doppelgänger-Aufnahmepraxis empfiehlt es sich, Objekte vor nachtschwarzem Hintergrund aufzunehmen. Dabei kann nicht allzu viel schiefgehen.
- Polarisations-Kash: Polfilterfolie in Rahmen setzen. Davor auf der dem Objektiv zugewandten Seite Zirkular-Polfilter (richtig verdreht und richtig gewendet) anbringen. Wird dann ein Kamera-Polfilter vor dem Objektiv gedreht, erscheinen einerseits das Umfeld, andererseits das in eine beliebige Figur zurechtgeschnittene Zirkular-Polfilter wechselweise einmal hell, einmal dunkel. Lichtverlust durch die Filterfolie bei den Teilbelichtungen: wenn Polfilter-Fläche hell zwei, wenn Zirkularpolfilter hell vier Blendenstufen.

Verspielte Spiele mit dem Kamera-Verschluß

Mit diesem Abschnitt wende ich mich ausschließlich an die Besitzer von Schlitzverschlußkameras. Nur Schlitzverschlüsse lassen sich nämlich für diese Art phantastischer Aufnahmetricks »mißbrauchen«. Zentralverschlüsse geben in dieser Hinsicht nicht viel her. Und außerdem sind wir umso besser dran, je älter die Schlitzverschluß-Kamera ist, die wir für unsere verspielten Spiele benutzen. Das hängt damit zusammen, daß die Effekte, um die es uns jetzt geht, alle durch Zeitverzerrungen zu Stande kommen, die wiederum auf dem Unterschied zwischen Verschlußablaufgeschwindigkeit und Belichtungszeit beruhen. Bei den betagteren Kameras wandert aber nun der Schlitz recht langsam vor dem zu belichteten Filmstück vorbei. So beträgt bei älteren Leicamodellen (M2, M3) seine gesamte Ablaufzeit etwa 1/30 Sekunde. Die Belichtung selbst mag dabei wesentlich kürzer sein – 1/500 oder 1/1000 Sekunde. Sie hängt nicht von der Ablaufzeit des Verschlusses ab, sondern von der Breite des vor dem Film vorbeiziehenden Schlitzes. Je schmaler der Schlitz desto kürzer die Belichtungszeit.

Außerdem bestreicht bei diesen Modellen der Schlitz einen längeren Weg – er wandert über die gesamte Bildbreite von 36 mm hinweg. Letzteres geschieht auch noch bei der Leicaflex, deren ältere Modelle aber auch schon die etwas kürzere Verschlußablaufzeit von etwa 1/60 Sekunde aufweisen. Bei den neueren Schlitzverschlußkameras ist die Ablaufzeit jedoch noch wesentlich kürzer – sie beträgt mitunter nur 1/300 oder sogar nur 1/500 Sekunde. Zudem wandert bei den meisten moderneren Typen der Schlitz über die Schmalseite von 24 mm hinweg.

Je länger aber nun die Ablaufzeit des Verschlusses ist, desto effektvoller kommen die drei Effekte, um die es mir jetzt geht, heraus. Es handelt sich um einen ziemlich wachsweichen und um zwei wirklich handfeste Tricks:

1. Verzerrung eines schnell bewegten Motives,
2. Darstellung mehrerer Phasen einer schnellen Bewegung in einem Bild mit Hilfe von Spiegeln,
3. Bildfeld-Teil-Ausleuchtung mit E-Blitz.

Um mit dem wachsweichen Trick Nummer eins zu beginnen:

Schlitzverschlüsse geben manchmal schnelle Objekte – Rennwagen, Flugzeuge – verzerrt meist zusammengequetscht oder auseinandergezogen wieder. Theoretisch würde die Leica oder Leicaflex den TEE gedehnt abbilden, wenn er von links nach rechts dahinraste, und gedrückt, wenn er in Gegenrichtung führe. Sollte eine von rechts nach links fahrende Lok im Bild ausnahmsweise langgestreckt erscheinen, müßte die Kamera zur Aufnahme auf den Kopf gestellt werden.

Ich sprach jetzt absichtlich von »theoretisch«, von »würde« und »sollte« und von »müßte«. Unbeabsichtigt kommen solche Verzerrungen schon einmal vor – aber eben selten! Die Kameras werden heute meist mit dem bewegten Objekt mitgezogen. Dieses »Mitziehen« jedoch unterdrückt derartige Objekt-Deformationen mit absoluter Sicherheit. Aber auch meine Versuche mit der Leica oder der Leicaflex, vorsätzliche Schlitzverschluß-Verzerrungen zu erzeugen, erbrachten zumindest kein spontan ins Auge fallendes Ergebnis. (Günstiger lagen die Dinge lediglich bei der Seite 118 näher beschriebenen Panorama-Kamera. Deren Schlitzverschluß läuft außergewöhnlich langsam ab.) Sollten Sie in das Thema Schlitzverschluß-Verzerrungen doch noch einiges an Energie investieren wollen, hilft Ihnen vielleicht folgender Tip:

Die besten Erfolgschancen dürften Sie haben, wenn Sie die Kamera schnell herumreißen – und zwar in Gegenrichtung zum Bewegungsablauf. Sie müssen Ihr Gerät sozusagen »negativ mitziehen« – und das ist schon aus psychischen Gründen gar nicht immer so einfach! Über meine Mißerfolge tröstete ich mich damit hinweg, daß wesentlich effektvollere Verzerrungen mit wesentlich einfacheren Mitteln – etwa einem Anamorphoten (Seite 127) oder durch Reproduktion gebogener Vorlagen (Seite 136) – wesentlich besser zu erzielen sind.

Ohnehin dürfte der nächste Trick – Nummer zwei – ungleich interessanter sein. Dabei kommt es darauf an, mehrere Spiegelbilder von einem sich heftig bewegenden Objekt nebeneinander in einer Aufnahme unterzubringen. Der vor dem Film vorbeihuschende Schlitz sorgt dafür, daß erst die erste, dann die zweite und gegebenenfalls auch die weiteren folgenden Abbildungen der Reihe nach aufgezeichnet werden. So registriert also der Film das erste Spiegelbild zeitlich geringfügig früher als das zweite, und dieses wiederum einen Augenblick früher als das dritte. Daher gibt ein Bild das vervielfachte Motiv in unterschiedlichen Bewegungsphasen wieder!

Naheliegenderweise bietet sich das Verfahren einerseits für ästhetische Gestaltungen, andererseits für technisch-wissenschaftliche Analysen an. Zwar habe ich es dazu bisher noch nicht ausgenützt. Andererseits wollte ich doch mit Hilfe einiger Tests überprüfen, ob meine Überlegungen sich auch tatsächlich so ohne weiteres in die Praxis umsetzen lassen. Deshalb ordnete ich zwei Handspiegel so nahe vor dem Objektiv meiner Leicaflex an, daß jeder von ihnen so ziemlich eine Hälfte des Bildformates ausfüllte. Die beiden mit Hansaplastscharnieren beweglich zusammengehaltenen Spiegel ließ ich je eine Abbildung eines seitlich hinter der Kamera angebrachten, wild mit den Flügeln schlagenden Ventilators in Richtung Objektiv reflektieren. Als Belichtungszeit wählte ich 1/400 sec. Ein Negativ zeigt nun zwei Ventilatoren mit deutlich unterschiedlichen Stellungen der Flügel.

Nächster Doppel-Spiegel-Test: Mit einer Hand wedelte ich lebhaft vor einer Apfelsine herum. Das Ergebnis: In einem Teilbild erscheint die Apfelsine etwa zu 3/4, im anderen nur etwa 1/3 von der Hand verdeckt. Das Endprodukt meines Dreispiegel-Experiments mit einem ausgelösten Kameraverschluß ist hier abgebildet.

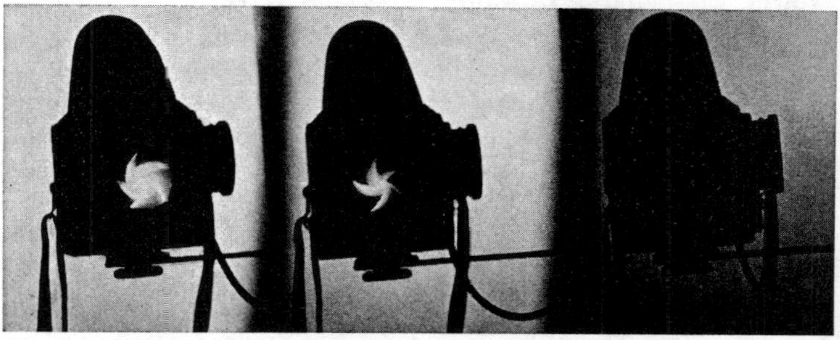

Drei Spiegelbilder einer Zentralverschluß-Kamera. Die aufnehmende Schlitzverschluß-Kamera und die Zentralverschluß-Kamera wurden per Doppelauslöser gleichzeitig beide mit der Verschlußzeit von 1/250 sec ausgelöst.

Nehme ich die schnellen Bewegungsvorgänge anstatt mit der Leicaflex mit der M 3 auf, so fallen die Differenzen zwischen den einzelnen Phasen doppelt so markant aus. Die Zeit, die der Schlitz braucht, um vor dem zu belichtenden Filmstück vorbeizuwandern, ist nämlich bei der M 3 doppelt so lang wie bei der Reflexkamera. (Noch größere Differenzen liefert die Panorama-Kamera ›Seite 118‹.) *Die Phasenunterschiede hängen ab von der Schlitz-Wanderzeit, vom Abstand der gespiegelten Objekte im Bildfeld (und damit aber auch von der Anzahl der Spiegelungen) und von der Belichtungszeit.* Je mehr Spiegelungen abgebildet sind, desto kürzer müssen die Verschlußzeiten sein.

Hier einige Angaben für Leica-Modelle. Natürlich sind die gleichen Effekte auch mit anderen Schlitzverschluß-Kameras zu erreichen.

Anzahl der aufzunehmenden Spiegelungen	Längst-Belichtungszeiten Leica-Modelle	Leicaflex
2	1/125	1/250
4	1/250	1/500
8	1/500	1/1000

Für den Hausgebrauch genügen natürlich Handspiegel. Wird Wert auf bessere Bildqualität gelegt, dann müssen oberflächenverspiegelte Spiegelgläser herhalten. Die sind leider recht anfällig gegen Kratzer. Die Firma J. D. Möller, Optische Werke, Wedel/Holstein, liefert diese Spiegel als Sonderanfertigung auf Bestellung. So etwas ist dann natürlich auch nicht ganz billig (Seite 156).

Noch viel einfacher als mit Spiegeln sind Phasenaufnahmen mit Prismen-Tricklinsen (Seite 144) hinzuzubekommen. Besonders gut eignet sich dafür die Tricklinse Dreifach-Prisma parallel (B+W, Rowi):

Einfach Linse vors Objektiv (Normal- oder Weitwinkel!) setzen und so drehen, daß die parallelen Prismenkanten auch parallel zum Verschlußschlitz stehen – also parallel zur kürzeren Bildseite, wenn der Schlitz über die gesamte Bildbreite von 36 mm huscht und parallel zur längeren Seite, wenn er nur die Bildhöhe über 24 mm hinweg abstreicht.

Ganz klar – es werden nur dann drei verschiedene Phasen einer Bewegung aufgezeichnet, wenn diese entsprechend schnell ist. In der Regel kommen wir mit langsamer ablaufenden Schlitzverschlüssen besser zurecht. Doch extrem schnelle Vorgänge – Platzen eines Luftballons, Einschlagen eines Geschosses – sind mit superschnellen Verschlüssen besonders gut zu erfassen. Unsere Methode ermöglicht es tatsächlich auf einfache improvisierte Weise in die Ultrakurzzeit-Fotografie vorzudringen. Wenn wir mit 1/1000 Sekunde belichten, sind die 3 Einzelphasen jeweils nur 1/3000 Sekunde belichtet. Gehen wir mit 1/8000 ran (Canon Eos Modelle, Nikon Modelle), dann wird tatsächlich jede einzelne Phase mit 1/24 000 Sekunde aufgezeichnet.

Unser dritter Trick nutzt die bekannte Tatsache aus, daß ein E-Blitzgerät in Verbindung mit einer sehr kurzen Verschlußzeit einer Schlitzverschlußkamera, nur einen Teil des Bildfeldes ausleuchtet. Je nach Herkunft und Alter lassen Schlitzverschlußkameras E-Blitz-Belichtungszeiten zwischen 1/30 und 1/400 Sekunde zu. Nun kann es aber durchaus in meiner Absicht liegen, eine Aufnahme zu machen, bei der das Tageslicht – unvermeidlicherweise – das ganze Bildfeld, das – eventuell farbig gefilterte – Blitzlicht aber nur einen Teil des Bildfeldes ausleuchtet.

Das Dumme ist nur – einige Kameratypen mit dazugehörigem System-Blitzgerät machen das gar nicht mit. Sie stellen sich selbsttätig, sobald die Blitzbereitschaft gegeben ist, auf eine blitzfreundliche Zeit ein. Doch können wir auch solche Schlitzverschlußgeräte überlisten: Entweder ein nicht zum System passendes Blitzgerät benutzen oder aber Systemblitzgerät über einen systemfremden Kontakt-Blitzneiger auf der Kamera anbringen. Nun gilt es allerdings zu wissen, welcher Teil des Bildfeldes bei bestimmten zu knappen Belichtungszeiten ausgeleuchtet wird. Das läßt sich so feststellen: Unbelichtetes Vergrößerungspapier im Dunkeln in die Negativführung der Kamera eingeben und Blitzaufnahme machen. Bei Dunkelkammerlicht erscheint dann der belichtete Teil auf dem Papier dunkler. (Gegebenenfalls Papier entwickeln!) Wir können ganz grob davon ausgehen, daß bei einer Verkürzung der Belichtungszeit gegenüber der fürs Blitzen zulässigen Zeit um einen Wert etwa die Hälfte des Bildfeldes, um zwei Werte etwa 1/4 davon ausgeleuchtet wird. Ganz genau ist das jedoch nicht, denn es spielt hier nicht nur die Belichtungszeit eine Rolle, sondern auch das verwendete Blitzgerät. Außerdem wird bei zu geringer Aufladung der Leuchte auch ein geringerer Teil des Bildfeldes ausgeleuchtet. Es empfiehlt sich bei solchen Experimenten immer mit total aufgeladener Leuchte zu arbeiten.

Damit sich von Bild zu Bild die Größe des ausgeleuchteten Feldes nicht ständig sprunghaft verändert, sollte bei derartigen Aufnahmen grundsätzlich die Aufladezeit des Blitzkondensators üppig bemessen werden.

Telegramm-Information:

- Schnelle Objekte können, mit Schlitzverschlußkameras aufgenommen, gelegentlich sehr verzerrt – insbesondere zusammengequetscht oder gedehnt – abgebildet werden. Mitziehen der Kamera mit dem Objekt unterdrückt, gegenläufiges Verreißen betont die Verzerrung.
- Schlitzverschlußkameras vermögen mehrere Einzelphasen einer schnellen Bewegung in einem Bild festzuhalten. Das Objekt ist lediglich durch eine dreiteilige Parallel-Prismen-Tricklinse aufzuzeichnen. Der Hintergrund sollte dunkel sein.
- Teilweise Ausleuchtung des Bildes durch E-Blitz mit zu kurzer Belichtungszeit am X-Kontakt von Schlitzverschlußkameras kann in Verbindung mit Tages-, Glühlicht-Beleuchtung interessante Wirkungen ergeben.

Scharfe Unschärfe und falsch-richtige Schärfenlage

Scharfzüngig haben sich in den letzten Jahren die Verteidiger fotografischer Schärfe und die Verfechter der Unschärfe befehdet. Bisweilen wurde sogar die durch »total verdrehte« Entfernungseinstellung verursachte Unschärfe – aber auch die sogennante »Bewegungsunschärfe« – als das Non-Plus-Ultra modernen fotografischen Gestaltens angesehen: etwa nach der Gleichung: unscharf = modern = gut. Daß das »ist gleich« in dieser Form problematisch ist und eigentlich durch ein »ist möglicherweise« ersetzt werden muß, hat im Eifer der ersten Begeisterung so mancher zunächst übersehen. Mit der Unschärfe ist ja nun auch so manches Schindluder getrieben worden von so manchem, der unbedingt und um jeden Preis ohne zu erröten den Spuren der flatterhaften Frau Mode gefolgt ist.

Auf der anderen Seite ist eines nicht zu bestreiten: Gerade die durch die Entfernungsein- oder eben -nichteinstellung bedingte Unschärfe im Foto stellt für den Normalsichtigen ein völlig neuartiges, weil völlig ungewohntes Seherlebnis dar. Wir können unser Auge nicht zwingen, beispielsweise eine Landschaft unscharf zu sehen. Das geht allenfalls bei kleinen Gegenständen, die wir dicht ans Auge heranbringen. Allerdings – wenn ich jetzt meinen Kugelschreiber 3 cm vor eines meiner Augen halte, dann bereitet mir das soviel Unbehagen, daß ich das kleine Experiment sehr schnell wieder abbreche.

Ich mache jetzt noch einen Versuch: Machen Sie doch mit, ja?!

Treten wir also ans Fenster und blicken durch das Netzwerk der darüberhängenden Stores hinaus. Eigentlich sollte man sich denken, daß unser Auge jetzt die Gebäude da draußen unscharf wahrnimmt, wenn wir es auf die Netzstruktur im Vordergrund einstellen, wenn es – wie die Fachleute sagen – darauf akkommodiert. Genauso eigentlich müßte es, auf die Gebäude akkommodiert, die Struktur unscharf sehen.

In Wirklichkeit gelingt es nur mit äußerster Mühe, überhaupt zu bemerkten, daß da so ein unscharfer Hinter- beziehungsweise Vordergrund vorhanden ist. Normalerweise – wenn wir uns nicht besonders zwingen, darauf zu achten – scheint alles, was das

Auge im Moment nicht scharfsichtig anvisiert, nicht vorhanden zu sein. Das beweist zweierlei:

- Unser Auge einerseits und das Auge unserer Kamera speichern zwei durchaus unterschiedliche Bildeindrücke, selbst wenn sie das gleiche Motiv anpeilen.
- Wir nehmen – so komisch das klingt – durchaus nicht alles wahr, was wir sehen. Im Gehirn haben wir noch so eine Art Filter, das nur das, was ihm paßt, an unser Bewußtsein weiterleitet. Und offensichtlich passen diesem Filter unscharfe Informationen durchaus nicht in den Kram. Die unterdrückt es völlig.

Unscharfes wahrzunehmen – dafür gibt es eigentlich nur eine reelle Chance: Motive unscharf zu fotografieren und dann die Bilder mit scharf eingestelltem Auge zu betrachten.

Vielleicht geht es Ihnen jedoch so wie mir: wenn ich ein komplett verschwommenes Bild sehe, erfaßt mich eine innere Unruhe. Mein Auge hat offensichtlich Schwierigkeiten, sich auf die Bildebene einzustellen, wenn es nicht wenigstens ein winziges scharf erscheinendes Detail erspäht, nach dem es sich ausrichten kann. Sollen daher total unscharfe Bilder – Out-of-Focus-Fotos, wie sie im Angelsächsischen genannt werden – den Beschauer ansprechen, so müssen wir solchen Bildern irgendwie einen Hauch von Schärfe verleihen, vielleicht sogar auch nur einen trügenden Schein von Schärfe.

Schauen wir doch einmal der Reihe nach vier Methoden der Unschärfengestaltung scharf an:

1. Nicht jedes Motiv eignet sich für eine Out-of-Focus-Aufnahme. Flaue oder kleinteilige Objekte enttäuschen mit Sicherheit, wenn Sie mit einer völlig falschen Entfernungseinstellung fotografieren.

   Kontrast aber täuscht Schärfe vor! Versuchsweise wurden gelegentlich zwei Fotos vom gleichen Motiv – eines gestochen scharf, aber flau vergrößert, das andere ziemlich unscharf, aber auf harte Schwarzweißkontraste hingetrimmt – einem größeren Personenkreis zur Beurteilung vorgelegt. Da war aber auch keiner, kein einziger, der nicht ganz spontan das kontrastreiche Foto für das schärfere gehalten hätte.

   So sind denn dunkle Motive – Silhouetten oder Fast-Silhouetten – vor blendend hellem Hintergrund die idealen Out-of-Focus-

Objekte. In zweiter Linie kommen aber auch Gegenlicht-Motive in Frage.
Wird das Objektiv – langbrennweitig, wenn's geht, und mit weit geöffneter Blende – extrem am tatsächlichen Objektabstand vorbeiverstellt, dann sind alle dunklen Figuren von einem grauen durchscheinenden Saum umgeben. In der Farbaufnahme nimmt der die Farbe des – eventuell reizvollerweise völlig ausgebleichten – Hintergrundes an. Lichtquellen jedoch in dunkler Umgebung – die Sonnenscheibe inmitten einer unscharfen Landschaft, Kerzenflamme über unscharfem Leuchter – benehmen sich im Bilde so, als ob sie ganz scharf wären. Der Leuchtdichtekontrast an den Rändern der unscharfen Abbildung ist eben doch so groß, daß der Umriß der Lichtquelle quasi ausgestanzt und nicht verlaufend wiedergegeben wird. (Mit naturgetreuer Wiedergabe hat das natürlich nichts zu tun.)
Übrigens – daß unsere kontrastreichen Silhouetten und Gegenlichtfotos auch unscharf aufgenommen doch unser Auge durch eine gewisse Schärfenillusion bestechen, ist einfach zu erklären: In schwarzen oder weißen Flächen treten keine verschwimmenden Details auf. Deshalb wirken diese Partien im Gegensatz zu grauen Stellen immer ausreichend scharf.
Ich habe mehrere Proben aufs Exempel gemacht. Eine davon, ein schwarzweißes Out-of-Focus-Bild, finden Sie in diesem Buch. Die Daten: Mädchen unter offener Tür hat 6 m Abstand zur Kamera. Objektiv-Einstellung: 80 cm, Blende 2. Während mir diese Aufnahme zusagt, strahlt eine hier nicht abgebildete Parallel-Aufnahme keinerlei Wirkung aus, obwohl ich sie, ja, weil ich sie mit Blitz bestrahlt habe. Der Blitz hellt das Schwarz zu detailreichem Grau auf und degradiert dadurch dies Bild zu einem mißratenen, unscharfen Foto.
Die Rolle des Schärfe illusionierenden Schwarz können im Colorbild auch sattfarbige, aber eben gleichzeitig auch einfarbige, ungegliederte Flächen übernehmen.

2. Unscharfe kontrastreiche Schwarzweißfotos lassen sich ganz gut nachschärfen. Dazu müssen die grauen Säume um die dunklen Figuren abgehobelt werden. Bei geringer Unschärfe wirken entsprechend mißhandelte Fotos mit schwarzen Gestalten wie normale scharfe Bilder. Die Umrisse sehen lediglich mehr oder minder vereinfacht (20 A) aus. Extreme Out-of-

Focus-Formen aber wandeln sich durch Nachschleifen in wahrhaft phantastische Gebilde. Zur Randrasur eignet sich beispielsweise Farmerscher Abschwächer.

Links: Hart vergrößertes, scharfes Foto

Rechts: Das gleiche Foto, jedoch »unscharf« vergrößert. Dabei wird die Kornstruktur des Bildes völlig unterdrückt.

Kurzrezept: Gut durchbelichtete Vergrößerung nach dem Fixieren in Abschwächer baden, bis Umrisse wie ausgestochen erscheinen. Eventuell mit getränktem Wattebausch nur Ränder und grau angelaufene helle Stellen bearbeiten. Nach dem Abschwächen Bilder kurz wässern und nochmals fixieren, dann erst Schlußwässerung vornehmen!
Mehrfaches Umkopieren der Bilder auf hartes Repro-Material ist noch eleganter und sicherer.
Das Allerbequemste: Machen Sie Ihre Out-of-Focus-Fotos von vornherein auf kontrastreichem Dokumentfilm (Näheres Seite 162). Dann werden die Negative so hart, daß bei einem

Vergrößerung des gleichen, diesmal aber mit »unscharf« eingestelltem Kamera-Objektiv aufgenommenen Motives. Sogenanntes Out-of-Focus-Bild!

einfachen Vergrößern auf extrahartes Material den grauen Rändern bereits die Puste ausgeht.

3. Rasterfolien machen unscharfe Bilder scharf! Weil die Folie selbst scharf ist, empfindet unser Auge sie als den ruhenden Pol in der Unschärfen Verschwommenheit.
   Farbdias können Sie ohne weiteres mit Rasterfolien »sandwichen« (Seite 196). Negative sind beim Vergrößern zu rastern. Meist werden die Folien unmittelbar über das Vergrößerungspapier gebreitet. Dünne Stoffe, Drahtgitter und dergleichen können gegebenenfalls die Rolle der Rasterfolie übernehmen.
   Unscharfe Negative von hochempfindlichem Film haben sogar eine Art von »eingebautem« Raster. Durch übertriebenes Vergrößern kleinster Ausschnitte auf hartes Papier holen wir eine scharfe Kornstruktur heraus.
   Lassen wir jedoch die Dunkelkammerpraxis! Sie sprengt unser Thema. Interessant dürfte jedoch noch sein, daß Sie eine scharfe Struktur sogar bereits bei der Aufnahme ins Bild einbeziehen können. Werden beispielsweise verfließende Formen hinter einer präzise mit allen Details wiedergegebenen Kathedral-Glasscheibe aufgezeichnet, dann liegt diesem Foto das gleiche Gestaltungsprinzip zugrunde wie einem vergrößerten, unscharfen, aber durch ein Raster nachgeschärften Motiv.
4. Gestochen scharfe Unschärfenkreise entstehen, wenn Lichtpunkte bei weit aufgerissener Blende und total falscher Entfernungseinstellung fotografiert werden. Da ich diese Lichtballons für außergewöhnlich interessant halte, habe ich dafür speziell den nächsten und übernächsten Abschnitt (ab Seite 52) reserviert.

Bevor ich mich nun von der Total-Unschärfe ab und der Teilschärfe zuwende, lassen Sie mich bitte noch etwas spinnen – oder besser gesagt »ausspinnen« – einen Gedanken nämlich!

Achtung! Spinnen Anfang!

Es drängt sich einem doch der Verdacht auf, daß die Out-of-Focus-Aufnahme im Widerspruch zum ureigensten Wesen der Fotografie stehen könnte. Die Fotografie hat – auf einen kurzen Nenner gebracht – die wichtige Aufgabe, Informationen zu speichern und zu vermitteln. Dazu eignet sie sich in der Tat großartig. Nehmen wir aber nun ein Motiv unscharf auf, so wird ja zwangsläufig die Informationsfülle beschränkt, die die Kamera an sich zu verarbeiten in der Lage wäre. Kann das der Sinn des Fotografierens sein? Glücklicherweise haben wir zur Verteidigung des Out-of-Focus-Verfahrens drei gewichtige Argumente zur Hand:

Es kommt heutzutage nicht nur darauf an, daß ein Foto möglichst viele Informationen übermittelt, sondern auch, daß diese Informationen in verhältnismäßig kurzer Zeit vom Betrachter aufgenommen werden können. Je mehr Informationen in einem Bilde stecken, desto länger muß es betrachtet werden. Der Abbau eines gewissen Informations-Überschusses kann also durchaus dazu beitragen, daß der verbleibende Informationsrest wesentlich schneller an den Mann gebracht wird. Überflüssige Informationen stellen Störfaktoren innerhalb des Informations-Kreislaufes dar.

Das Ungewohnte der Darstellung – auch das durch Vereinfachung Ungewohnte – reizt so manchen, vielleicht zunächst Uninteressierten, das Informationsangebot überhaupt erst anzunehmen. Ein üblich gestaltetes Bild hätte er unter Umständen von vorneherein links liegengelassen (Seiten 208 f.).

Durch die Reduzierung des Informationsgehaltes wird die Information allgemeiner und – allgemeingültiger! Sehen wir dem scharfen Bild etwa an, daß es Frau Sowieso wirklich gibt, dann wird sie von einem gewissen Unschärfengrad an zur Frau allgemein und bei weiter gesteigerter Unschärfe zum Menschen reduziert – oder eben aufgewertet. Die derart verallgemeinernde Darstellung vermag aber wiederum die Phantasie zu mobilisieren. Etwaige Löcher, die die weggefallenen Informationen hinterlassen, werden durch selbst produzierte Gedankenbilder aufgefüllt. Je unbestimmter eine aufgezeichnete Form ist, desto größer wird der Spielraum, aus dem

Farbschattenbild: Die beiden streitbar gestikulierenden Männer standen dicht hinter ▶ einer Bahn von Transparentpapier, die mit Reißnägeln an der Raumdecke befestigt war. Sie wurden von hinten im Gegenlicht mit 3 in etlichem Abstand voneinander aufgestellten Farbstrahlern in Rot, Grün und Blau bestrahlt.

- Stellen auf der Transparentwand, die gegen alle Lampen abgeschattet waren, erscheinen im Bilde schwarz.
- Stellen, die gegen zwei Lampen abgeschattet waren, erscheinen, je nachdem, von welcher Lampe sie beleuchtet wurden rot, grün oder blau eingefärbt.
- Stellen, die gegenüber nur einer Lampe abgeschattet waren, erscheinen in den Mischfarben Gelb (rotes + grünes Licht), Purpur (Rotlicht + Blaulicht) und Blaugrün (Grünlicht und Blaulicht).

In dem Falle wäre es übrigens auch noch möglich auf die schwarz gebliebenen Stellen ein Dia mit Hilfe eines neben der Kamera angeordneten, von vorne her einstrahlenden Projektors aufzuprojizieren.

Bild links: Durch eine der Frontlinse des Objektives vorgesetzte Schablone in Spiralen verwandelte Lichtkreise.
Vier rote Kerzen und einige Blitzwürfel-Reflektor-Folien wurden auf einem Spiegel angeordnet. Eine blaugefilterte Halogenleuchte rief winzige Lichtpunkte hervor, die im Gegensatz zu den Kerzenflammen scharfe Spiralen ergaben. Kunstlichtfilm, weit aufgeblendetes Objektiv.

Bild oben: Blick in den Kommandostand eines Ufos? Daran könnte man denken. Für diese Weltraum-Konstruktion habe ich über einem Reibeisen ein Frittensieb und darüber ein genopptes Kuchenblech angebracht. Das Ganze wurde mit gelbem und violettem Licht ausgestrahlt. Die Schärfe wurde auf das weiter entfernte Reibeisen eingestellt und die Blende so weit, wie nur möglich, geöffnet. Dadurch bliesen sich die schon weit vor dem Schärfentiefenraum gelegenen violetten Glitzerpunkte, die sich auf den Noppen des Kuchenbleches gebildet hatten, zu großen Lichtkreisen auf. Eine Pappschablone, aus der eine Spirale herausgeschnitten war, unmittelbar vor das Objektiv gesetzt, wandelte die Kreise in Spiralformen um.

die Phantasie Erinnerungen hervorpflücken kann, um die Darstellung damit auszuschmücken.

Und noch eine Bemerkung zum dritten Argument: Da gibt es so einige Leute, die von sich selbst meinen, daß sie Künstler seien. Die übertreiben's ein bißchen mit dem Vereinfachen! Da stellt etwa einer nur noch einen Kreis dar, der wahlweise als Sonne ohne Flecken, als Selbstporträt, als Schallplatte mit Beethovens Fünfter, interpretiert von den Wiener Philharmonikern unter Karajan, als Ei von oben gesehen oder als Loch, das sich zum Tritte anbietet, zu deuten wäre.

Ein anderer, der Conceptual Artist John Baldessari, hat in einer Ausstellung in Leverkusen (1969) Rahmen-Rechtecke an den Wänden angebracht und mit schlichten Buchstaben schlicht das schlichte Wort »BILD« hineingeschrieben. Derartige Darstellungen beschränken die Information auf ein Minimum. Es bleibt fast alles der Phantasie des Betrachters überlassen.

Meiner Meinung nach sind diese »Künstler«, die solche Produkte fabrizieren, bedauerlicherweise nicht verrückt, sondern ganz gewöhnlich normal. Entweder haben sie keine Ahnung von den Gesetzen der Gestaltung oder sie spekulieren auf die Dummheit ihrer Mitmenschen, denen das Prestige-Denken die Augen verkleistert hat. Eine sinnvolle Darstellung muß einfach in wohlabgewogener Dosierung sowohl genügend Informationen bieten als auch gleichzeitig der Phantasie ausreichend Spielraum lassen. Es scheint mir ein Grundgesetz bildnerischer Gestaltung zu sein, daß weder der Phantasie-Appell die Information, noch die Informationsfülle den Appell an die Phantasie unterdrücken darf.

Was die fotografische Gestaltung anbelangt, so neige ich dazu, anzunehmen, daß es ihr besonders gut ansteht, wenn zumindest noch ein Rest von Objekt-Erkennbarkeit gewahrt bleibt. Denn: Mehr als jedes andere Darstellungsmittel sind chemische und physikalische Bildspeicherungsverfahren, die wir unter dem Sammelbegriff Fotografie zusammenfassen können, dem Objekt ver-

◀ **Rotationsfiguren (Tageslicht-Diafilm)**
Oben: Rotierender Draht teilweise mit blauroter Leuchtfarbe bestrichen und mit zwei blauen Strahlern im Auflicht beleuchtet.
Unten: Rotierende, asymmetrisch aufgehängte Zange, mit einer roten und mit einer blauen Lampe im Gegenlicht bestrahlt.

pflichtet. Schließlich können diese Verfahren bei der Aufzeichnung auf das Vorhandensein des Objektes als Vorlage nicht verzichten!

Achtung! Spinnen Ende!

Nehmen wir ein Objekt mit weit geöffneter Blende auf und stellen wir die Schärfe dabei auf ein Detail ein, lassen aber alles andere total verschwimmen, dann haben wir ebenfalls die gute Chance, ein Bild mit wohlabgewogenem Verhältnis Informationsgehalt-Phantasieappell zu erhalten. Informiert wird über das scharfe Detail, und zwar in konzentrierter Form. Dadurch, daß die Umgebung unscharf ist, richtet sich unsere Aufmerksamkeit zwangsläufig auf das scharfe Detail. In einer scharfen Umgebung würden wir es kaum beachten, vielleicht sogar übersehen. Gleichzeitig erzeugt die Unschärfe der Umgebung eine Atmosphäre, die einen idealen Nährboden für unsere Phantasie darstellt.

Zu einem scharf abgebildeten Dampfschiff im Hintergrund, das wir nicht kennen, haben wir keine sonderliche Beziehung. Würde das Schiff aber unscharf wiedergegeben, so könnte es eventuell als das erscheinen, mit dem wir eine schöne Reise unternommen haben.

Früher hatte man nur dem Hintergrund Unschärfe zugebilligt. Vom Vordergrund wurde grundsätzlich gestochene Schärfe erwartet. Als die Farbfotografie aufkam, ging man seltsamerweise sogar so weit, zu behaupten, Colorbilder würden nur wirken, wenn sie die Raumtiefe von vorne bis hinten scharf wiedergäben.

Heute vertragen wir auch Bilder mit scharfem Hinter- und unscharfem Vordergrund. Diskutabel ist sogar ein scharfer Mittelgrund, eingebettet in ein verfließendes Davor und Dahinter. Die Verlagerung der Schärfe in den Mittelgrund oder ganz nach hinten kann unter verschiedenen Gesichtspunkten vorgenommen werden. Zwei davon sind besonders interessant:

- Störende oder vom Hauptmotiv ablenkende Details werden von unscharfen Vordergrund-Objekten – Gräsern, Blumen, Laub, Tüchern, Gefäßen – verdeckt.
- Details im Vordergrund – farbige Gläser, Blumen, Herbstlaub – bringen zusätzliche Farbtupfen in ein Colorbild.

Unscharfe, auch von Natur aus an sich nicht transparente Vordergrund-Objekte wirken im Gegensatz zu unscharfen Hintergrund-Objekten gelegentlich durchscheinend. Zumindest umkränzt sie –

wie schon im Zusammenhang mit der Out-of-Focus-Fotografie erwähnt – ein durchsichtiger bis durchscheinender Saum. Diese scheinbare Transparenz verschafft sich um so auffälliger Geltung,

- je weiter die Blende geöffnet ist,
- je länger die verwendete Brennweite ist,
- je kürzer der Abstand zwischen unscharfem Vordergrund-Objekt und Objektiv ist,
- je mehr die Entfernungseinstellung in Richtung unendlich vom tatsächlichen Abstand des Vordergrund-Objektes abweicht,
- je heller die scharf abgebildeten Objekt-Details sind, die durch den unscharfen Vordergrund teilweise verdeckt werden.

Im Normalfalle kann ein dünnes – etwa astdünnes Objekt völlig durchscheinend gehalten werden. Ein baumstammdickes dagegen ist im Bilde bestenfalls mit durchscheinenden Rändern umkränzt. Apart wirken scharf wiedergegebene Lichtpunkte und Streifen – etwa Straßenbeleuchtung in der Dämmerung oder Sonnenreflexe auf dem Wasser –, die in diese verlaufenden Grenzzonen einschneiden. Ich benutze in solchen Situationen gerne harte Spezialfilme, wie Dokument- (Seite 162) oder Infrarot-Material. Damit können wir die durchscheinenden Figuren beziehungsweise Randzonen dunkel, ja sogar schwarz halten. Das hindert die hellen Lichtstreifen jedoch nicht im geringsten daran, sich in diese dunklen Gebilde einzufressen – was ganz eigenartig aussieht.

Übrigens: Einfache Meniskuslinsen ab Brennweite 500 mm (2 Dioptrien) und länger werden gelegentlich als Aufnahmeobjektive, insbesondere für Colorfotos mit großformatigen Kameras verwendet (15 A). Hauptwirkung: Verhältnismäßig scharfe Bildfeldmitte, unscharfe Randzonen mit Farbsäumen. Bildteile lassen sich mit Hilfe von halbierten Vorsatzlinsen vor dem Objektiv völlig unscharf halten.

Telegramm-Information:

- Total unscharfe (Out-of-Focus-)Fotos: Möglichst falsche Entfernungseinstellung wählen. Brennweite soll möglichst lang, Blende möglichst weit offen sein. Völlig unscharfe Bilder müssen unbedingt zumindest mit einer Art von Schärfen-Illusion aufwarten.
- Geeignete Out-of-Focus-Methoden:
  1. Kontrastreiche Motive aufnehmen: Silhouetten oder Gegenlichtmotive, Lichtquellen.

2. Unscharfe Konturen von Schwarzweißfotos nachträglich glätten: Negative hart umkopieren oder Vergrößerungen mit Farmerschem Abschwächer behandeln.
3. Scharfe Strukturen mit unscharfen Bildern kombinieren: Rasterfolien beim Vergrößern über Fotopapier breiten, Kornstruktur per Ausschnittvergrößerung deutlich herausholen, Dias mit Raster »sandwichen«.
4. Lichtkreise ins Bild einbeziehen. (Näheres folgender Abschnitt!)

- Verlagerung der Schärfe in den Vorder- oder Mittelgrund, der Unschärfe in den Vordergrund:
  Störende Elemente im scharfen Hintergrund werden mit unscharfen Vordergrund-Details abgedeckt. Nur Bildwichtiges schimmert hindurch. Gegebenenfalls effektvolle Belebung eines farbarmen Motivs durch farbige, unscharfe Vordergrund-Details möglich.
- Unscharfe Vordergrund-Objekte können im Bild ganz durchscheinend aussehen oder zumindest durchscheinende Randzonen aufweisen.
  Interessant: Durch Unschärfenzonen durchschimmernde Lichtpunkte. Harter Dokumentfilm ergibt reizvollen Kontrast zwischen den dunklen Figuren und hellen, in sie einschneidenden Lichtern.

Licht-Ballons und Licht-Sterne

Winzige Lichtpunkte – weit entfernte Laternen, Sonnenreflexe im Wasser, Blitz-Spitz-Lichter auf zerknittertem Stanniol oder in Kognak-Schwenkern – wachsen sich, aufgenommen im Out-of-Focus-Stil, zu großen Lichtkreisen aus. Die sind nichts anderes als Abbildungen der Blendenöffnung. Um so größer erscheinen die hellen Ballons:

- je »outer«-of-Focus das Objektiv eingestellt,
- je weiter die Blende aufgetan und
- je länger die verwendete Brennweite ist.

Allerdings: Die Helligkeit der Lichtkreise nimmt mit zunehmender Größe ab – ähnlich wie die Farbsättigung eines Luftballons. Es kann daher auch einmal günstig sein, die Kreise durch leichtes Abblenden etwas schrumpfen zu lassen – insbesondere dann, wenn die Original-Spitzlichter von Hause aus nicht sonderlich kräftig sind.

Im Spiegelreflex-Sucher lassen sich Form, Größe und Helligkeit der Ballons meist gut beobachten. Gewisse Spezial-Mattscheiben verändern sie jedoch in seltsamer Weise. Ich denke da an die für besonders exakte Entfernungseinstellung entwickelte Mikroprismenscheibe. Auf ihr verwandeln sich die Kreise in Sterne. (Auch die im nächsten Abschnitt besprochenen Schablonenfiguren werden merkwürdig deformiert.)

Lassen Sie sich bitte durch all das nicht verwirren! Im fertigen Bild finden Sie Ihre Kreise wieder – rund und wohlgeformt und einwandfrei!

Apropos einwandfreie Kreise: Nur aus wirklich winzigen Lichtern und Reflexen werden saubere, scharfe Ballons! Auf die scheinbare Größe – oder besser, die scheinbare Kleinheit – der hellen Punkte kommt es an!

Unlängst habe ich die Probe aufs Exempel gemacht:

Drei brennende Kerzen und etwa zehn auseinandergefaltete Silberfolien von ausgebrannten Blitzwürfeln arrangierte ich auf einem Spiegel. (Im Bilde sollte nämlich die Anzahl der Lichter verdoppelt werden!) Das Ganze bestrahlte ich mit einer blaugefilterten Halogenlampe 1000 W. Die spiegelte sich, zu winzigen Punkten verniedlicht, in allen in die Folien eingepreßten Mini-Reflektörchen. Auf dem Out-of-Focus-Kunstlicht-Dia hinterließen die Spitzlichter blaue scharfe und wie mit dem Zirkel angelegte Kreise. Von denen unterschieden sich deutlich die orangefarbenen, etwas unscharfen Abbilder der Flammen – zapfenförmig eher noch, denn Kreisen ähnlich!

(Auf parallelen Schablonen-Effektaufnahmen ist das noch deutlicher zu sehen!)

Ein spezieller Hochgenuß: Lichtkreise in Farbe! Gläser, Metallgegenstände oder andere glänzende Objekte müssen dazu nur mit farbig gefilterten kleinen Lichtquellen aus möglichst weitem Abstand bestrahlt werden. Versuchen Sie Ihr Glück am besten mit Blitzbirnchen!

Beinahe hätte ich's vergessen: Lichtkreise bilden sich natürlich nicht nur in den eigentlichen Out-of-Focus-Fotos. Im Gegenteil! In Verbindung mit scharfen Details wirken sie besonders effektvoll! Vor allem dann können dolle Bilder entstehen, wenn ein weit im Hintergrund gelegenes Objekt, auf das die Schärfe abgestimmt ist, durch aus dem Vordergrund herausgekitzelte Ballons teilweise überlagert wird. Daß natürlich das Motiv, auf dessen Oberfläche die lichtkreiserzeugenden Reflexe herumtanzen, meist bis zur Unkenntlichkeit aufgeweicht erscheint, das versteht sich ja wohl von selbst. Aber auch dagegen ist ein Kraut gewachsen: die Doppelbelichtung (Seite 22). Mit der ersten Teilbelichtung hole ich die Lichtballons, mit der zweiten das eigentliche Objekt scharf heraus. Basta!

Scheinbar winzige Lichter spielen sich nicht immer nur als Ballons, sondern gelegentlich auch als Sterne auf, Schuld daran ist die Beugung der Lichtstrahlen am kantigen Rande der Blendenöffnung. Im Gegensatz zu den Kreisen geraten die Sterne allerdings besonders gut, wenn die

- Entfernungseinstellung möglichst genau – zumindest ausreichend genau – auf die Lichtquelle abgestimmt wird,
- die Blende möglichst bis zum Anschlag geschlossen ist
- und ein Objektiv mit möglichst kurzer Brennweite benutzt wird.

Dazu muß ich noch bemerken:

Wenn so ein anvisierter Lichtpunkt einerseits sehr winzig und andererseits sehr hell ist, dann wird er auch mit einem etwas längerbrennweitigen Objektiv als Stern abgebildet.

Mit dem 50-mm- oder einem noch kürzerbrennweitigen Objektiv muß die in halber Höhe stehende, nicht mehr sehr, aber doch eben gerade noch blendende Sonne aufgenommen werden, wenn sie sich als Strahlenstern produzieren soll.

Mit einigem Geschick und etwas Glück sind kleine Reflexe auf glänzenden Gegenständen ohne weiteres in farbige Sterne zu verwandeln.

Wichtig: Die Sterne gedeihen nur bei knapper Belichtung. Zwei bis drei Stufen unter normal können – insbesondere bei Sonnenaufnahmen – erforderlich sein! (Bitte auch Drahtgittertrick Seite 58 beachten!)

Telegramm-Information:

- Licht-Ballons: Objektiv muß scheinbar kleines Licht oder winzigen Lichtreflex mit total verdrehter Entfernungseinstellung anpeilen. Je größer der scheinbare Durchmesser der Lichter, desto deformierter fallen die Kreise aus.
- Lange Brennweite und weit geöffnete Blende blasen Lichtkreise besonders groß auf. Kleinere Lichtkreise wirken jedoch heller.
- Besondere Licht-Ballon-Effekte:
  1. Farbige Kreise, hervorgerufen durch farbige Lichtquellen.

2. Doppelbelichtungen: geeignetes Objekt wird einmal scharf aufgenommen, einmal unscharf à la Lichtkreismethode.

- Lichtsterne: Scheinbar winzige Lichtquellen – auch Sonne – oder Reflexe mit möglichst geschlossener Blende und – gegebenenfalls – kurzbrennweitigem Objektiv scharf abbilden. Sehr knapp belichten.

Schablonen-Tricks mit Lichtkreisen

Was halten Sie davon, Lichtkreise in Spiralen, Sterne, Dreiecke oder in beliebig andere Figuren umzumodeln? Schwierig? Nichts einfacher als das! Schließlich sind Lichtkreise Abbildungen der Blendenöffnung. Wir brauchen also lediglich die Blendenöffnung zu verformen, dann bleibt den Lichtkreisen gar nichts anderes übrig, als eine andere Gestalt anzunehmen. Ich schneide zu diesem Zweck aus Pappe runde Scheiben aus – gerade groß genug, um ein Objektiv zu verdecken. (Wegen der Befestigung mache ich mir keine Sorgen! Ich klemme die Scheiben einfach zwischen Frontlinse und UV-Sperrfilter ein.)

Aus diesen Pappdeckeln schneide ich figurenförmige Löcher oder Muster aus.

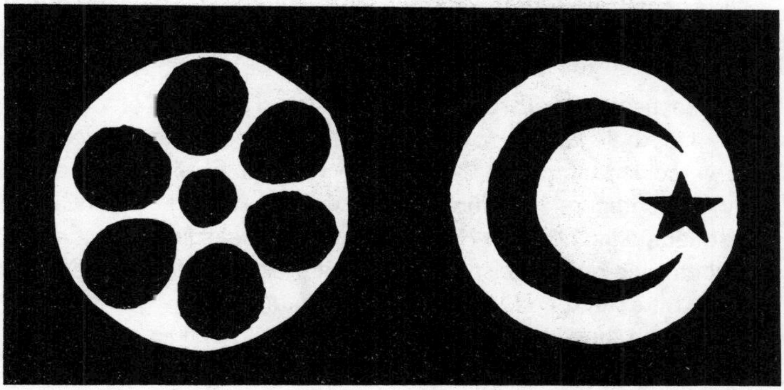

Fotogramme der Schablone, die ich mir inzwischen zurechtgeschnippelt habe, sind ja mehr oder weniger dekorativ über die vorliegende Seite verstreut. Das Schwarze in den weißen Kreisen sind also die Löcher, deren Form den Lichtkreisen überprägt wird.

Denken Sie bei der Aufnahme bitte an eines: Die Schablonen halten einen Teil des Lichtes, das durch die Objektiv-Öffnung einfallen will, zurück. Die Belichtungszeit ist also dementsprechend zu verlängern.

Auf die Gefahr hin, daß ich mich wiederhole, sei betont: Nur scheinbar kleine – sehr kleine – Lichtpunkte bieten die Gewähr, daß die Lichtfiguren ausreichend scharf ausfallen. Übrigens: Verändert werden durch die Schablonen nur die Lichtkreise. Andere Objekt-Details, die daneben noch – sei es scharf, sei es unscharf – aufs Bild kommen, bleiben so gut wie völlig unbeeinflußt.

Wir können also ohne weiteres im Bilde einen mit Lichtfiguren verzierten Vordergrund mit einem scharfen Hintergrund kombinieren.

Phantastischen Farb-Experimenten sind Tür und Tor geöffnet! So liegt es beispielsweise nahe, auf einem geeigneten Objekt mit Hilfe verschiedenfarbiger Lichtquellen Reflexe zu erzeugen, die in farbige Lichtfiguren umfunktioniert werden sollen. Das Objekt selbst kann einschließlich Hintergrund dann zusätzlich noch neutral beleuchtet werden – beispielsweise mit indirektem Licht. Gegebenenfalls bitte auch an Doppel- und Mehrfachbelichtungen denken!

Schließlich und endlich lassen sich die Lichtfiguren natürlich auch teilweise einfärben. Suchen Sie sich bitte aus meinem vierteiligen Methodenangebot etwas Passendes aus!

1. Ein Farbfilter wird so vor die mit der Schablone geschmückte Frontlinse gehalten, daß die Objektiv-Öffnung zu etwa 1/3 bis 1/2 bedeckt wird. Das Ergebnis: Alle Lichtfiguren erscheinen teilweise angefärbt.

2. Die einzelnen Löcher in einer Schablone werden mit verschiedenfarbigen Gelatine-Filter-Stückchen überklebt. Das Ergebnis: Kunterbunte Lichtfiguren.
3. Doppelbelichtung. Bei jeder Einzelbelichtung wird ein anderes Filter vors Objektiv oder vor die Lichtquellen gehalten. Außerdem ist bei einer Belichtung die Blende ganz zu öffnen, bei der

Positive Kopien von Schablonen-Fotogrammen

anderen um etwa zwei Werte zu schließen. (Das erfordert natürlich eine längere Expositionszeit!)
Ergebnis: Die Randzonen der Lichtfiguren unterscheiden sich in ihrer Farbe von den Binnen-Teilen.

4. Doppelbelichtung mit Polarisations-Schablone. Vor das Objektiv wird ein Polfilter gesetzt. Möglichst dicht davor kommt ein zu einer Figur zurechtgeschnittenes Zirkular-Polfilter und ein weiteres Polfilter. (Die Einrichtung ist im Prinzip Seite 33 ausführlich beschrieben. Wichtiger Unterschied in der Anordnung: Zirkular-Pol wie zweites Polfilter müssen unmittelbar vor dem ersten auf das Objektiv aufgesetzten Polfilter angeordnet werden. Je geringer der Abstand zwischen den drei Filtern, desto besser.) Zwischen den Teilbelichtungen ist das Kamera-Filter um 90° zu drehen. Außerdem muß auch jedesmal ein andersfarbiges Filter zusätzlich vor das Objektiv oder vor die Lichtquellen gesetzt werden. Das Ergebnis: Farbige Lichtkreise, die andersfarbige Figuren enthalten.

Anstatt der selbstgefertigten Schablonen können Sie auch Drahtgitter und ähnliche Dinge vors Objektiv halten um den Lichtkreisformen eine interessante Struktur zu verleihen.

Telegramm-Information:

- Karton-Schablonen vors Objektiv gesetzt, formen Lichtkreise zu beliebigen Figuren um. Einen Einfluß auf die neben den Lichtkreisen scharf oder unscharf wiedergegebenen Objekte üben sie nicht aus. Verlängerung der Belichtungszeit ist unumgänglich.
- Zahlreiche Farbgestaltungen mit Lichtfiguren sind möglich. Besonders interessant: Polarisations-Methode mit der Seite 33 beschriebenen Einrichtung aus zwei Pol- und einem Zirkular-Polfilter. Das Zirkularfilter wird zur Schablone zurechtgeschnitten. Doppelbelichtung ist notwendig. Zwischen den Teilbelichtungen ist ein Polfilter um 90° zu verdrehen und sind Farbfilter vor den Lichtquellen auszuwechseln. Im Bilde erscheinen farbige Schablonenfiguren inmitten andersfarbiger Lichtkreise.
- Drahtgitter vors Objektiv gehalten, strukturieren Lichtkreise. Bei Scharfeinstellug des Objektivs auf helle Lichtquellen im dunklen Umfeld verwandeln die Gitter Lichtpunkte in Lichtsterne.

Etwas »Refloxologie«

Sind auch einige unter Ihren Bildern mit einer ganzen Reihe von im Objektiv entstandenen Reflexen verziert? Dann nehmen Sie doch einmal die einzelnen, in der Farbaufnahme meist bläulich schimmernden Lichtpunkte unter die Lupe. Das ist wörtlich gemeint! Die Reflexe entpuppen sich nämlich als Abbildungen einer Lichtquelle oder auch der Blendenöffnung. Es handelt sich also um Spiegelungen einer Lichtquelle an den Oberflächen der Objektiv-Linsen. Heutzutage spuken die Reflex-Ketten sehr viel häufiger in den Fotos herum als früher. Das liegt zunächst einmal daran, daß eben mehr Linsensysteme aus mehr Linsen und auch mehr Weitwinkel-Objektive benutzt werden. In komplizierten, kurzbrennweitigen Objektiv-Systemen tummeln sich diese Reflexe schließlich mit Vorliebe, allerdings nur bei hartem Gegen- und Streiflicht. Unter der Voraussetzung, daß die Gegenlichtquelle nicht selbst mit ins Bildfeld hereingerät, läßt sich der Reflex-Spuk manchmal bereits mit einer Gegenlichtblende austreiben. Oft muß aber das Objektiv noch zusätzlich mit der Hand oder einer Zeitung gegen die einfallende Strahlung abgeschirmt werden. Verschattungen in einer Randzone des Bildes sind dabei oft nicht zu vermeiden.

Wenn uns die Reflex-Ketten auch in 99 von 100 Fällen durchaus unwillkommen sind, bisweilen läßt sich selbst dieser lästige Fehler als Gestaltungselement ausschlachten. Ohne Spiegelreflex-Sucher sind allerdings nur Zufalls-Ergebnisse zu erwarten.

Vor einiger Zeit huschte über meinen Farbfernsehschirm folgendes Bild: Vor dunklem Hintergrund – der offensichtlich für derartige Tricks günstig ist – zog sich von oben links nach unten rechts eine farbig schillernde Reflex-Kette. Der letzte, ziemlich große und intensiv violette Lichtfleck überlagerte einen rotgekleideten Schauspieler. Das sah ganz phantastisch aus!

In manchen TV-Shows schwabbeln – offensichtlich zur Verzierung von deren Banalität – fast ununterbrochen solche Reflexketten vor dem dunklen Hintergrund herum. Allerdings wirken diese Erscheinungen in der Film- und Fernsehaufzeichnung schon deshalb noch ausdrucksvoller als im Foto, weil sie mit der schwenkenden Kamera ihre Form wandeln.

Ein anderes Lichtgespenst, das ebenfalls zu Weitwinkel- und insbesondere Super-Weitwinkel-Objektiven zählt, tritt nur bei streifend einfallendem Licht auf. Es handelt sich um ein etwa – wie soll ich das nur beschreiben – muschelförmiges Gebilde, das aus lauter dünnen Farbstreifen zusammengesetzt ist. Ich nehme an, daß dafür Lichtstrahlen verantwortlich sind, die an der Fassung der Frontlinse abgebeugt werden und so ins Objektiv eindringen. (Die Farben haben wohl auch einiges mit der Vergütung des Objektives zu tun, da sie sich bei unvergüteten Linsen nicht zeigen!) Diese Erscheinung ist vor dunklem Hintergrund bereits für sich allein ein recht apartes Gebilde. Mit geeigneten Motiven kombiniert, ermöglicht es noch effektvollere Farbgestaltungen als die Reflex-Kette. Im Fernsehen habe ich die Farbstreifen-Muschel allerdings bisher noch nicht bewundern können. Nun treten bei Streif- und Gegenlicht aber auch weiße wolkige Gebilde auf! Offenbar werden sie durch Reflexe an den Fassungsrändern und Streuung innerhalb des Objektiv-Linsensatzes verursacht. Die hellen Schwaden sind alles andere als attraktiv. Sie beeinträchtigen Kontrast- und Farbsättigung des Motives aufs empfindlichste.

Farbiges Gegenlicht jedoch coloriert und verschönt auch diese nebulosen, die Objekte überstrahlenden Flecken. Als weiße Gebilde unerträglich, können sie in Rot, Blau oder Grün dann doch eine bildgestaltende Rolle übernehmen.

Telegramm-Information:

- Ketten aus Reflexen – Abbildungen von Lichtern und Blendenöffnungen – entstehen, wenn kurzbrennweitige Objekte ungenügend abgeschirmt werden. Ins Bild einbezogen, können die Lichtpunkte-Schnüre vor dunklem Hintergrund interessant wirken.
  Ähnliches gilt für die noch hübscheren streiflichterzeugten vielfarbigen muschelförmigen Beugungserscheinungen.
- Weiße, durch neutrales Gegen- und Streiflicht hervorgerufene Lichtflekken sind häßlich. Die gleichen Flecken farbig getönt durch farbiges Licht ergeben gelegentlich aparte Effekte.

Die sogenannte »Bewegungsunschärfe«

Gänsefüßchen flankieren nicht ohne Grund den Ausdruck »Bewegungsunschärfe« in der Überschrift. »Wischeffekte« oder »Bewegungsspuren« – das sind Bezeichnungen, die ich für wesentlich glücklicher halte. Schließlich könnte das Wort »Bewegungsunschärfe« den total irrigen Eindruck hervorrufen: »Bei solchen Aufnahmen fällt ja doch alles unscharf aus! Deshalb kommt es – weil ja doch alles unscharf ausfällt – weder auf eine ausreichend genaue Abstimmung des Objektives auf die Motiv-Distanz an noch auf eine ruhige Kamera-Haltung.« Demgegenüber muß ich ganz lautstark betonen: Die Voraussetzung für gelungene Wischeffekt-Fotos sind einerseits exakte Entfernungseinstellung und andererseits ein stabiles Stativ.

Nur das Motiv darf sich bewegen, nicht aber – oder allenfalls in einem Ausnahmefall – die auf eine längere Belichtungszeit (meist wesentlich länger als 1/30 sec) eingestellte Kamera.

Übrigens gehört der Wischeffekt nicht zu den Methoden, die eines Tages urplötzlich aus dem Nichts auftauchten, um von Stund an die fotografische Skala fotografischer Ausdrucksmöglichkeiten zu bereichern. Die Aufzeichnung von Bewegungsspuren besitzt durchaus eine gewisse Tradition. Begonnen hat es mit minutenlangen Belichtungen der Scheinwerfer- oder Schlußlichterspuren von Autos, die durch die Dämmerung rasten. Dann kamen illuminierte Karussells auf nächtlichen Rummelplätzen an die Reihe. Derartige Bewegungsabläufe, die in festen Bahnen verlaufen und demzufolge fotografisch zu dekorativen Linien und Figuren verwandelt werden, gehören auch heute noch zu den so gut wie niemals enttäuschenden Wischeffekten. Wenn Sie sich so allmählich gewissermaßen von Stufe zu Stufe zu den Raffinessen der Bewegungsspuren-Aufzeichnung hinauftasten wollen, dann sei Ihnen empfohlen, sich zunächst einmal etwa an rotierenden Propellern, an Windmühlenflügeln, an fahrenden Autos oder an Billardkugeln zu versuchen. Ich selbst betrat die erste Stufe der Wischeffekt-Praxis, indem ich umfangreiche Belichtungsexperimente mit einer erzgebirgischen Weihnachts-Drehpyramide durchführte. Übrigens stellte sich dabei sehr schnell heraus, daß speziell für dies Motiv Belichtungszeiten rings um die 1/5 sec herum besonders günstig lagen. Die Drehflügel werden noch nicht – wie bei längeren Zeiten – in einen durchscheinenden Kreis aufgelöst, sondern erscheinen zwar mehr oder weniger durch Verwischung verbreitert, sind aber in ihrer Grundform durchaus noch zu erkennen. (Selbstverständlich sollten Sie bei Wischeffekt-Aufnahmen grundsätzlich mehrere Belichtungszeiten erproben!)

In diesem Zusammenhang möchte ich auf eine Serie interessanter Bewegungsspur-Werbe-Fotos für die Bundesbahn hinweisen.

Zwei Beispiele:

- Zwischen scharfen, jeden Grashalm einzeln in die Höhe streckenden Wiesen im oberen und unteren Teil des Fotos zieht sich von Bildrand zu Bildrand hin ein offensichtlich von etwas erhöhtem Standpunkt aus mit langer Brennweite aufgenommener Wagen. Die Langzeit-Belichtung hat ihn in einen vierfach gestreiften Strich aufgelöst.

  Blauweiß ist das Dach, beige die Fensterzonen, rot der Bauch und schwarz das Gerädere.

Pseusol-Film-Kopie (näheres im Minilexikon im Anhang; Literatur 20 A)

- Schnellzug braust durch die Dämmerung. Den besonderen Bildakzent setzt die Wischerlinie der erleuchteten Fenster.

Die meiner Meinung nach nächstfolgende Stufe der Spurenfotografie umfaßt Bewegungen mit mindestens einem Ruhemoment, das im Bilde natürlich zu einem Ruhepunkt umgemünzt erscheint. Nehmen wir einmal an, wir würfen einen Ball quer durch das Motivfeld. Die Langzeitbehandlung ließe ihn als Strich erscheinen – bestenfalls! Bei zu hellem Hintergrund oder zu ausgedehnter Belichtung könnte er unter Umständen völlig verschwinden. Was passiert aber, wenn wir ihn auf einer Tischplatte herumhüpfen lassen? Dann bemalt er den Film mit arkadenähnlichen Linien. Im Gipfelpunkt der mehr oder weniger breiten Bogen ist jedoch die Form des Balles verhältnismäßig deutlich wiedergegeben. Diese Stelle markiert nämlich den Punkt, bei dem die hüpfende Kugel einen Augenblick fast stehend in der Luft verweilt – wenn sie nämlich gerade die Aufwärtsbewegung beendet hat und nunmehr abwärts zu fallen gedenkt.

Alle Bewegungsvorgänge, die in ihrem Ablauf für einen Augenblick gebremst werden, darunter auch die sich rhythmisch am gleichen Ort wiederholenden, bieten die Chance, das bewegte Objekt ein- oder mehrfach erkennbar und doch zusammen mit der Bewegungsspur im Bilde wiederzugeben.

Motiv-Beispiele: Hochsprung, elektrische Eisenbahn (während der Fahrt kurz angehalten), schaukelndes Mädchen, seilhüpfendes Kind, hammerschwingender Schmied, Waldarbeiter, der einen Baum mit der Axt bearbeitet, Hausfrau, die ein Steak klopft.

Nun liegt noch die dritte und oberste Stufe der Wischeffekt-Fotografie vor uns: Unregelmäßig verlaufende Fortbewegungen, wie sie zumeist auf das Konto von Menschen und vierfüßigen Tieren gehen. Der Sprinter, das Reitpferd oder der jagende Hund – sie alle hinterlassen keine so eindeutig geradlinigen Spuren wie Autos oder Eisenbahnen.

Das liegt vor allem daran, daß einzelne Motivdetails – Arme oder Beine – noch zusätzliche Bewegungen in unterschiedlichen Richtungen und Intensitäten durchführen. Ausgesprochene Langzeitbelichtungen über viele Sekunden oder gar Minuten hinweg dürften bei solchen Objekten meist ziemlich unergiebig sein. Andererseits bietet sich gerade hier die Mitzieh-Methode an. Die Kamera ist also in diesem Falle ausnahmsweise vom Stativ zu lösen und ans Auge zu halten. Wir visieren das Motiv an, verfolgen es gewissermaßen mit dem Aufnahmegerät, dabei aufs Knöpfchen drückend!

Wie sieht nun das Ergebnis aus?

Zunächst einmal wird der Hintergrund mehr oder weniger verwischt sein. Das verfolgte Objekt hingegen ist, wenn nicht gestochen scharf, so doch zumindest ausreichend deutlich abgebildet. Die bewegten Details jedoch, etwa die Beine des Pferdes oder Sprinters hängen in ihrer Schärfe in besonders starkem Maße von der eingestellten Verschlußzeit ab. Bei 1/125 sec oder kürzer werden sie ziemlich scharf herauskommen, bei 1/8 bis 1/15 sec interessant verwischt und von 1/4 sec an wachsen mit den Belichtungszeiten die Aussichten, daß von den Beinen im Bild überhaupt nichts mehr zu sehen ist.

Ich fühle mich aber mittlerweile geradezu dazu verpflichtet, endlich die Motive zu erwähnen, die uns in den letzten Jahren besonders häufig auf Fotos en gros und en detail in verwischtem Zustand präsentiert wurden: Bühnenaufnahmen, insbesondere von Tanzgruppen. Ich habe selbst viel zu viele Bühnenaufnahmen gemacht, um nicht zu wissen, daß dabei oft – vielleicht zu oft – aus der Not der Beleuchtung die (Un)Tugend der Verwischung erwächst. Andererseits sind tatsächlich derartige Vorstellungen für die Bewegungsspur-Aufzeichnung aus zwei Gründen besonders geeignet:

- Der »background« ist meist dunkel. Davon heben sich die Verwischungen klar und in satten Farben ab. (Helle Hintergründe dämpfen die Farbbrillanz.)
- Bei Belichtungszeiten zwischen etwa 1 und 1/15 sec werden sehr häufig einige Darsteller verwischt, andere, in einer Pose verharrende, scharf abgebildet.

Meiner Meinung nach wirken Bilder, die aus dem Kontrast zwischen scharfen und unscharfen Details leben, wesentlich aparter als total verschwommene. Bitte, erlauben Sie mir daher, daß ich Ihnen noch einige einschlägige Beispiele vortrage:

So fotografiere ich gerne von oben herab – im Wortsinne, nicht im übertragenen – die Menschenmenge auf der Straße – und zwar mit etwa 1 sec Belichtungszeit. Da sich manche Leute schnell bewegen, andere gebannt vor Schaufensterscheiben oder ungeduldig vor Verkehrsampeln stehen, ergibt sich so gut wie immer ein munteres Gemisch von scharf sowie von verwischt abgebildeten Personen.

Bäume, vom Wind gezaust, in Langzeitbelichtung:

Die festen Stämme erscheinen klar umrissen im Bilde, die durch die Luft peitschenden Zweige hingegen verschwimmen zu grünen Wolken.

Da sollte ich doch zwei Schwestern konterfeien, deren Gesichter – na, wie soll ich das sagen, ohne unhöflich zu werden? – ja, so, die eine sah der anderen furchtbar ähnlich, und das war eben gerade das Furchtbare! Schwamm drüber! In Ermangelung des an sich erforderlichen Schwammes drückte ich einer von ihnen ein grünes Tuch in die Hand. Damit mußte sie lebhaft herumwedeln, dicht vor den beiden Gesichtern herum, natürlich! Dann drückte ich nochmal, und zwar zweimal hintereinander auf den Auslöser – mit einer und einer halben Sekunde Belichtungszeit. Die fertigen Bilder enttäuschten, nein, sie frustrierten mich sogar! Vom Tuch war nur noch ein zarter grüner Schimmer zu sehen, die Gesichter aber kamen dummerweise deutlich heraus. Ich wiederholte die Aufnahme – diesmal mit kürzeren Verschlußzeiten! Jetzt war ich zufrieden!

Offenbar eignet sich 1/15 sec gut dafür, ein flatterndes Tuch in einen durchscheinenden Farbnebel aufzulösen. Die Methode finde ich so interessant, daß ich mittlerweile damit sogar hübsche Mädchen behandele. Ein typischer Fall für eine Notlösung, die sich letztlich als Patentlösung entpuppte. Auf einer der Farbtafeln finden Sie so ein Tuch-Wedel-Porträt.

Auch andere lebhafte, verwischte Handbewegungen: Wein-Eingießen, Zigaretten-Anzünden, Karten-Ausspielen, lassen sich recht wirkungsvoll mit einem scharf wiedergegebenen Gesicht kombinieren. Daß sogar einfache Werkzeuge im Bilde quicklebendig erscheinen können, dafür sorgt ebenfalls der Wischeffekt. Nehmen wir an, wir hätten eine Zange vor uns. Während der Aufnahme soll ein Arm unverändert feststehen, während der andere lebhaft bewegt wird.

In allen diesen Beispielen ging es darum, ein scharfes und ein unscharfes Motiv (beziehungsweise Motivteil) einander gegenüberzustellen. Als mindestens genau so reizvoll empfinde ich es jedoch, ein und dasselbe Motiv sowohl als scharfes Bild wie als verwischte

Spur ineinander zu verschachteln. Es ergeben sich – je nach Art der Bewegung – scharfe Kernbilder mit verschwommen ausgefransten Bewegungssäumen oder wischigen Bewegungs-Schwänzen.

In der Praxis ist das, wie bereits angedeutet, mit bestimmten, in ihrer Bewegung kurz verharrenden Motiven zu erreichen. Noch wesentlich besser bewährt sich aber die Kombination Langzeitbelichtung (1/2 bis 1 sec) plus Blitz. So habe ich natürlich meine rotierende Weihnachtspyramide behandelt. Das Ergebnis: Aus einem durchscheinenden, dunklen Bewegungskreis leuchten scharfe Flügel heraus. Darum wende ich diese Methode auch gerne auf Tanzende an. Aber bitte immer an eines denken: Der Hintergrund muß unbedingt möglichst dunkel sein.

Während die normalen »Wischereien« sowohl in farbig als auch in Schwarzweiß aufgezeichnet werden können, schreien die beblitzten Verwischungen lauthals nach dem Farbmaterial. Wenn Blitz und Zusatzblitz verschiedene Farben haben, dann entsteht zwischen dem Bild und der Wischspur ein Farbkontrast, den ich sehr schätze.

Der Blitz muß übrigens nicht unbedingt mit der Kamera synchronisiert werden. (Dann zündet er normalerweise zu Beginn der Verschluß-Offenzeit. Es gibt aber auch einige wenige Kameratypen, die den Blitz bei Beginn der Schließbewegung aufflammen lassen.) Wir können auch per Handauslösung den Blitz mitten in die mindestens halbsekündige Offenzeit hineinprotzen.

Belichtungszeiten ab etwa 2 bis 3 Sekunden ermöglichen es sogar, mit zwei, drei oder auch vier bereitgestellten unterschiedlich farbig gefilterten Blitzleuchten dem Motiv einiges an Licht um die Ohren zu hauen. Dabei kommt – wenn's klappt – so eine Art Strobo-Effekt zustande. Für den ist aber bereits der folgende Abschnitt zuständig.

Hier einige Vorschläge:

Filmtyp	E-Blitz oder blaue Blitzlampen	Zusatzlicht für Langzeit-Belichtung	Bemerkungen
Tageslicht	ungefiltert oder mit Blaufilter	Fotolampen, auch Halogenlampen	Das Blau des ungefilterten Blitzlichtes setzt sich zu wenig durch, daher zusätzliche Blaufilterung empfohlen! (Seite 170)
Kunstlicht	ungefiltert	Fotolampen oder normale Glühlampen oder gelbe Comptalux-Strahler	Um Farbunterschiede effektvoll herauszuholen, sind normale oder gelbe Glühlampen besser geeignet als reines Fotolicht (Seite 169)
Kunstlicht	mit kräftigem Rotfilter	blauer oder grüner Comptalux-Strahler	–
Tageslicht	mit kräftigem Blau- oder Grünfilter	gelbe oder rote Comptalux-Strahler	–

Telegramm-Information:

- Objekt durch knappe Belichtung scharf dargestellt, ergibt eine Abbildung; Objekt als Folge von Eigenbewegung und langer Belichtungszeit total verwischt dargestellt, ergibt eine Bewegungsspur; Objekt durch lange Belichtung und Zusatzblitz verwischt mit überlagerter scharfer Kontur dargestellt, ergibt Kombination zwischen Bild und Spur.
- Verwischung und Schärfe sind nur in eingeschränktem Sinne Gegensätze: Die Randzonen einer Verwischung müssen scharf und unverwakkelt erscheinen. Daher pedantisch genaue Scharfeinstellung vornehmen. Stativ benutzen!
- Stufen der Verwischung:
  1. Gradlinige oder in schwungvollen Kurven sich bewegende Objekte (Autos, Züge, Karussell, Windmühle) ergeben ornamentale Linien oder Figuren.
  2. Bewegungen mit Ruhepunkten (Hochwürfe, Hochsprünge) oder rhythmisch an einer Stelle wiederholte Bewegungen (Schaukeln) ergeben Spuren kombiniert mit erkennbaren halbscharfen Abbildungen.

Strobo-Effekte

Stroboskope sind teuer. Wir sind jedoch in der glücklichen Lage auch ohne unerschwinglichen Aufwand mit Hilfe verschiedener Methoden sowohl vorgetäuschte Strobo-Wirkungen, als auch echte Strobo-Effekte hinzubekommen.

Alle Strobo-Wirkungen kommen nur richtig zur Geltung, wenn der Hintergrund dunkel ist. Die Beleuchtung soll möglichst als seitliches Streiflicht oder Gegenlicht eingesetzt werden. (Eine Ausnahme bildet der Fluoreszenz-Effekt, der frontale Bestrahlung erfordert.)

Strobo-Simulationen:

- Mehrfachbelichtungen unterschiedlicher Bewegungsphasen, z. B. der einer Tänzerin, vor dunklem Hintergrund (Seite 22) ergeben Bilder, die nach Strobo-Effekt aussehen. Unterschiedliche farbige Filterungen der Lichtquelle oder des Objektives sind möglich.
- Manuelles Auslösen mehrerer Blitzleuchten nacheinander in kurzem zeitlichen Abstand. Beispiel: Der Fotografierende öffnet bei völliger Dunkelheit (wichtig!) den Verschluß zu einer Langzeitbelichtung und zählt bis 3. Drei Hilfspersonen lösen manuell nacheinander bei 1, 2 und 3 einen Blitz aus. Die Leuchten können unterschiedlich farbig gefiltert sein.

Echte Strobo-Effekte:

- Manche System-Blitzgeräte (u. a. Canon Blitzgeräte zur EOS, lassen sich auf Strobo-Betrieb umschalten. 2 bis 5 Aufnahmen auf einem Film sind möglich, wenn die Lichtabstrahlung des Gerätes entsprechend gedrosselt wird. Zusätzliches schwaches Dauerlicht sorgt für einen zusätzlichen Wischereffekt.
- Mehrere Blitzleuchten lassen sich durch Fotozellen eine nach dem anderen auslösen (18 A). Die Fotozellen sind dabei so anzuordnen, daß sie jeweils nur Licht von einer Leuchte empfangen – der Blitz NR 2 von Blitz Nummer 1, Blitz Nr. 3 von Blitz Nr. 2, Blitz Nr. 4 von Blitz Nr. 3 usw. usw. Gegenüber allen anderen Leuchten sind die Fotozellen unbedingt gut abzuschirmen. So

gelingt es, eine sehr schnelle Blitzfrequenz in der Größenordnung von 3 bis 5 Blitzen innerhalb 1/250 s zu erreichen. Diese Methode kann nur in Verbindung mit sehr schnell ablaufenden Vorgängen sinnvoll angewendet werden. Unterschiedlich farbige Filterung der Reflektoren ist natürlich ohne weiteres möglich – meist sogar zur besseren Trennung der einzelnen Phasenbilder zu empfehlen.

- Ein hochinteressanter luminographischer Strobo-Effekt erfordert einen oder mehrere UV-Schwarzkolben-Strahler 125 W in Alu-Reflektoren, ein UV-Sperrfilter vor dem Objektiv und Leuchtfarben (Rot, Gelb, Grün oder Blau), beziehungsweise Leuchtetiketten (Seite 72, 16 A). Die bewegten Objekte – Bälle, arbeitende Hände, Tanzende oder Sporttreibende sind mit – eventuell unterschiedlichen – Leuchtfarben oder Leuchtetiketten zu markieren. Es ergeben sich 100 Objekt-Abbildungen pro Sekunde, die sich umso deutlicher voneinander abheben, je schneller sich die Objekte bewegen. Zurückzuführen ist das darauf, daß die UV-Strahler im Takt der 50 Hertz-Frequenz des Wechselstromes flimmern – also insgesamt 100 Strahlungsblitze pro Sekunde abgeben. Die Methode, die auch zur Bewegungsanalyse herangezogen werden kann, liefert besonders effektvoll wirkende Bilder in magischen Farben. Während der Langzeitaufnahme muß der Raum total dunkel gehalten werden.
- Strobo-Effekte mit Schlitzdrehrad. Diese ebenso attraktive wie einfache Methode will ich ausführlicher beschreiben.

Ich hatte zunächst einmal versucht, den bereits als Spurenerzeuger (Seite 63) benutzten, auf schwarzem Samt hüpfenden Ball mit einem einfachen, dreiflügeligen Tischventilator im Strobo-Effekt-Sinne aufzuzeichnen. Dazu ordnete ich die Kamera unmittelbar hinter dem Ventilator so an, daß ihr Objektiv wechselweise durch die Flügel verdeckt und wieder freigegeben wurde. Das Ergebnis war enttäuschend! Ich fand nur eine verwischte Spur vor. Zwar konnte man an leichten Schattierungen sehen, bei welchen Bewegungsphasen die »Objektivwischer« vor der Linse vorbeiflitzten. Um diese Strukturierung richtig herauszuholen, hätte ich jedoch Dokumentfilm (Seite 162) nehmen müssen. Bei einigen Aufnahmen dieses ersten schwarzweißen Testfilms hatte ich das Rad nur von Hand angestoßen, so daß es ganz langsam rotierte. Dadurch bekam ich zwei bis drei dicke Unterbrechungen in die Wischerlinie – das war alles! Nun fertigte ich aus schwarzem Karton einen Kreis an, den ich mit Klebeband über den Flügeln befestigte. Der Halbmesser darf nicht viel größer sein als die Flügellänge, sonst drohen Rotations-Schwierigkeiten. Einen keilförmigen Sektor schnitt ich aus dem Rad aus. Dieser Schlitz lief unten, in der Nähe der Achse, zu einer Spitze zusammen. Oben am Rand hatte er eine Breite von knapp 3 cm. Während einer Umdrehung drang jetzt nur ein einziges Mal Licht zum Objektiv durch. Die Dunkelphase war etwa 20mal größer als die »Hell«-Periode.

Ich kann nur betonen, daß sich dieses Arrangement als sehr erfolgreich erwies. Auf den Negativen der Testfotos wurden zwischen 8 und 12 haarscharfe Einzelbilder des Balles aufgezeichnet, die natürlich ebenfalls seine Bahn markierten. Das langsame Rotieren allerdings zahlte sich auch jetzt nicht aus. Dabei kamen meist nur zwei bis höchstens vier Abbildungen zustande. Das ist aber doch etwas zu wenig.

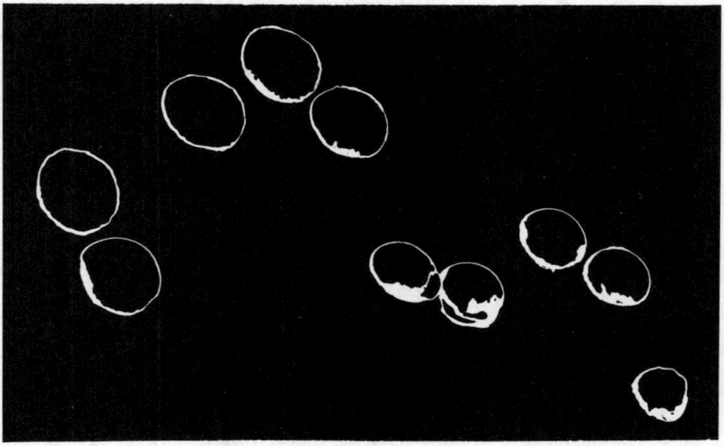

Hüpfender Ball vor dunklem Hintergrund, durch ein rotierendes Schlitzrad hindurch aufgenommen (Pseusol-Film-Kopie).

Ich spielte nun mit dem Gedanken, eine zweischlitzige Ventilator-Strobo-Aufnahme in Color zu machen und dabei den einen Sektor mit einem roten, den anderen mit einem blauen Filter zu überkleben. Dann wäre die Anzahl der Ballbilder verdoppelt worden. 16 bis 24 Abbildungen wären bei diesem Motiv durchaus noch tragbar gewesen, zumal sich ja jeweils ein roter und ein blauer Ball abgewechselt hätten. Letztlich habe ich mir das aber doch anders überlegt. Aus einem dunkelblauen und natürlich durchsichtigen Farbeffektfilter (nähere Angaben im Tabellenteil) schnitt ich ein Drehrad mit Schlitz aus, das an Stelle des schwarzen Kartons auf dem Ventilator befestigt wurde. Den Sektor habe ich mit einer hellen, orangefarbenen Filterfolie überklebt. (Die dunklen Ränder an den Stellen, wo sich die Filter überlappen, stören ebensowenig wie die undurchsichtigen Flügel.) Farbfotos des Balles, durch das rotierende Filterrad hindurch aufgenommen, zeigen nun eine dunkelblaue Wischerspur, kombiniert mit vielen scharfen orangefarbenen Phasenbildern.

Telegramm-Information:

- Für alle Strobo-Effekte ist dunkler Hintergrund erforderlich. Empfehlenswert ist Streiflicht- oder Gegenlichtausleuchtung.
- Simulierte Strobo-Wirkungen: Mehrfachbelichtung von Bewegungsphasen oder Abprotzen mehrerer Blitzleuchten hintereinanderweg von Hand.
- Echte Strobo-Effekte kommen zustande: Durch Strobotakt-Schaltung moderner System-Blitzgeräte, durch Hintereinanderweg-Auslösung mehrere Leuchten per Fotozellenzündung (nur für schnelle Bewegungen), durch luminografische Aufzeichnungen von mit Leuchtfarben oder Etiketten markierten Objekten, die mit UV-Strahlen – in diesem Falle frontal! – bestrahlt werden (100 Strahlungsblitze pro Sekunde), sowie durch Langzeitaufnahmen durch ein vor dem Objektiv angeordnetes rotierendes Schlitzrad (Tischventilator).

Lichtspuren – Lichtmuster

Gesetzt den Fall: Ein Reiter will genau wissen, wie sich der rechte hintere Oberschenkel seiner Rosinante während des Galoppierens verhält! Hat er überhaupt eine reale Chance, das herauszufinden? Ei gewiß doch – er hat! So mag er beispielsweise eine helle Glühlampe an der betreffenden Stelle befestigen. Dann muß das Pferd in der Dämmerung ein bißchen vor einer Kamera herumgaloppieren. Bilder, per Langzeitbeleichtung hergestellt, zeigen eine Leuchtspur, die genau die Bewegung des Oberschenkels markiert.

Bei kleinen Objekten noch besser: Unterschiedlich farbige Leuchtetiketten anstelle der Lämpchen aufkleben. Das Ganze mit UV bestrahlen. Übrigens – unsere verhältnismäßig simple Lichtspur-Methode ist für die wissenschaftlich-technische Analyse von Bewegungsvorgängen, aber auch für die Sportfotografie von nicht zu unterschätzender Bedeutung. Gleichzeitig können einschlägige Bilder – besonders wenn sie mit mehreren, eventuell unterschiedlich gefärbten Leuchtlinien verziert sind – auch ästhetisch reizvoll sein.

Wenn ich aber schon von Ästhetik im Zusammenhang mit Lichtspuren spreche, dann muß ich unbedingt auch die dekorativen Pendelaufnahmen erwähnen. Für meine Versuche ließ ich im verdunkelten Raum eine Taschenlampe an einem etwa 1,20 m langen Faden von der Zimmerdecke herunterbaumeln. Wieder 1,20 m darunter lag auf dem Boden die Kamera und peilte mit dem Normalobjektiv die Taschenlampe an. Für den ISO 400/27° Film erwies sich bei meiner Lichtquelle – Birnchen, mit Durchschlagpapier »gesoftet« und bis auf ein kleines Loch mit schwarzem Klebeband verdeckt, Blende 4 – als günstig. Unterbelichtet verschwimmen die Linien, und zwar zunächst an der Stelle, wo das Pendel besonders schnell schwingt. Bei Überbelichtung bilden sich Überstrahlungen an den Wendepunkten und insbesondere bei Bahnüberschneidungen. Kurz vor dem Druck auf den Auslöser versuche ich das Pendel möglichst so in Schwung zu versetzen, daß es ovale Figuren beschreibt.

Ich warte noch einen Augenblick ab, bis das Pendel eben so richtig eingependelt brav schwingend vor sich hinpendelt. Dann öffne ich den Verschluß! Meiner Erfahrung nach ist es günstig, etwa 10 bis 20 Umläufe aufzuzeichnen. Mehr ist zuviel, die Figuren fallen dann zu üppig aus. Das einfach so aufgehängte Pendel bringt allerdings nur einfache Gebilde zustande.

Kompliziertere Formen setzen etwas kompliziertere Aufhängungen voraus. Der einfachste Pendeltyp für komplizierte Gestaltungen ist nicht einfach, sondern doppelt aufgehängt. Dazu verbinde ich zwei nicht zu weit auseinanderliegende Punkte an der Decke mit einem durchhängenden Faden. An irgendeiner Stelle knüpfe ich ein weiteres, frei herabhängendes Fadenstück daran, an dem wiederum die Lampe hängt. Die Grundform dieses Pendels ist gewissermaßen ein großes »Y«. Einer der drei Fäden dieses Ypsilons kann durch eine Spiralfeder oder einen Ring-Gummi ersetzt werden. Auf diese Weise entstehen neue Pendel-Figur-Variationen. Überhaupt sind dem Formenspiel keine Grenzen gesetzt. Mit Querstäben und Gewichten lassen sich ganze Mobiles konstruieren. Sie schwingen in phantastischer Weise und rufen demzufolge auch phantastische oder aber wirre Schwingungsfiguren hervor.

Dr. Frieder Sauer empfiehlt (11 B), an eine einfach herabhängende Pendelschnur ein Gewicht zu hängen. Ob allerdings ein Ornament entsteht oder ein Krickelkrackel, das hängt vom Teilungsverhältnis der Strecken Decke–Gewicht, Gewicht–Birnchen ab. Dr. Sauer erzeugt seine Pendelfiguren übrigens ohne Kamera! Er läßt sie durch einen Lichtzeiger direkt auf empfindliches fotografisches Papier pinseln. Vielfach werden Pendelfiguren durch bunte Filter hindurch auch auf Farbfilm aufgenommen. Dabei ist dann

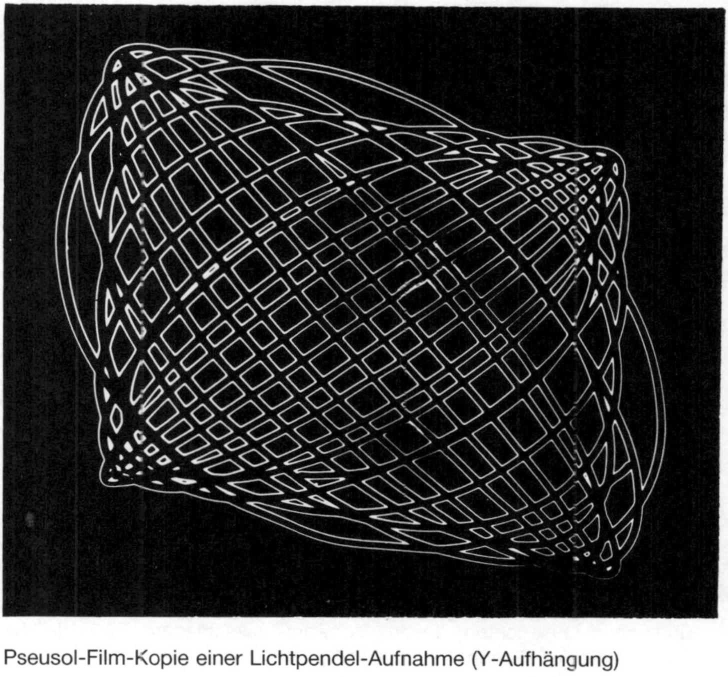

Pseusol-Film-Kopie einer Lichtpendel-Aufnahme (Y-Aufhängung)

entweder während der Belichtung das Filter zu wechseln oder es sind per Mehrfachbelichtung zwei oder drei unterschiedlich farbige Pendelfiguren auf das gleiche Filmstück aufzuzeichnen.

Ich habe unlängst noch eine andere Methode ausprobiert: Mehrere Schraubenköpfe wurden in rote und gelbe Leuchtfarbe getaucht, an verschiedenen Stellen eines Pendels aufgehängt und mit vier tiefblauen Schaufensterstrahlern bestrahlt. (Nähere Einzelzeiten über die sogenannte »Blaulicht«-Fluoreszenz Seite 185). So habe ich die Spuren mehrerer Leuchtpunkte gleichzeitig bei Blende 2 auf ausreichend empfindlichem Diafilm (generell für Langzeitbelichtungen keine Kodachromefilme, die ich ansonsten sehr schätze, benutzen!) festgehalten. Das störende blaue Licht, das die Raumdecke reflektiert, läßt sich notfalls mit einem Orangefilter vor dem Objektiv abschwächen. Dadurch sinkt jedoch die Helligkeit der leuchtenden Schraubenköpfe so ab, daß selbst bei offener Blende nur dann eine Aufzeichnung zustande kommt, wenn die Leuchten außerordentlich nahe herangerückt werden, eine größere Anzahl Blaulichtstrahler eingesetzt oder ein höherempfindlicher Film benutzt wird. Ein guter Ausweg ist es auch, die Decke mit schwarzem Samt auszuschlagen. Dann erübrigt sich das Filtern.

Am Rande sei noch an Lichtmalereien erinnert. Im dunklen Raum werden mit einer Taschenlampe Phantasiefiguren in die Luft gezeichnet, die die Kamera festhält. Per Blitz ist zum Schluß noch die zeichnende Person mit aufs Bild zu bannen (8 B). Für die Farbaufnahme sollten Taschenlampe und Blitz unterschiedlich gefiltert werden.

Telegramm-Information:

- Markierung des Bewegungsablaufes eines Details: Lampe an Detail befestigen und das Ganze per Langzeit-Belichtung im Dunkeln fotografieren. Der Leuchtspur-Effekt kann mit einer oder mehreren Blitzaufhellungen kombiniert werden.
- Lichtpendelaufnahme: Taschenlampe an der Decke hängend, mit Durchschlagpapier »gesoftet« und bis auf Leuchtpunkt mit schwarzem Papier verklebt, wird von unten mit Normalobjektiv fotografiert. Y-förmige oder Mobile-Aufhängung zu empfehlen. Günstige Blende für 21-DIN-Film etwa 4, 10 bis 20 ovale Schwingungsumläufe auf einem Filmstück sammeln.
- Mehrere farbige Leuchtpunkte an einem Pendel:
  Kleine, in Leuchtfarbe getauchte Metallteile aufhängen und mit vier Blaulichtstrahlen beleuchten. Decke schwarz ausschlagen. Für 18-DIN-Tageslichtfilm ist Blende 2 erforderlich.

Rotationskörper

Wenn irgendein Abschnitt in diesem Paperback ungewöhnlich paradox sein sollte, dann der folgende: Er handelt nämlich von flächigen, also zweidimensionalen Dingen, die durch ein fotografisches Verfahren im zweidimensionalen Bild als räumliche, also dreidimensionale Gestaltungen erscheinen sollen. Zwar sind ja, streng genommen, nur abgebildete Figuren zweidimensional. Alles, was wirklich als Gegenstand existiert, ist auch räumlich ausgedehnt und somit ein Körper. Nun ist natürlich der körperliche Charakter einer Drahtschlinge oder eines Blattes weit weniger ausgeprägt als etwa der eines Würfels. Selbst etwa so eine kleine Zange, die ja immerhin gegen 7 bis 10 mm dick ist, können wir ohne Mühe noch als vorwiegend flächiges Gebilde empfinden. Lassen wir sie jedoch rotieren, und nehmen sie dabei mit längerer Belichtungszeit auf, dann erscheint sie im Foto als vollplastischer Körper – eben als Rotationskörper. Wir können die Zange mit schwarz verkleidetem Draht auf einem Drehteller (etwa Schallplattenteller, Ventilator, drehbare Tortenplatte, Neigegerät für Entzerrung (beim Vergrößern) befestigen. Auch Drehsesseltypen, deren Höhe sich beim Rotieren nicht verändert, sind ganz gut dazu zu gebrauchen. Ich lasse allerdings meine Objekte am Faden von der Decke herabbaumeln. Der wird dann einfach aufgezwirbelt – und schon dreht sich das Ganze für eine hübsche Weile. Ich kann 3 bis 4 Langzeitbelichtungen vornehmen, bevor ich wieder zwirbeln muß. Manchmal trudelt mein Objekt etwas, dadurch entstehen Bilder mit weißem Umriß, was auch nicht unbedingt übel aussehen muß.

In einem einzigen Objekt steckt die unwahrscheinliche Vielfalt bizarrer Rotationsfiguren. Um nur bei unserer Zange zu bleiben: Da kommt es darauf an, ob ich sie der Länge nach oder quer, gerade oder schräg, geöffnet oder geschlossen aufhänge.

Ich spreche hier so einfach immer von körperlichen Formen. Im allgemeinen, wenn ich das Objekt etwas schräg von oben oder unten her anvisiere, dann kommen auch tatsächlich rundplastisch wirkende Abbildungen zustande. Peile ich jedoch das Objekt ziemlich genau im rechten Winkel zur Drehachse an, dann werden axialsymmetrische Gebilde aufgezeichnet, die verhältnismäßig flächig aussehen. (Siehe farbige und SW-Abbildungen!)

Ich mache meist Farbaufnahmen und beleuchte das Objekt mit zwei (bis drei) unterschiedlich gefilterten Lampen. Die werden als Streiflicht oder als seitliches Gegenlicht eingesetzt. Selbst wenn das Objekt völlig gleichmäßig ausgeleuchtet sein sollte, kommen die seitlichen Ränder des Drehkörpers auf dem Dia wesentlich heller als die Binnenzonen.

Der Grund dafür: Das vom Objektiv projizierte Bild krabbelt auf dem Film an den Rändern entstehender Figuren langsamer dahin als in der Mitte – eine Folge der Rotation. Zwangsläufig kriegen damit diese Ränder mehr Licht ab. Die Bildmitte wird meist transparent wiedergegeben. Bei knapper Belichtung wird die Bildmitte ganz unterdrückt – ein Effekt, der gelegentlich durchaus anzustreben ist.

Was nun bei der Aufnahme von Rotationsfiguren als »richtige« Belichtung zu bezeichnen ist, das bleibt weitgehend dem eigenen Ermessen überlassen.

Faustregel: Richtige Belichtung für das unbewegte Objekt ermitteln und dann mindestens viermal solange belichten.

Schwierigkeiten kann eigentlich nur der Hintergrund machen. Er ist völlig dunkel zu halten. Die beste Methode: Objekt am Rahmen einer offenen Tür oder eines Fensters anbringen und Nachthimmel als »Fond« benutzen. Bei meinem ersten Versuch mit einer schwarz lackierten Zange hatte ich ein schwarzes Samttuch dahinter aufgehängt. Der Leuchtdichteunterschied zwischen Zange und Hintergrund war jedoch so gering, daß die Figur im Bild vor einer unsauberen, graublauen Fläche steht. Da man ja normalerweise mehrere gleichartige Bilder aufzeichnet, ist das nicht ganz so schlimm. Es sind lediglich zwei Dias paßgenau übereinanderzubreiten und mit Klebstreifen fest zusammenzumontieren (Sandwich-Dias Seite 193). Der Hintergrund erscheint dann dunkler und die Farbe der Figur gesättigter. Dennoch habe ich zu den weiteren Versuchen eine silbrig glänzende Zange genommen, den Abstand Lichtquelle–Objekt verringert und die Distanz Samt–Objekt vergrößert. So kam ich ganz gut zurecht. Sehr dünne Objekte, wie Draht, tauche ich in Leuchtfarbe und bestrahle sie mit tiefblauen Schaufensterstrahlern (Blaulichtfluoreszenz! Näheres Seite 185). Das Verfahren hat sich in meiner Praxis hervorragend bewährt, und zwar noch wesentlich besser als bei den Lichtpendelversuchen (Seite 71).

Nun ist ja jedes gewünschte Rotationskörper-Geschöpf, wenn auch nicht aus dem Nichts, so doch aus zurechtgebogenem Draht zu erschaffen. Mir macht jedoch das Spiel mit einem realen Gebrauchsgegenstand doch noch mehr Spaß – und wenn es sich nur um einen eigenwillig geformten Hosenbügel handelt.

Manchmal, wenn ich so bis an die Grenze des Zweidimensionalen zusammengehungerte Mannequins oder Fotomodelle sehe, kommt mir der Gedanke, ob man sie nicht per Pirouette rotieren lassen sollte, um ihnen dann durch Langzeitbelichtung plastische Qualitäten zu entlocken. Aber auch dann würde ein dreidimensionaler Charakter nur im Sinne der gedrechselten Kugelgestalten Oskar Schlemmers zustande kommen.

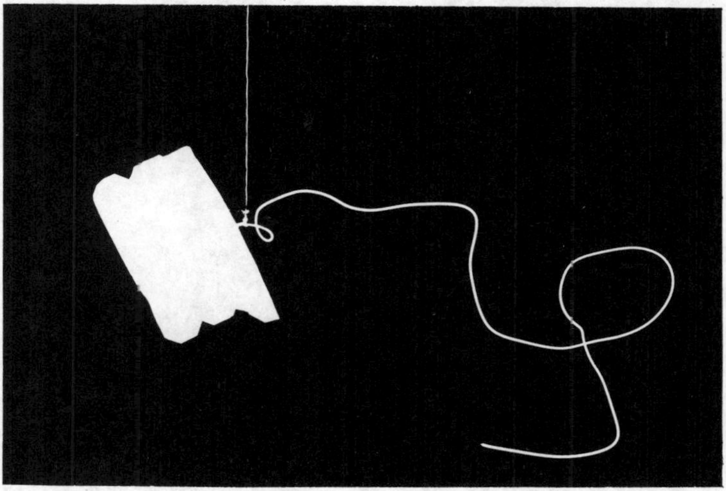

Fotogramm eines zu Rotations-Gestaltungen verwendeten gebogenen Drahtstückes. Bei der hellen Fläche handelt es sich um ein schwarz verkleidetes Ballance-Gewicht.

Übrigens kombiniere ich im Bilde ebenso gerne wie häufig den Drehkörper mit dem ihn erzeugenden Objekt. Dazu brauche ich während des Drehens nur einmal oder auch mehrmals mit dem Blitz dazwischenzufunken – mit dem in einer von der Dauerbeleuchtung abweichenden Farbe gefilterten Blitz, versteht sich.

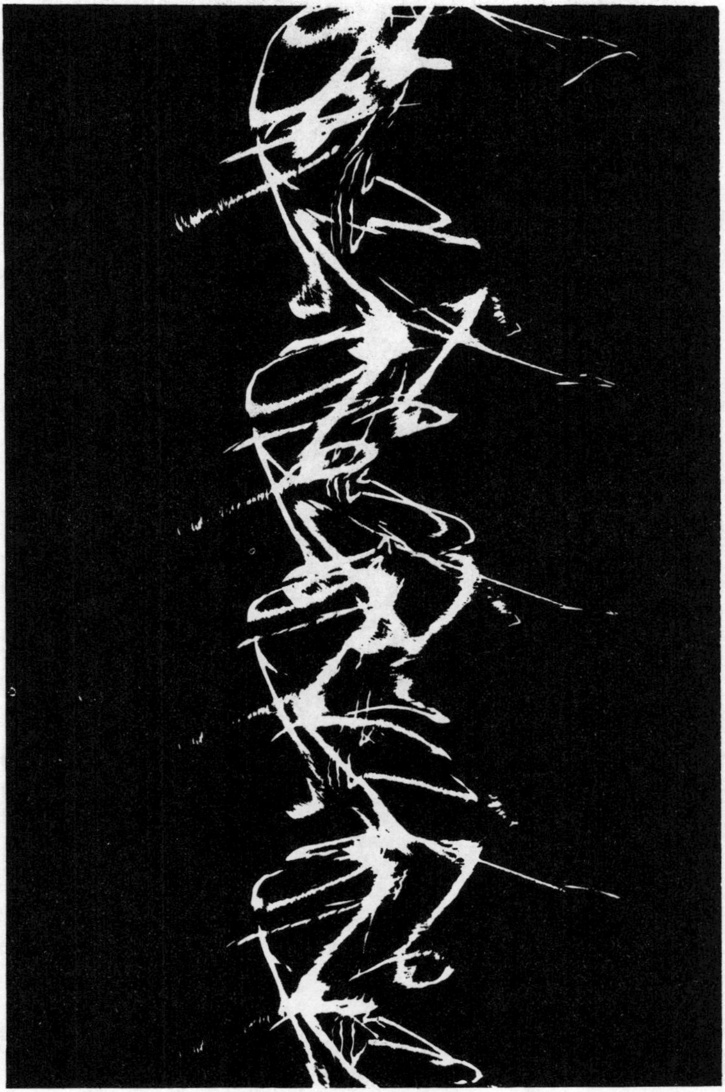

Rotationskörper-Girlande: Aufnahme des oben abgebildeten rotierenden Drahtstückes mit von oben nach unten schwenkender Kamera.

Darf ich mal eine ganz dumme Frage aufwerfen? Ist so ein Rotationskörper, wie wir ihn auf den Bildern sehen, eigentlich ein wirklich reales Ding? Ist so etwas tatsächlich vorhanden, oder handelt es sich um ein Phantom? An sich haben wir eine Bewegungsspur vor uns! Die rhythmische Gleichmäßigkeit des Bewegungsablaufes ruft aber eine Figur hervor, die in ihrer Realität mit der Fontäne eines Springbrunnens zu vergleichen ist. Auch diese verdankt ja ihre »Erscheinungsform« vorwiegend der Tätigkeit unseres Auges. Da haben wir aber schon das treffende Wort: »Erscheinung«! Lassen Sie uns doch einen Rotationskörper und so manches andere, was wir rein fotografisch erzeugen, nicht als Ding bezeichnen, sondern als Erscheinung – als etwas, das den Eindruck erweckt, als ob es wirklich da wäre, ohne weder ganz da noch ganz wirklich zu sein.

Die nächste Variante der Rotationskörper-Produktion leitet eigentlich bereits zu den nächsten Abschnitten über. Zur Bewegung des Objektes kommt die Bewegung der Kamera hinzu.

Verschwenken wir die Kamera in vertikaler Richtung, während ein – zweckmäßigerweise recht einfaches – Objekt gleichmäßig rotiert, so zieht sich die Drehfigur zu einer ornamentalen, unter Umständen spiraligen Girlande auseinander. Schwenks mit einer längeren Brennweite aus größerem Abstand aufgenommen, ergeben nahezu bandförmige Gebilde. Demgegenüber bewirkt das Weitwinkelobjektiv, aus geringem Abstand eingesetzt, eine zylindrische (Seite 107) Verzerrung. Das Mittelteil der Girlande scheint also in Richtung Objektiv hin durchgebogen zu sein.

Rotationskörper können per Mehrfachbeleuchtung mit Objektiven verschiedener Brennweite ineinandergeschachtelt werden. Besonders gerne nutze ich die Möglichkeiten des Varioeffekts (Näheres Seite 100) aus. Dadurch entsteht eine spiralige Verschachtelung. Werden mit Leuchtfarbe bemalte Rotationsobjekte, die nur eine einzige Umdrehung vollziehen, von UV-Strahlern (Philips HPW 125 W) bestrahlt, so entsteht eine streifige Struktur. Die UV-Strahler blitzen nämlich 100 × in der Sekunde auf. Daher können sie auch als Stroboskope benutzt werden. Die Objekte – z. B. auch Bälle oder Pfeile im Flug – müssen lediglich mit Leuchtfarbe bemalt werden.

Vario-Effekt-Rotationskörper: Aufnahme des Drahtes mit einem Vario-Objektiv, dessen Brennweite während des Auslösens verändert wurde. Pseusol-Kopien davon sind als Vignetten ins Vorwort eingestreut.

Telegramm-Information:

- Flache Objekte oder gebogene Drahtstücke, an Zwirnsfäden hängend und sich drehend, erzeugen bei Langzeitbelichtung Bilder von Rotationskörpern. Die Mitte der Figur erscheint meist durchscheinend.
- Dreh-Objekte farbig von der Seite oder im Gegenlicht beleuchten! Hintergrund dunkel halten (Nachthimmel, schwarzer Samt), Belichtung gegenüber normaler Aufnahme mindestens vierfach verlängern. Zusätzliche Blitzschüsse während der Langzeitbelichtung machen zusätzlich Objekt erkennbar.
- Interessant: Drahtstücke in Leuchtfarbe tauchen, rotieren lassen und mit Blaulicht bestrahlen (Seite 185).
- Drehkörperaufnahmen mit vertikal verschwenkter Kamera ergeben Girlanden, mit Varioobjektiv bei Brennweitenverstellung spiralig ineinander geschachtelte Figuren, mit Vario-Effekt plus Verschwenkung sich verjüngende Girlanden.

Aus Dr. Kaligaris Gruselkabinett ▶
Aufnahme mit einem Super-Weitwinkel-Objektiv der Brennweite 21 mm. In geringem Abstand davor wurde eine Tricklinse gehalten.

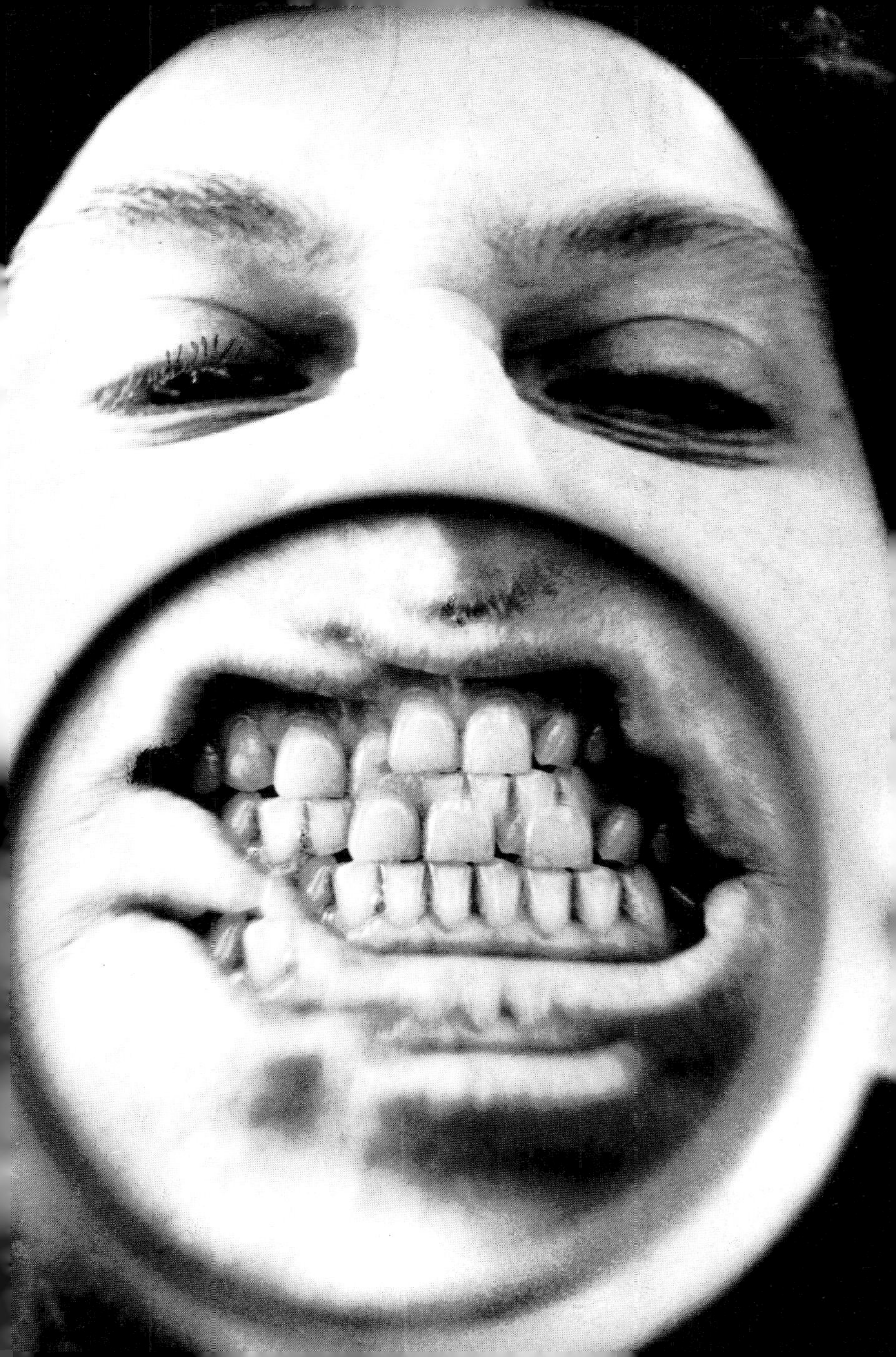

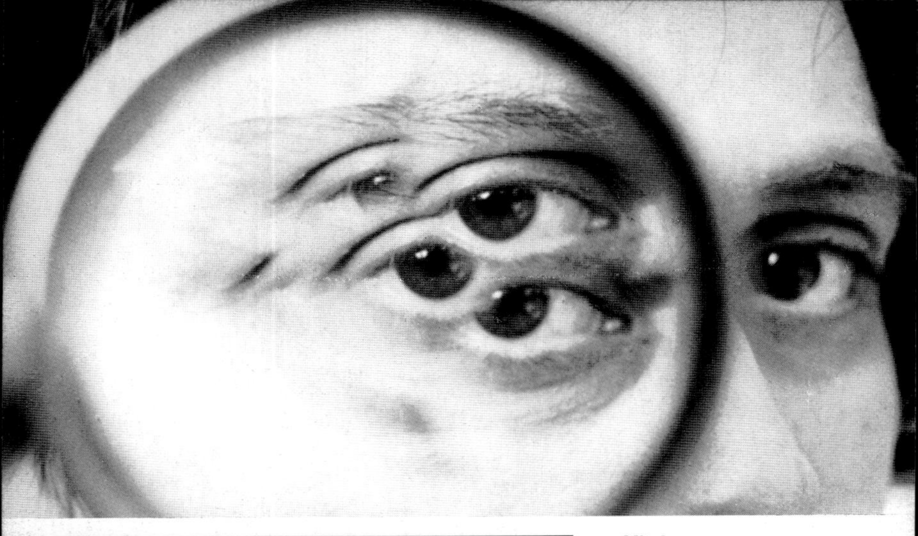

Mit Argusaugen
Oben: Die Tricklinse, einige Zentimeter vor das Gesicht gehalten, läßt das rechte Auge vervielfacht erscheinen.

Goldbrosche
Links: Die Kamera war auf einem Kinderdreirad befestigt. Phasen der Belichtung:

1. Langzeitbelichtung in weitem Abstand mit unbewegter Kamera.
2. Verdeckung des Objektives. Dabei Annäherung des Rades mit der Kamera ans Motiv.
3. Fahrt mit wieder freigelegtem Objektiv auf das Motiv zu.

Rechte Seite: Die gleiche Brosche: diesmal pendelte die Kamera mit dem Super-Weitwinkel-Objektiv 21 mm auf einer Schaukelvorrichtung in Richtung Motiv.

Drehbilder

Keine Angst: Ich habe durchaus nicht die Absicht, das eben be- und komplett abgehandelte Thema nochmals unter einer neuen Überschrift wiederzukäuen. Nein – unter Drehbildern verstehe ich wirklich etwas völlig anderes als unter Rotationskörpern. Die »Körper« werden durch ein drehbares Objekt hervorgerufen. Um jedoch Drehbilder zu erhalten, müssen wir die Kamera drehen, wobei die Aufnahmeachse gleichzeitig als Drehachse fungiert. (Es kann allerdings von Vorteil sein, kleine Objekte auf einen Drehteller zu setzen und diesen an Stelle der Kamera rotieren zu lassen. In diesem Falle muß natürlich ebenfalls die Drehachse – ich will es einmal so sagen – gewissermaßen eine Verlängerung der Aufnahmeachse sein.)

Das Charakteristische und Auffällige an Drehbildern ist ihre kreisförmige Schichtung. Motivdetails, die in der Kreismitte liegen, erscheinen verhältnismäßig scharf. Je größer ihr Abstand vom Zentrum ist, desto mehr gehen sie in zirkularen Verwischungen auf (16 B).

Wir tun gut daran, die freihändig gerissene und die vom Stativ aus vorgenommene Drehaufnahme fein säuberlich auseinanderzuhalten. Der Kugelgelenkkopf auf dem Stativ läßt sich für Dreheffekte umrüsten durch ein rechtwinklig gebogenes Metallteil mit Bohrungen für Stativschrauben in beiden Schenkeln. (Zwei ineinander verschraubte Kugelgelenkköpfe tun es zur Not auch, allerdings mit Einschränkungen.) Der Winkel erlaubt es uns, die Drehachse ziemlich genau durch die Mitte oder durch jeden beliebigen anderen Punkt des Motivs zu legen. (Am exaktesten klappt das bei einer Großbildkamera, deren Rückteil sich einschließlich der Planfilmkassette drehen läßt.)

Freihändige Drehaufnahmen sind natürlich Zufällen unterworfen. Überraschenderweise gelingt es mir meistens doch, die Kreis- und

◀ **Drei Schnapsgläser**
Vario-Effekt-Aufnahme. Die Erstbelichtung erfolgte bei völlig eingezogener, unbewegter Brennweite. Diese wurde dann in einer Dunkelpause etwas verlängert. Während der zweiten Belichtung galt es schließlich, die Brennweite bis zum Anschlag auszufahren. Die Wischer-Linien fallen – wie bei den meisten Vario-Effekt-Fotos – scharf aus.
Ich habe – entgegen meiner sonstigen Gepflogenheit – die querformatige Aufnahme »hochkant gekippt«. Das erscheint deshalb erlaubt, weil das Gebilde auch in dieser Stellung interessant wirkt. (Die rechte Bildseite ist eigentlich die untere Bildbegrenzung.)

die Bildmitte zusammenfallen zu lassen. 1/8 bis 1/15 sec haben sich für starke Verwischungen aus der Hand als günstig erwiesen. Bei kürzeren Belichtungszeiten fallen oft die Kreismitte scharf und nur die Ränder verwischt aus. Dabei spielt es natürlich auch eine Rolle, wie temperamentvoll und um wieviel Grad die Kamera verdreht wird.

Schauen wir uns das doch einmal in der grauen Theorie an: Das erforderliche Auflösungsvermögen soll bei 1/10 mm liegen. Bei einer Kameradrehung um ein Grad während der Belichtung würde sich ein ausreichend scharfer Kreis von 1 cm Durchmesser ergeben.

Contour-Film-Kopie von Fisheye-Drehbild-Aufnahme

In einer tabellarischen Übersicht sieht das so aus:

Scharfer Kreisdurchmesser	Rotation der Kamera während der Aufnahme um
1 mm	10°
2 mm	5°
5 mm	2°
10 mm	1°
20 mm	1/2°
40 mm	1/4°

Ich bin mir völlig darüber im klaren, daß diese Angaben zwar die Verhältnisse hübsch illustrieren, für die Praxis jedoch ziemlich bedeutungslos sind. Willst Du wirklich das Verhältnis zwischen scharfer Bildmitte und unscharfen Bild-Randzonen bewußt steuern, dann gewöhnst Du Dir am besten einen gewissen Drehschwung an. Den führst Du stets so gleichmäßig wie nur immer möglich durch. Für alles andere sorgt die Belichtungszeit.

Nebeneinanderstehende dunkle und helle Motivteile werden durch die Drehverwischung veranlaßt, sich ausfasernd gegenseitig ineinander zu verkrallen. Dabei ist die Rolle der Belichtung nicht zu unterschätzen.

Beispiel: Dunkles Porträt vor hellem Himmel! Unterbelichtung läßt den Kopfumriß größer erscheinen. Die Dunkelheit dringt in die benachbarten Hellzonen vor. Durch Überbelichtung schrumpft der Kopf. Helligkeit beknabbert die Randgebiete der dunklen Form.

Ich möchte die Gelegenheit nutzen, wieder einmal warnend den Zeigefinger auszustrecken. Nicht alle der hier geschilderten Methoden eignen sich in jedem x-beliebigen Fall für jedes x-beliebige Motiv. Eine überaus sinnfällig sinnvolle Gestaltung habe ich in den »Photoblättern« (24 B) entdeckt. Wolfgang Köllges hat eine Mühle aus Schleswig-Holstein meerumschlungen »verdreht«, allerdings erst während des Vergrößerns! Die Kassette wurde auf einen Schallplattenteller praktiziert, mit Colorpapier gefüttert und dann mit der Hand zart angeschubst.

Die besonders aparten Kombinationen zwischen Drehbildern und scharfen Aufzeichnungen werden ermöglicht durch die bereits sattsam durchgekauten Maßnahmen wie Mehrfachbelichtung (Seite 22) oder zusätzliche Blitzaufhellung (Seite 66) in Verbindung mit unterschiedlich farbiger Filterung. Bei Stativaufnahmen kann die Drehbewegung natürlich auch mit Verzögerung nach einer gewissen Vorbelichtung gestartet werden.

Telegramm-Information:

- Drehung der Kamera um Aufnahmeachse ergibt kreisförmige Verwischungen. Im Zentrum fallen sie unmerklich bis schwach, weiter außen kräftig aus.
- Günstige Belichtungszeiten für Totalverwischungen per aus der Hand gedrehter Kamera: 1/8 bis 1/15 sec. Je kürzer die Belichtungszeit, desto mehr dehnt sich die unverwischte Mittelzone aus.
- Drehungen vom Stativ aus über Kugelgelenk mit rechtwinkliger Halterung oder über zwei Kugelgelenke möglich. Kleine Objekte werden besser auf Drehteller in Rotation versetzt.
- Kombination von Dreheffekt plus scharfer Aufzeichnung:
  1. Belichtung in Ruhephase und Drehphase aufteilen
  2. Doppelbelichtung einmal mit unbewegter, einmal mit gedrehter Kamera
  3. Geeignete Objekte zusätzlich anblitzen
- Grundsätzlich an Farbdifferenzierung durch unterschiedliche Filterung denken!

Verreißen, aber mit Absicht

Bewegte Objekte erzeugen Wischeffekte (Seite 61). Diese spuken meist nur in einem mehr oder minder großen Teil des Bildes herum. Die bewegte Kamera hingegen läßt das gesamte Bild total verwischt erscheinen. (Ausnahme: das sogenannte Mitziehen Seite 64).

Wir haben zwei Verreißarten zu unterscheiden; beide setzen eine nicht zu knappe Belichtung voraus:

1. Die Aufnahme aus einem Fahrzeug senkrecht zur Fahrtrichtung. In diesem Falle bewirkt die geradlinige Bewegung der Kamera, daß die Gegenstände um so verwischter erscheinen, je geringer ihr Abstand ist.
2. Das Verreißen aus dem Stand. Gleichgültig, ob es in horizontaler oder vertikaler Richtung durchgeführt wird, handelt es sich in jedem Fall um eine Schwenkbewegung. Das Ausmaß der Verwi-

schung ist daher in grober Annäherung unabhängig von der Distanz zwischen Aufnahmegerät und Objekt (Ausnahme: extremer Nahbereich). Verreißen aus der Hand lohnt nur, wenn die Motivhelligkeit eine sehr schnelle, eben eine gerissene Kamerabewegung zuläßt. Bedächtiges »Verreißen« (was es nicht alles gibt!?) kann nur vom Stativ aus erfolgen.

Ob die ganze Verreißerei zu wirklich brauchbaren Ergebnissen führt oder eben, wie meist, nicht, das hängt letztlich vom Motiv ab. Eine gleichmäßig beleuchtete Landschaft oder ein detailreiches Porträt eignen sich kaum dafür. *Geradezu ideal zum Verreißen sind einfache, möglichst helle Objekte vor möglichst dunklem Hintergrund.* Lassen Sie mich bitte einige Gestaltungsregeln an einem einfachen Reif aus Golddraht demonstrieren. Er soll – so denken wir uns das – auf dunkelblauem oder dunkelrotem Samt liegen.

- Kamera nimmt Reif von oben oder schräg von der Seite ins Visier und schwenkt über ihn hinweg: Abbildung von röhrenähnlicher Form.
- Aufnahme von der Seite, so daß der Reif als Strich erscheint. Je nach Richtung der Kamerabewegung entsteht verlängerter Strich oder eine rechteckige oder rhombenähnliche Fläche.
- Reif wieder schräg von der Seite aufgenommen, und zwar durch in Kurven oder Schleifenbahn bewegte oder abrupt die Bewegungsrichtung ändernde Kamera: gebogene, verknotete oder geknickte Röhre erscheint im Bild.
- Kamerabewgung verläuft einmal langsamer, einmal schneller: In der »gezogenen« Fläche wechseln helle (langsam »beschriebene«) und dunkle Flächen.
- Kamera bleibt zunächst unbewegt, schwenkt dann los und verharrt vor dem Ende der Belichtungszeit wieder in Ruhestellung: Betonung der Röhrenform, da die »Röhrenmünder« besonders hell herausgeholt werden.

Das mag genügen! Geeignete Objekte wären also insbesondere glänzende und farbig beleuchtete Metallgegenstände, etwa Werkzeuge, dann aber auch bis über die Toppen geschmückte Weihnachtsbäume sowie Details illuminierter Großstadtstraßen oder Rummelplätze.

Bitte die Schwenkbewegungen nicht zu langsam durchführen und auch die Belichtung reichlich bemessen, aber reichlichreieieichliiich! Sonst werden die armen Leuchtspuren dazu verurteilt, jämmerlich dahinzukümmern!

Vor einiger Zeit wurde in Hamburg eine Tonbildschau mit verrissenen Nachtaufnahmen gezeigt. Als Hauptobjekt hatte offensichtlich Kopenhagens Tivoli herhalten müssen. Das war ja nun alles schön und gut – und einige Dias waren es auch; dafür andere um so weniger! Wieder einmal hatte einer versucht, dem Publikum Ausschußbilder als reife Leistung zu servieren. Welche Geringschätzung der Mitmenschen spricht aus solchem Verhalten! Wie gesagt – einige Fotos waren eindrucksvoll – »ehrlich!« Das Eindrucksvollste aber war der wie mir scheint vom Bildautor selber verbrochene Text einer Pressemeldung: »Unter dem Titel ›Optische Imagination‹ wurde eine Form des optischen Ausdrucks gefunden, die in ihrer Kommunikationsform – der Multivision – zu einem neuen visuellen Erlebnis verhilft. Es ist die konsequente Visualisierung einer Synthese aus Wirklichem und Unwirklichem. Gedankenprozesse werden auf Grundlage der realen Umwelt realisiert und produziert. Daher wird auf Grundlage der Umweltumwandlung mit Hilfe von Flächen- und Farbkontrasten die Grenze der normalen fotografischen Ausdrucksform gesprengt! Eine neue Realvisualisierung entsteht durch die Verbindung des künstlerischen Denkprozesses mit der technischen Ausführung ...«

Ganz gut! Nicht wahr? »Die konsequente Visualisierung einer Synthese aus Wirklichem und Unwirklichem!«, macht natürlich mehr her als »Verrissene Bilder von Neonröhren«! Das ist arrogante pseudo-philosophische und total inhaltslose Faselei. Was mich persönlich dabei so sehr auf die höchste Spitze der höchsten Kokospalme treibt, ist das Schindluder, das mit der Sprache getrieben wird! Die Aufgabe der Sprache ist es, als Mittel der Verständigung zu dienen. Deshalb sollte das höchste Ziel des Sprechens sein, sich verständlich auszudrücken. Hier werden aber Worte dazu vergewaltigt, als primitive Beschwörungsformeln Mittelmäßiges ins Besondere umzuzaubern. Das wäre zum Lachen – wenn ein geheimnisvolles Abrakadabra, das nur wenige Mitwisser deuten können, wirklich nur zum Lachen wäre. Leider ist es der Ausdruck eines gefährlichen antidemokratischen autoritären Elitebewußtseins. Demokraten müssen verständlich sprechen.

Telegramm-Information:

- Verreißschwenks: Kamera wird gerade, in Kurven oder Schleifen aus der Hand oder vom Stativ aus bewegt.
- Geeignete Motive: Einfache helle Objekte vor dunklem Hintergrund, insbesondere farbig beleuchtete Metalle und nächtliche Illuminationen. Bitte reichlich belichten! Nicht zu schnelle Schwenks durchführen!
- Interessant: Mit geöffnetem Verschluß Kamera erst unbewegt verharren lassen, dann Schwenk durchführen und zum Schluß Gerätebewegung wieder abbremsen. Je langsamer die Bewegung, desto heller gerät die Objektverwischung.

Kamerabewegung aufs Objekt zu

Das hier ist ein Mini-Abschnitt! Warum? Gedulden Sie sich bitte einen Augenblick! Ich komme gleich noch einmal darauf zurück, wenn ich Ihnen zwei wichtige Effekte erklärt habe: die Effekte, die aus einer mit geöffnetem Verschluß auf das Motiv zufahrenden Kamera herauszuholen sind!

- Peilen wir von einem Fahrzeug aus mit der Kamera ein Motiv an, dem wir uns nähern, so wird im Bild daraus ein Stern von Wischspuren. Die Bildmitte kann dabei noch verhältnismäßig scharf erscheinen, während die Details in den Randzonen total verschwimmen. Das Ausmaß der Verwischung hängt – unter anderem – von der Belichtungszeit ab.
- Bewegt sich die Kamera auf kleine, helle, vor dunklem Hintergrund angeordnete Nahaufnahmeobjekte zu, so zeichnet sich im Bild ein unscharfer Lichthof ab, der das Motiv umgibt.

Beide Effekte sind viel besser, viel deutlicher, viel überwältigender, viel schöner, viel attraktiver, viel aparter, viel risikoloser, viel grandioser – jetzt langt's aber – und so weiter mit einem Vario-Objektiv zu erreichen. Davon handelt der nächste Abschnitt, der gewissermaßen zwischen den Zeilen auch noch Anregungen für das Thema gibt, das wir im Augenblick am Wickel haben. Nur auf die Frage, wie denn im Nahbereich die Kamera dem Objekt zu nähern sei, darauf schulde ich Ihnen doch noch eine Antwort: Am leichtesten haben es die glücklichen Besitzer eines Stativwagens. Ich habe aber auch schon meine Kamera mit einem Kleinstativ an der Lenkstange eines Kinder-Dreirades angebracht. Nicht völlig davon befriedigt, befestigte ich sie später auf einer Blitzschiene. Diese baumelte wie eine Schaukel an zwei Drähten von der Decke herab. Das schwere Objektiv machte die Kamera vorderlastig, so daß ich ein Gegengewicht in Form einer zweiten, nach hinten ausladenden Blitzschiene anbringen mußte. Um bereits durch eine geringfügige Schaukelbewegung eine spürbare Änderung des Abbildungsmaßstabes zu erreichen, setzte ich ein Super-Weitwinkel-Objektiv aus möglichst geringem Abstand ein.

Daß durch die Schwingbewegung nicht nur die Größe des Motives, sondern auch die Lage seines Projektionsbildes auf dem Film verändert wurde, stört wenig. Es kam ohnehin bei all diesen improvisierten Annäherungsversuchen eine ziemliche Schmiererei heraus – mit einzelnen Glücksfällen unter Unmengen von Ausschuß.

Telegramm-Information:

- Kamera im Fahrzeug peilt Objekt, dem sie sich nähert, an. Bei Langzeitbelichtung entsteht »Wischer-Stern«.
- Kleine Objekte auf dunklem Grund erzeugen, wenn die Kamera mit Schaukel oder Kinderfahrzeug während der Aufnahme heranfährt, einen unscharfen Lichthof – wenn's klappt!
- Ähnliche Effekte, aber in wesentlich vollkommenerer Form, sind in jedem Fall mit dem Vario-Objektiv zu erreichen. (Nächster Abschnitt!)

Teil II

Verrückte Effekte durch Sonder-Zubehör und Sonder-Geräte

Dieser Teil dieses Paperbacks nimmt drei Typen von Spezial-Vorrichtungen aufs Korn:

- Zubehör, das an jede Kamera anzupassen ist,
- Zubehör, das für System-Kameras im Rahmen von Kamera-Systemen verwendet wird, und
- Sondergeräte.

Manche dieser fotografischen Hilfsmittel setzen wir zweckentsprechend, andere wieder zweckentfremdend ein. Für einige muß man einiges, für die wenigen übrigen weniger auf den Tisch des Hauses blättern. Die meisten Geräte sind ohne handwerkliche Manipulationen in Betrieb zu nehmen, in seltenen Fällen muß jedoch auch das eine oder andere hingefummelt werden. Alles in allem dürften aber hier in Teil II die interessantesten und überzeugendsten Tricks zur Sprache kommen.

Die »Gummilinse« als Effekt-Objektiv (Vario-Kurs I)

Vario-Objektiv alias Transfokator alias pankratisches Objektiv alias Zoom-Objektiv alias Gummilinse: alle diese Namen werden für Objektive mit veränderlicher Brennweite benutzt. Die gebräuchliche Bezeichnung »Vario-Objektiv« ist ebenso wie das ungebräuchliche »pankratische Objektiv« inzwischen in den Normen-Entwurf DIN 19040 (23 A) aufgenommen worden. Demgegenüber bereichert das Wort »Gummilinse« den fotografischen Fach-Slang. Für den Vorgang der Brennweitenveränderung hat sich inkonsequenterweise die Bezeichnung »Sssuumen« (schreib: »Zoomen«) eingebürgert.

In der Video-Aufnahme-Praxis werden heute fast ausschließlich Vario-Objekte verwendet.

Die Gründe dafür:

- Durch die Brennweitenverstellung läßt sich der Bildrahmen gewissermaßen hauteng dem Motiv überstülpen. Das ist für die Video-Aufzeichnung, die keine Ausschnittvergrößerung kennt, von besonderer Bedeutung.

- Gummilinsen ermöglichen in der Video-Praxis so eine Art von Pseudo-Fahreffekt.

Doch auch zum Fotografieren werden Vario-Objektive mit 2- bis 3fachem Dehnungsfaktor gerne verwendet – deren längster Brennweitenauszug ist also 2- bis 3mal so lang wie der kürzeste. Es gibt aber sogar Kanonen mit bis zu 7fachem Dehnungsfaktor. Ich selbst lasse mich gerne als altmodisch schelten, weil ich für den täglichen Gebrauch die allgemeine Vorliebe für Vario-Objektive nicht teile. In meiner Objektivsammlung finden sich zahlreiche starre »Linsen«, und nur ein einziges Zoom-Objektiv, das ich vor allem für Effektfotos einsetze.

Gewiß, gewiß ich weiß, daß normalerweise auch die Vario-Objektive vor allem dazu benutzt werden

- die Brennweite exakt ans Objekt anzupassen,
- schnell und einfach die Brennweite zu wechseln,
- bei Aufnahmen ein- und desselben Motives mit verschiedenen Brennweiten die einmal gewählte Entfernungseinstellung beizubehalten, (Vario-Objektive, deren Entfernungseinstellung sich mit der Brennweitenverstellung verändert, halte ich für wenig empfehlenswert.)
- im Nahbereich die Abstimmung von Maßstab und Schärfe zu erleichtern.

Unnormalerweise – und diese Anomalität scheint von Tag zu Tag Stück für Stück mehr und mehr ins Normale umzuschlagen – kann die Brennweite auch während der Aufnahme verändert werden. Es empfiehlt sich, derartige Vario-Effekt-Aufnahmen vom Stativ aus zu machen. Die Bilder ähneln denen, die aus einem sich in Richtung Motiv bewegenden Gefährt geschossen werden (allerdings sind – so komisch das auch klingt – die Wischerspuren beim Vario-Effekt meist schärfer. Mehr darüber im nächsten Abschnitt). In der Bildmitte erscheinen verhältnismäßig scharfe Details. Von einem gewissen, mehr oder minder großen Abstand vom Bildmittelpunkt ab setzen jedoch Verwischungen ein. Diese strahlen mit zunehmender Intensität radial zu den Bildrändern hin aus. Es sind »explosiv« wirkende Bilder. Werfen Sie bitte einen Blick auf die Beispiele in diesem Buch. Die Motive sehen doch so aus, als ob sie zerberstend nach allen Seiten hin auseinandersplitterten. Warum die Verwischung in der Mitte und an den Rändern der Aufnahme unterschiedlich ausfällt, erklärt sich von selbst, wenn wir das Verhalten zweier Bildpunkte unter die Lupe nehmen. Der eine soll beispielsweise 1 mm, der andere 6 mm vom Bildmittelpunkt entfernt sein. Als Aufnahme-Objektiv nehmen wir mal ein langbrennweitiges Vario-Objektiv 80–240 mm, das ich häufig verwendet habe. Nutzen wir nun den dreifachen Brennweitenbereich für ein Fahreffekt-Foto voll aus! Dann hätte der bei 80 mm Brennweite im Bildfeld 24 × 36 mm eingefangene Motivausschnitt bei 240 mm nur Platz in einem 72 × 108 mm großen Feld. Das steht natürlich nicht zur Verfügung, und deshalb quillt ein Teil des Motives, ja der größere Teil desselben, über das Bildfeld hinaus. Es wird nur noch 1/9 des ursprünglichen Ausschnittes erfaßt, der allerdings linear um das Dreifache, in seiner Flächenausdehnung um das Neunfache vergrößert. Bläht sich aber ein Bild derartig auf, so muß sich dabei zwangsläufig jedes seiner Elemente weiter vom ruhenden Pol des Mittelpunktes entfernen – und zwar in unserem Beispiel um das Dreifache! Der ursprünglich 1 mm entfernte Punkt wandert um 2 mm auf eine Distanz von 3 mm, der 6 mm entfernte um 12 mm auf 18 mm aus. Daß aber ein Element, das volle 12 mm über den Film huscht, weit mehr an Verwischungen anrichtet als eines, das sich nur 2 mm fortbewegt, das liegt ja wohl auf der Hand.

Details, die nur eine ganz kurze Strecke – etwa in der Größenordnung 1/10 – über das Bildfeld hinweghuschen, werden scharf wiedergegeben. Tatsächlich können wir – je nachdem, wie weit wir das Objektiv aus- oder natürlich auch einfahren, den scharfen Kreis in der Bildmitte entweder beliebig groß halten oder im Bedarfsfalle auch völlig verschwinden lassen.

Das Verhältnis zwischen scharfer Mittel- und unscharfer Randzone wird bestimmt durch das Ausmaß der Brennweitenveränderung während der Belichtung. Die Brennweitendehnung wiederum hängt ihrerseits von drei Faktoren ab:

1. Von dem Verdrehungswinkel des Brennweiten-Verstellringes,
2. Von der Zone der Brennweitenskala, in der die Verdrehung erfolgt: Beispiel:
   Beim Angenieux 1 : 2,8/45 bis 90 mm bewirkt Verdrehung um den gleichen Winkel immer dieselbe prozentuale Veränderung der Brennweite, gleichgültig, ob die Drehbewegung von der 45-mm-, 60-mm- oder 80-mm-Brennweiteneinstellung aus einsetzt.

Bei anderen Objektiven liegen die Verhältnisse anders. So ist das Schneider-Tele-Variogon von 200 auf 240 mm mit knapp der gleichen Drehbewegung zu verstellen, die auch zur Dehnung von 80 auf 88 mm erforderlich ist. Ich erhalte aber einmal eine Brennweitenverlängerung um 20, das andere Mal um 10%. Am unteren Ende der Skala erfolgt daher die Veränderung nur mit der halben Geschwindigkeit. Schiebe-Zoom-Objektive sind für Effekt-Aufnahmen eigentlich noch günstiger. Auch bei ihnen müssen wir jedoch mit unterschiedlichen Verstellstrecken für vergleichbare Brennweitenveränderungen in unterschiedlichen Bereichen rechnen!

3. Von der Belichtungszeit.

Verdrehen wir das Skalenrad innerhalb eines bestimmten Skalenbereiches möglichst immer mit annähernd der gleichen Geschwindigkeit, dann läßt sich – wenigstens in großen Zügen – das Verhältnis zwischen den scharfen und den unscharfen Zonen, durch die Belichtungszeit steuern. Ganz exakt wäre das möglich, wenn die Brennweitenverstellung wie bei vielen Video-Kameras motorisch erfolgen könnte. Damit wäre auch die Gefahr des Verreißens oder Verzitterns gebannt, die einem bei Brennweitenverstellungen von Hand doch zu schaffen machen kann.

Ich habe nun Reihenversuche mit unterschiedlichen Belichtungszeiten durchgeführt. Dabei zeigte sich, daß bei 1/250 und 1/500 sec trotz lebhafter Brennweitenverstellung große scharfe Binnenzonen erhalten bleiben. Sicherlich ist das phantastische Foto, das eine japanische Annonce verzierte, auch auf diese Weise entstanden: Eine Pagode ragt scharf abgebildet in den hellen Himmel. Die Bildränder werden von Laub umspielt. Der helle Himmel dringt nun, strahlenförmig ausfasernd, in das Laub ein.

(Wenn es nur einen Sinn hätte, dann würde ich Ihnen gerne verraten, daß Sie mit der Formel $f_2 = f_1 \cdot \frac{r + c}{r}$ die erforderliche Brennweitendehnung für einen Kreis mit einem bestimmten scharfen Radius berechnen können.

f_1 = kürzere Ausgangsbrennweite;
f_2 = gesuchte Brennweite;
r = Radius;
c = Auflösungsvermögen, in diesem Falle am besten 0,1 mm.

Sollten Sie noch genauer zu sein wünschen, dann setzen Sie an Stelle der Brennweite die Bildweite ein. Die Formel macht einen hübschen Eindruck. Nur ist sie leider nicht verrückt, sondern total sinnlos. f_2 unterscheidet sich von f_1 nur so geringfügig, daß Sie diese Werte an der Skala gar nicht mehr einstellen können. Es ist besser, ich erzähle Ihnen überhaupt nichts von dieser Formel! Schwamm drüber!)

Noch ein Hinweis für die Belichtung: Sind helle und dunkle Details gleichmäßig über das ganze Objekt verstreut, dann können wir uns blind auf die Auskunft des Meßgerätes verlassen. Helle Motive vor dunklem Hintergrund vertragen demgegenüber eine Belichtungszugabe um etwa 50 bis 200%. Dabei habe ich die besonders vario-fotogenen Nachtaufnahmen erleuchteter Straßen im Auge.

Vario-Effekt-Fotos im Nahbereich verdienen ganz besonderes Interesse!

Denken Sie aber bitte an eines: Wenn Sie Verlängerungstuben oder Balgengeräte zwischen Kamerakörper und Gummilinse einfügen, bringen Sie keine Vario-Effekt-Aufnahmen zustande. Mit der Brennweitenverstellung ändert sich dann nämlich die Entfernungseinstellung. Was sich aber dummerweise nicht oder wenigstens nicht genug ändert, das ist der Maßstab! Nur mit Hilfe von Vorsatzlinsen können Sie kleine Objekte in explodierende Wischer-Sterne verwandeln.

Telegramm-Information:

- Vario-Effekt-Aufnahmen: Brennweite der Gummilinse wird während des Auslösens verstellt. Ergebnis: effektvolle, strahlenförmige, vom Bildzentrum ausgehende Verwischungen. Die Details erscheinen um so »wischiger«, je weiter sie vom Mittelpunkt entfernt sind.
- Bei sehr geringfügiger Brennweitenverstellung fallen die Details in einem mehr oder minder großen Umkreis um die Bildmitte noch scharf aus. Das Ausmaß der Verwischung läßt sich steuern durch:
  1. die Belichtungszeit,
  2. den Verdrehungswinkel des Brennweiten-Verstellringes,
  3. den Brennweitenbereich, in dem die Drehung vorgenommen wird (nur bei bestimmten Objektivtypen).
- Belichtung: Normale Objekte normal belichten!
  Bei kleinen, hellen Objekten vor dunklem Hintergrund Belichtungszeit je nach Lage der Dinge um etwa 1/2 bis 2 Stufen verlängern.
- Für Vario-Effekt-Aufnahmen im Nahbereich nur Vorsatzlinsen, keine Zwischenringe oder Balgengeräte verwenden.

Effektvolle Vario-Effekt-Variationen (Vario-Kurs II)

Mit den soeben aufgezeigten Methoden sind die Möglichkeiten der Vario-Effekt-Bildgestaltung bei weitem noch nicht erschöpfend beschrieben worden. Im Gegenteil! Jetzt geht's erst so richtig los! Die Tricks, von denen ich Ihnen zunächst berichten will, laufen alle darauf hinaus, einen Bildkern klar umrissen aus dem Wischer-Strahlenkranz herauszumodellieren.

Der einfachste Weg: Die möglichst langgezogene Belichtungszeit wird in zwei oder mehrere Phasen unterteilt. Abwechselnd muß einmal die Brennweite des Vario-Objektives ohne Mucksen bewegungslos verharren und sich dann wieder ausdehnen, beziehungsweise zusammenziehen.

So ergibt sich ein Effekt – was sage ich, ein Effekt? Ein ganzer Schwall der unterschiedlichsten Effekte kann sich ergeben – unter Umständen – je nachdem,

- ob sich das Objektiv zunächst in der kürzesten Brennweitenstellung ausruht und erst hinterher streckt,
- ob umgekehrt die weitestausgezogene Position als Ruhepunkt benutzt wird,
- ob eine Raststellung irgendwo im mittleren Brennweitenbereich gewählt und sowohl der kürzere wie der längere Bereich durchfahren wird,
- ob die Brennweite zweimal stoppt – etwa vor Beginn sowie nach dem Abschluß der Fahrt jeweils in der längstaus- und der kürzestzusammengezogenen Position – oder
- ob sogar gegebenenfalls eine ruckweise Fahrt mit drei, vier oder noch mehr Haltepunkten durchgeführt wird.

Bei bewegten Objekten führt das eben beschriebene Verfahren kaum zum Ziel. Da helfen nur ein oder mehrere Blitzschüsse. Die holen dann eben eines oder mehrere Kernbilder aus einem kunterbunten Wust von verwischten Bewegungsspuren und Zoombildern heraus. (Besonders attraktiv Blitz- und »Dauer«-Licht unterschiedlicher Lichtfarbe. Seite 66 und 171! Auch an Ventilator-Strobo-Trick denken! Seite 69 f.)

Bei allen diesen und auch den in der Folge geschilderten Spezial-Vario-Effekten hängt die Bildwirkung in ganz entscheidender Weise von der Beschaffenheit des Hintergrundes ab. Wenn dieser unruhig ist, so schäumt in den Randzonen des Bildes ein Tohuwabohu von Wischern über. Darunter gehen dann die zarteren, vom Objekt ausgehenden Strahlen so ziemlich unter.

Vor gleichmäßig hellem Hintergrund hingegen zerstäubt das Hauptobjekt in lauter Fransen, die sich ins Nichts hinein auflösen. Sowohl deren Länge als auch deren Intensität hängen von der Belichtungszeit ab. Die darf unter keinen Umständen zu reichlich bemessen werden.

Ich knipse nun besonders gerne helle oder sogar glänzende Gegenstände vor dunklem Untergrund. Er kann schwarz, aber durchaus auch etwas dunkelblau, dunkelrot oder dunkelgrün sein. In jedem Falle werden sich die hellen Wischerstrahlen leuchtend davon abheben. Vario-behandelte Motive vor dunklem Untergrund haben meist gegen reichliche Belichtung nichts einzuwenden. Das gilt besonders dann, wenn die Randzonen des Motivs entweder besonders hell getönt sind oder aber etwa durch beidseitiges Streif- oder Gegenlicht besonders hell beleuchtet werden.

Apropos: Randhelle Motive vor dunklem Grund – etwa Gläser, Metalle und Gegenlichtporträts –, gerade die sind das Richtige für meinen Spezial-Vario-Effekt-Pelzmützen-Zwei-Phasen-Belichtungstrick! Wenn ich ihn in der Praxis, beispielsweise mit Hilfe eines Zoom-Objektivs 2,8/45–90 mm, in Szene setze, sieht das so aus:

Ich bestrahle mein Objekt, um lange belichten zu können mit schwachen Lichtquellen (etwa Glühlampen 40–60 Watt oder intensiv-farbigen Schaufensterstrahlern). Die Blende des Objektivs wird bis zum Anschlag zugezerrt, die Brennweite lasse ich auf 45 mm zusammenschrumpfen. Jetzt öffne ich den Verschluß, und zwar mit einem Drahtauslöser, der eine Feststellschraube sein eigen nennt. Die erste Belichtungsphase, während der die Brennweite in unerschütterlicher Ruhe verharrt, unterbricht meine Pelzmütze. Ich stülpe sie dem Objektiv übers Gesicht. (Natürlich läßt sich ähnliches noch bequemer mit echten Doppel- oder Mehrfachbelichtungen erreichen – vorausgesetzt, daß meine Kamera über die Möglichkeit verfügt auf unkomplizierte Weise die Doppelbelichtungssperre außer Kraft zu setzen [Seite 25].) Die Dunkelpause nutze ich, um die Brennweite heimlich, still und leise etwas zu verlängern –

etwa so auf 65 mm. Dann – während der zweiten Belichtungsphase – fahre ich das Objektiv ganz gemächlich von 65 mm an bis zum Anschlag 90 mm aus.

Der Erfolg: Ein scharfes Kernbild erscheint umzingelt von einem ebenfalls scharfen Wischerkranz. Der Hauptteil der Strahlen jedoch – und das ist der Witz der Geschichte – überschneidet die Kernbildkontur nicht. Erst in einem gewissen Abstand davon setzen die Wischer ein. Einige »Ausreißer«-Strahlen, die von Reflexen in der Motivmitte herrühren, werden zwar in den meisten Fällen ihr munteres Wesen treiben. Die sollen uns aber nicht weiter aufregen. Hauptsache: das eigentliche Motiv setzt sich markant von der Wischerei ab!

Übrigens: Für beide Teilbelichtungen sollte jeweils die volle, durch Messung ermittelte Belichtungszeit angesetzt werden!

Selbstverständlich habe ich auch versucht, die »Pelzmützen-Methode« umzudrehen, so nach der Devise:

1. Belichtungsphase: Objektiv auf längste Brennweite ausgefahren bleibt unbewegt.
2. Belichtungsphase: Brennweite wird zwischen mittlerem und kurzem Brennweitenbereich verstellt.

Das Ergebnis war auch ganz nett, aber eben auch nur »auch ganz«!

Demgegenüber hat sich in meiner Praxis folgende Abwandlung bewährt: In der Dunkelphase zwischen den beiden Belichtungen verdrehe ich nicht nur die Brennweite, sondern auch die Schärfeneinstellung. Dann fallen die Lichtspuren unscharf aus oder es bildet sich sogar um das Objekt herum so eine Art Hof, wie er eigentlich ansonsten nur dem Mond in kühlen Nächten zusteht.

Die Aufteilung der Belichtung in zwei Phasen gibt uns aber auch die Chance, in der Dunkelphase die Beleuchtung zu wechseln. Nehmen wir an, vor dem Objektiv steht eine Silberschale. Die wird zunächst einmal mit indirektem, an Raumwänden und Decke reflektiertem Licht ganz weich ausgeleuchtet und so als Kernbild aufgezeichnet. Bei der Zweitbelichtung aber hauen wir von der Seite her direktes Licht auf die Motiv-Kanten. Dadurch kitzeln wir richtig saftige Zoomwischer heraus!

Noch ein Beispiel: Wir fotografieren den Kopf eines Mädchens.

1. Belichtungsphase mit unveränderter Brennweite: Aufnahme en face mit frontaler Beleuchtung (eventuell Blitz).

2. Belichtungsphase mit Vario-Effekt: Profilaufnahme mit Kunstlicht, das als Gegenlicht eingesetzt wird.

(Am Rande sei erwähnt: Gerade Gegenlichtmotive können natürlich auch per Mehrfachbelichtung ohne Wischeffekt nur mit jeweils veränderter Brennweite aufgenommen werden. Die Bilder enthalten dann ineinandergeschachtelte Gegenlichtsäume unterschiedlicher Größe!)

Durch nichts, durch überhaupt nichts sind Kernbild und Wischer so effektiv wie effektvoll gegeneinander abzusetzen wie durch Lichtfarben-Wechsel.

Beispiele:

- Unlängst habe ich einen Korkenzieher aufgenommen, zunächst mit unbewegter, kurzer Brennweite bei Kunstlicht auf Kunstlichtfilm. Während der Zoomphase jedoch habe ich ein Orangefilter – so eines, das normalerweise in der Schwarzweißfotografie verwendet wird – vor das Objektiv gehalten.
- Gläser wurden durch zum Fenster einfallendes, ziemlich gestreutes Tageslicht beleuchtet. Der Kunstlichtfilm bildet sie zwangsläufig blau ab. Für die zweite, die Vario-Effekt-Belichtung, kommen dann farbige Schaufensterstrahler zum Einsatz (Seite 212).

Einiges von den Ergebnissen finden Sie auf den Farbtafeln. Nur in Schwarzweiß hingegen ist diesem Buch die total »verzoomte« Abbildung einer silbernen Zuckerdose beigegeben. Sicherlich fällt Ihnen daran etwas auf: Die Wischer sind in ziemlich unregelmäßigen Abständen unterbrochen. Ich hatte einfach auch während des Zoomens meine Mütze mehrmals kurz vors Objektiv gehalten.

Stillschweigend habe ich bisher vorausgesetzt, daß die Wischerspuren gleichmäßig nach allen Seiten hin ausstrahlen. Das setzt aber wiederum voraus, daß das Objekt auch wirklich exakt in die Mitte des Bildfeldes projiziert wird. Rücken wir es nach unten an den Bildfeldrand, so gehen alle Wischerstrahlen auch nach unten weg, versetzen wir es nach oben, dann krabbeln sie alle nach oben. Dementsprechendes passiert auch bei Motivverlagerung zur Seite hin oder auch in diagonaler Richtung. Im Bedarfsfalle wäre das Objekt mit seinen einseitig ausstrahlenden Wischern nachträglich durch das Beschneiden der Vergrößerung wieder in die Bildmitte zurückzupraktizieren.

Beinahe hätte ich vergessen, einen – ebenfalls erprobten – Auswechslungstrick zu schildern; einen Trick, der sich einem angesichts des Doppelbeleuchtungs-Verfahrens geradezu aufdrängen muß: Wie wäre es, einfach einmal in der Dunkelpause das Objekt auszutauschen?!

Beispiel:

Pseusol-Kopie von Doppelbelichtung: Erst wurde die Reflektorfolie aus einem abgebrannten Blitzwürfel (Mitte des Bildes) mit kurzer Brennweite aufgenommen, anschließend das Objekt gegen einen schwarzen Ring mit aufgeklebten Metall-Foliestückchen ausgetauscht. Während der zweiten Belichtung wurde die Brennweite des »unscharf« eingestellten Objektives verändert.

Mit der starren Erstbelichtung nehmen wir einen Kopf auf. Während die Pelzmütze das Objektiv erblinden läßt, wird das Modell durch einen aus Silberpapier ausgeschnittenen Ring ersetzt. Der muß nun als spezielles scharf oder unscharf abgebildetes Vario-Effekt-Objekt die Zoomerei über sich ergehen lassen.

Lassen wir's aber jetzt genug sein mit den Vario-Effekt-Mehrfachbelichtungen! Auch die für uns jetzt bereits schlichte Langzeitbelichtung mit einfachem Durchzoomen kann recht komplizierte Gestaltungen ergeben – dann nämlich, wenn ein bewegtes Objekt aufs Korn genommen wird. Aus gutem Grund will ich nun nicht auf alle möglichen Kombinationen von Bewegungsspuren mit Zoomwischern eingehen. Nicht auf alle möglichen, aber doch auf eine!

Negativdruck von Vario-Effekt-Rotationskörper-Gestaltung. Original-Darstellung Seite 80. Contour-Film-Kopien illustrieren das Vorwort.

Denken Sie bitte zunächst an Seite 75, an unsere Rotationskörper! Mit Hilfe des Gummilinsentricks lassen die sich besonders delikat aufbereiten! Ich verwende asymmetrisch aufgehängte, dünne Objekte – Drähte, und überhaupt alles, was sich auch als Grundstoff für die Produktion von Girlanden eignet. Wenn das Zeug sich dreht, dann fahre ich einfach die Brennweite des Vario-Objektives ebenso gleichmäßig wie gemütlich von Anschlag zu Anschlag aus. Auf diese Weise entstehen spiralig ineinander verschachtelte Gebilde. Verschwenken wir während des Zoomens im Sinne der Girlanden-Methode (Seite 78) die Kamera, so erhalten wir keilförmig sich verjüngende Formen. Ehe wir uns versehen, sind wir bei Bildern angelangt, die ihre Existenz dreifacher Bewegung verdanken:

- die Brennweite des Vario-Objektives wird verlängert,
- das Objekt rotiert,
- die Kamera wird geschwenkt.

Mit voller Absicht habe ich als Beispiel ein Objekt gewählt, das seine Bewegung rhythmisch in gleichbleibenden Abständen wiederholt.

Nur dann besteht Aussicht zu erreichen, daß Fotos als gelungen empfunden werden.

- wenn ihnen entweder noch ein Rest an Objekterkennbarkeit anhaftet, oder
- wenn eine dekorative Figur durch Verwandlung von Rhythmus in eine ornamentale Struktur entsteht. (Zeit wird durch Rhythmus, Raum durch ornamentale Gestaltung gegliedert.) Auch dabei handelt es sich um Abbildungen zwar nicht der Objektform, aber doch der Gesetzmäßigkeit der Objektbewegung.

Unrhythmische Bewegung, noch dazu ungleichmäßig verschwenkt und »verzoomt«, ergibt meist nur einen undeutlichen Salat bizarrer Figuren. Vier einschlägig vorbelastete Farbfotos wurden vor einiger Zeit in einem Magazin (12 B) veröffentlicht. Das Objekt – ein Rummelplatz bei Nacht – war an sich, wie alle kontrastreichen Motive, mit vielen hellen Punkten vor dunklem Hintergrund für derartige Experimente ganz gut geeignet. Dennoch zeigen die Bilder nur ein zusammenhangloses Krickelkrakel. Es vermochte keinen Sturm der Begeisterung in meiner Brust zu entfachen. Gerechterweise muß ich natürlich zugeben, daß es heute überhaupt keine Sache ist, ein völlig inhaltloses und bedeutungsloses Bild umzuwandeln in großartige fotografische Leistung: Man muß eine derartige Aufnahme nur als modern bezeichnen. Dann ist mit einem Schlag alles wieder gut! »Modern«, das ist kein gewöhnliches Wort! Ihm wohnt ein starker Zauber inne! Es ist genau so mit weißer Magie geladen, wie sein Schattenbild »unmodern« mit schwarzer! Modern – unmodern! Das ist ein Begriffspaar, das alle Kennzeichen eines Tabus besitzt, eines unfaßbaren, mächtigen Tabus! Logische Argumente, die daran rütteln, werden mit sofortiger Wirkung außer Kraft gesetzt!

Wie könnte Logik, wie könnte Vernunft der Modernität auch nur das Wasser reichen!

Demnach lassen Sie uns nicht modern, lassen Sie uns verrückt fotografieren! Denn das ist wesentlich vernünftiger!

Ehe ich mit den Telegramm-Informationen endlich den Deckel gewissermaßen über die Wunderkiste mit den Vario-Effekten stülpe, noch eine – von meiner Sicht aus gesehen, theoretische Bemerkung; selbst habe ich nämlich das folgende Verfahren noch nicht ausprobieren können: Durch das Abfotografieren eines mit der Projektions-Gummilinse an die Leinwand geworfenen Bildes dürfte sich jedes geeignete Dia oder Negativ á la Vario-Effekt reproduzieren lassen. Die Kamera sollte dabei das kleinstmögliche Projektionsbild, hervorgerufen durch das weitestmöglich ausgefahrene (!) Objektiv, anpeilen.

Telegramm-Information:

- Vario-Effekt-Fotos mit starker Betonung des Kernbildes:
  1. Vor Zoom-Start Vorbelichtung mit Objektiv in Position kürzeste, gegebenenfalls auch längste – Brennweite vornehmen.
  2. Zoombewegung zwischendurch ein- oder mehrmals kurz abstoppen.
  3. Zügig durchzoomen, aber mit einem oder mehreren Blitzen dazwischenfunken.
  4. Belichtung aufteilen: erst mit »starrem« Objektiv, dann mit ausfahrendem Objektiv belichten. In der Dunkelpause Brennweite verstellen (günstig bei »randhellen« Objekten vor dunklem Grund!).
  5. »Starre« Erstbelichtung vornehmen! Dann Zoomfahrt starten und dabei mehrfach Objektiv verdecken.
  6. Mehrfachbelichtung mit unbewegtem, aber jeweils in eine andere Brennweitenposition ausgefahrenem Objektiv vornehmen. (Günstig: Motive mit Gegenlichtsaum!)
  7. Doppelbelichtung: Erste Belichtung mit unbewegtem, zweite mit »fahrendem« Objektiv. In Dunkelpause sowohl Brennweite wie Entfernungseinstellung verändern: unscharfer Lichthof.
  8. Beleuchtung zwischen Einzelbelichtungen wechseln. Für »starre« Aufnahmen, etwa indirekte Beleuchtung, während des Zoomens Seiten- oder Gegenlicht einsetzen.
  9. Lichtfarbe zwischen den Einzelbelichtungen ändern (Lichtquellen oder Filter wechseln).
- Bewegungskombinationen:
  1. Spiral-Figur: Drehbewegung eines asymmetrisch aufgehängten Objektes im Zoomen als Spiral-Erscheinung aufnehmen.
  2. Keilförmig sich verjüngende Girlande. Zusätzlich Kamera verschwenken!

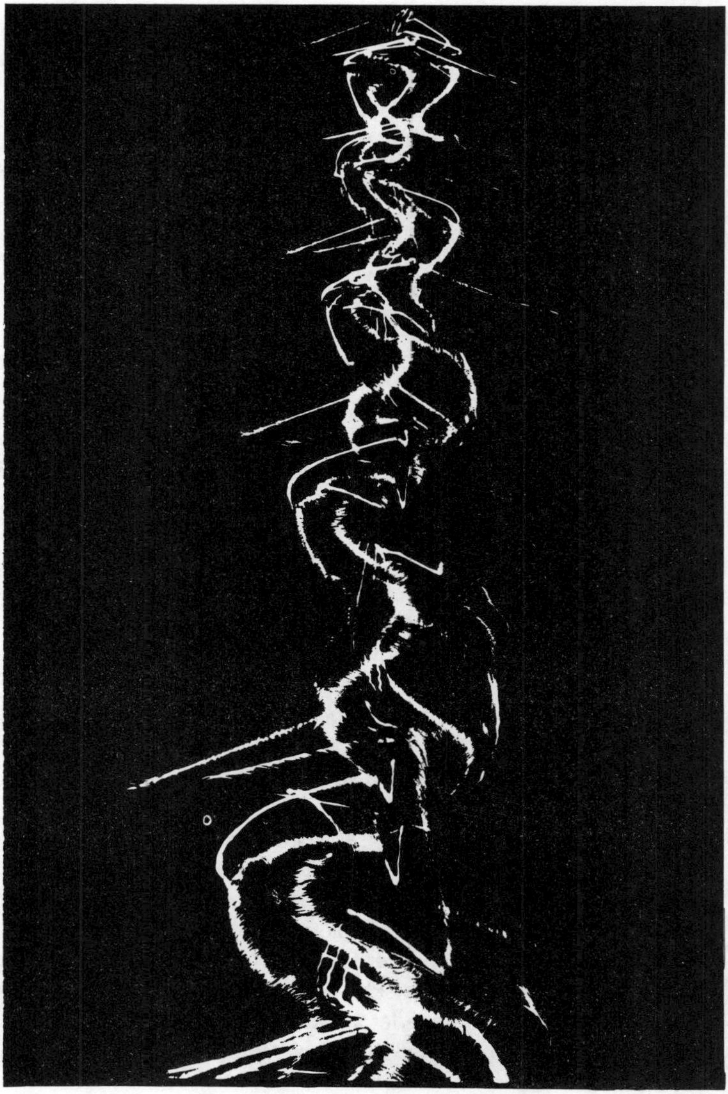

Vario-Effekt-Rotationskörper-Gestaltung, aufgenommen mit von oben nach unten schwenkender Kamera.

Vom Super-Weitwinkel zum Fisheye

Je kürzer die Brennweite, desto stärker sind die »perspektivischen Verzerrungen«, die sie erzeugt – nein! – richtiger, die ihr zugeschrieben werden!

In Wirklichkeit zeichnen nämlich alle üblichen Objektive – gleichgültig, ob kurz- oder langbrennweitig, ihr Motiv in ein und derselben zentralperspektivischen Projektion auf. Nur das Fischei (schreibe: fisheye) kullert aus der Reihe.

Dem scheint zu widersprechen, daß einige, vielleicht sogar viele, aber keinesfalls alle Weitwinkel-Aufnahmen ausgeprägte perspektivische Übertreibungen demonstrieren, wie sie mit normalen oder gar längeren Brennweiten niemals zu erreichen sind. Dafür jedoch müssen wir in letzter Instanz die Tatsache verantwortlich machen, daß sich der perspektivische Eindruck mit dem Abstand vom Motiv wandelt.

- Großer Kamera-Abstand preßt nämlich ausgedehnte Objekte scheinbar zu einer dünnen Fläche zusammen.
  In kilometerweit entfernten Landschaftsmotiven sehen selbst mit beträchtlichen Zwischenräumen hintereinander gestaffelte Motive so aus, als ob sie aufeinander und aneinander klebten. Das hintere Objekt wird nämlich fast im gleichen Maßstab wiedergegeben wie das davorliegende Objekt. Ob nun ein solches Motiv mit einer längeren oder kürzeren Brennweite aufgenommen wird, das wirkt sich zwar aus auf die Größe des erfaßten Motivausschnittes wie auf den Gesamtmaßstab, nicht aber auf die Größenverhältnisse der einzelnen Objektdetails untereinander. Zwischen einer Aufnahme mit dem Fernobjektiv und einer entsprechenden Ausschnittvergrößerung aus einer Weitwinkel-Aufnahme besteht kein prinzipieller Unterschied (zumindest nicht, wenn wir einmal von der Bildschärfe absehen).
- Nahe Distanz – Kamera-Objekt betont und überbetont die räumliche Wirkung. Hintereinander angeordnete Objekte werden in sehr unterschiedlichem Maßstab abgebildet.

Faustregeln:

Abstand der Kamera vom vorderen Objekt (in beliebigen Einheiten)	Abstand des vorderen Objektes vom hinteren Objekt	Maßstab-differenz	Maßstab-differenz (linear) in der Fläche
1	1	2×	4×
1	3	4×	16×
1	7	8×	64×

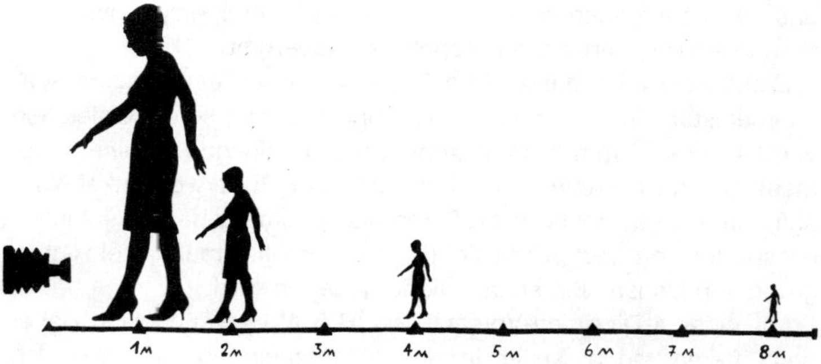

Die abgebildeten Figuren verkleinern sich mit wachsendem Abstand von der Kamera jeweils um die Hälfte (linear). In der Nähe des Aufnahmegerätes erfolgt bereits eine Halbierung der maßstäblichen Wiedergabe, wenn sich das Objekt nur geringfügig von der Kamera entfernt. Je größer jedoch der Abstand des Objektes von der Kamera wird, desto länger gerät auch die Strecke, die es zurückweichen muß, damit eine spürbare Verkleinerung des Abbildungsmaßstabes erfolgt.

Nun vermögen nur Weitwinkelobjektive etwas größere und sehr nahe Objekte ganz oder zumindest zu einem beachtlichen Teil im Bildfeld unterzubringen.

Deshalb ist die sogenannte »typische übersteigerte Weitwinkelsicht« letztlich darauf zurückzuführen, daß eben sehr kurzbrennweitige Objektive besonders nahe ans Objekt herangehen können, ohne daß der Überblick darüber infolge der Begrenzung des Bildausschnittes verlorengeht.

Wenn wir also schon Superweitwinkel-Objektive für Effektaufnahmen heranziehen wollen, dann kommt es darauf an, daß wir damit unseren Motiven auch wirklich dicht auf den Pelz rücken. Super-Weitwinkel, das sind Objektive, deren Brennweite kürzer ist als die Schmalseite des Bildformates. Die obere Grenze für Kleinbild-Superweitwinkel-Objektive liegt also bei 24 mm. Als untere Grenze ist im Augenblick 15 mm anzusprechen.

Ein solches 15-mm-Objektiv ist in der Lage, bereits bei Blende 8 alles scharf aufzuzeichnen, was zwischen 50 cm und unendlich liegt. Wir müssen – das ist wichtig – uns aber bei jedem Objektiv in dieser Brennweitenkürze vergewissern, ob es sich wirklich um einen Super-Weitwinkel handelt oder aber um ein Fisheye-Objektiv, das die Motive eben schon nicht mehr in Zentralperspektive, sondern in einer sphärischen Perspektive wiedergibt.

Bereits die 20- oder 21-mm-Objektive lassen eine kürzere Aufnahmedistanz von knapp 20 cm zu und erfassen so ein Objektfeld von 14 1/2 × 22 mm. Das entspricht bereits einem Verkleinerungsmaßstab von nur etwa 1:6. Nun sind aber Superweitwinkel-Nahaufnahmen in einem noch größeren Maßstab ganz besonders interessant. Ihr Reiz liegt speziell darin, daß verhältnismäßig viel Hintergrund verhältnismäßig scharf wiedergegeben wird.

Mit einer 4-Dioptrien-Vorsatzlinse (B + W) versuche ich daher des öfteren, noch weiter in den Nahbereich vorzudringen. Ich komme damit bis auf etwa 12 cm ans Objekt heran. Aufgezeichnet wird auf diese Weise ein Objektfeld von etwa 9 × 13 cm (knapp vierfacher Reduktionsmaßstab).

Die Randunschärfen, die eine so starke Vorsatzlinse bei voll aufgeblendetem Objektiv verursachen könnte, sind bereits bei Blende 8 spurlos verschwunden.

Ich kann jetzt jedenfalls ohne weiteres einen groß aufgefaßten Gesichtsausschnitt, verziert mit einer voluminösen Nasenknolle, scharf aufnehmen oder auch eine vorgestreckte Hand riesenhaft gegen ein winziges Köpfchen kontrastieren lassen.

Lassen wir aber die Vorsatzlinse einmal beiseite. Im Bedarfsfalle dürfen lange Gegenstände – Zigarren, Trompeten, Flaschen – sogar fast bis an die Frontlinse heranragen. Die werden dann natürlich leicht unscharf abgebildet. Das macht nichts, wenn wir nur die Entfernungseinstellung auf ein weiter weg liegendes, kleines, aber interessantes Detail abstimmen.

Ein Beispiel dafür, das Sie in diesem Buch finden, entstand so: Mit der Kamera vor dem Auge breitete ich mich auf dem Fußboden aus. Ein Mädchen darob höchst amüsiert, mußte sich über mich beugen und mit einem Stiefel immer lustig, aber vooorsichtig (!) in Richtung 20-mm-Objektiv trampeln. Tja – boots are good for walking! Die Schärfe stellte ich nicht etwa auf den vor meiner Nase herumfuchtelnden Stiefel ein, sondern auf das hoch darüber schwebende Gesicht.

Und noch etwas: Alle Motive, die die Super-Weitwinkel in die Randzonen des Bildfeldes projizieren, erscheinen gedehnt. Objekte, die in der Bildmitte als einwandfreie Kreise wiedergegeben werden, wandeln sich in ei-ähnliche Gebilde, wenn sie in die Außenbezirke der Aufnahme wegrutschen. Ein Kopf etwa, der ganz nahe der linken oder rechten Bildbegrenzung des querformatigen Super-Angulon-Fotos sitzt, erscheint bis zu einem Viertel verdickt (Dehnungsfaktor ca. 1,3). Läßt das verwendete, möglichst niedrigempfindliche Filmmaterial starke Ausschnittvergrößerungen zu, so kann der Verzeichnungsfaktor durchaus in bildgestalterischem oder bildverunstalterischem Sinne bewußt ausgenutzt werden.

Was heißt »Verzeichnung«! Ich spreche auch in diesem Falle weder gerne von Verzeichnung noch von Verzerrung! Die Objektdehnung in den Bildfeldrandzonen ist nun einmal eine logische Konsequenz des zentralperspektivistischen Sehens der Kamera. Und da sind wir wieder einmal an einem Punkt, da der beliebte Vergleich Fotogerät-Auge problematisch wird:

Beim Sehen ist nämlich das Gehirn in viel stärkerem Ausmaße beteiligt, als uns das normalerweise bewußt wird. Manchmal frage ich mich sogar, ob unser Auge wirklich von Natur aus seine Umwelt so einigermaßen perspektivisch sieht. Vielleicht ist es nur im Laufe der Zeit dazu erzogen worden, und zwar – durch Bilder! Dabei denke ich nicht nur an Fotos, sondern auch an Gemälde und Zeichnungen. Auffälligerweise ist nämlich die zentralperspektivistische Darstellung in Europa erst seit etwa einem halben Jahrtausend im Schwange, seit der Renaissance! Damals hat sich auch die Camera obscura durchgesetzt. Mit diesem Stammvater unserer Fotogeräte wurde auf durchscheinendes Papier ein Projektionsbild entworfen, das man dann nachzeichnete.

Vor der Renaissance – so meine ich – haben vielleicht die Menschen nicht nur nicht zentralperspektivistisch gemalt, sondern überhaupt nicht zentralperspektivistisch gesehen! Aber auch heute noch weicht das Bild, das wir sehen, in zwei wichtigen Punkten vom Prinzip der exakten Zentralperspektive ab. Bezeichnenderweise unterscheiden sich auch genau in diesen beiden Punkten diejenigen malerischen Darstellungen, die sonst im großen ganzen den Gesetzen der Zentralperspektive folgen, von Fotografien.

- Das Auge sieht nur in einem winzigen Winkel scharf. Er beträgt etwa 1°. Das entspricht knapp zwei scheinbaren Sonnendurchmessern (1 Sonnendurchmesser ca. 1/2°). Ein größeres Bildfeld bewältigen die Augen dadurch, daß sie das Bildfeld, ohne daß uns das recht bewußt wird, mit einer Schwenkung abtasten – meist von links nach rechts. Erst vom Gehirn werden die einzelnen beim Abtasten aufgenommenen Eindrücke puzzleartig zu einem geschlossenen Bild zusammengefügt. Da auch die Randzonen des wahrgenommenen Objektfeldes nahezu durch die Sehachse der wandernden Augenlinsen abgebildet werden und da der die Bildprojektionen auffangende Augenhintergrund entsprechend gekrümmt ist, können die für Weitwinkelprojektionen charakteristischen Objektdehnungen nicht auftreten. Das Auge verhält sich eher wie eine Panorama-Kamera mit selbsttätig verschwenkbarem Objektiv (nächster Abschnitt) als wie ein konventioneller Fotoapparat. (Natürlich ist das Auge nicht nur horizontal zu verschwenken, sondern es bewegt sich gewissermaßen auf der Oberfläche einer Kugelschale hin und her sowie nach oben und unten. Die waagerechte Bewegung ist allerdings von besonderer Bedeutung!)
- Bestimmte, im Objektraum verlaufende Linien werden in der perspektivistischen Projektion je nachdem entweder waagerecht oder senkrecht oder schräg abgebildet (Näheres Seite 113). Unser Gesichtssinn beurteilt im Prinzip die Dinge ganz ähnlich wie die Kamera – allerdings mit einer wichtigen Ausnahme: Linien, die zwar senkrecht zur Erdoberfläche stehen – Turmkanten, Telegrafenmasten, Hauswände –, aber infolge einer Verkantung der Kamera nicht parallel zum Bildfeld angeordnet sind, verlaufen im Foto in jedem Fall mehr oder weniger schräg. (Es sei denn, sie ziehen sich genau durch die Bildmitte!) Die Seitenflächen eines Wolkenkratzers zum Beispiel, der von unten her angepeilt wird, erscheinen deutlich gegeneinander geneigt. Beim Sehprozeß, wenn die Augen schräg nach oben blicken, korrigiert

das Gehirn, das ja der Repression des Gleichgewichtssinnes unterworfen ist, die rein optische Aufzeichnung. Daher kommt uns alles, was senkrecht auf dem Boden steht, auch als im Blickfeld senkrecht stehend vor. Eine gewisse Rolle muß dabei spielen, daß die seitlichen Bildfeldränder selbst nicht aus senkrechten Linien bestehen, sondern abgerundet sind. Es fehlen also die ausgeprägten Bezugslinien, die dem Foto in Form der rechteckigen Begrenzung eigen sind.

Bisher hatten wir stillschweigend angenommen, daß die Kamera nur zentralperspektivistische Abbildungen zustande bringt. Die sogenannten Fisheyes jedoch halten es mit der sphärischen Perspektive. Fischaugen sind Objektive mit dem extrem großen Bildwinkel von 180° oder zumindest beinahe 180°. Die Brennweiten liegen etwa zwischen 17 und 12 mm (für Kleinbild! Für Mittelformatkameras etwa bei 35 mm). Der Schärfentiefenbereich erstreckt sich von unendlich bis »dicht bei« – oft bis unmittelbar an die Frontlinse heran. Das auf den Film projizierte Bildfeld besteht meist aus einem in das Format 18 × 24 mm eingeschriebenen Kreis. Es gibt aber auch Fischaugen, die einen umschriebenen Kreis, also das ganze Format, auszeichnen.

Für viele Kamerasysteme werden eigene Fisheye-Objektive geliefert. Ich möchte aber hier besonders auf die Fisheye-Vorsätze (Hama, Rowi) hinweisen – nicht zuletzt deshalb, weil sie erheblich preiswerter sind. Mit Hilfe von Adapter-Zwischenringen lassen sie sich in die Filter/Gegenlichtblenden-Gewinde von allen möglichen Objektiven einschrauben. Besonders interessante Ergebnisse liefern die Vorsätze – auch Fisheye-Konverter – genannt – in Verbindung mit Normal- und mit Weitwinkelobjektiven. Je kürzer die Brennweite desto stärker die Verkleinerung. Der Hama Fisheye-Konverter Semi liefert beispielswiese mit einem 28 mm Objektiv einen völlig kreisförmigen Bildausschnitt in dunklem Umfeld. Der Kreis berührt fast die Längskanten des Bildes – hat also etwa einen Durchmesser von 23 mm. Mit einer noch kürzeren Brennweite wird dementsprechend ein noch kleinerer Kreis aufgezeichnet, mit einer längeren bläht sich der Kreis über die Bildränder hinaus auf. Die Aufzeichnung drängt das schwarze Umfeld bis auf die Bildfeldecken zurück oder sogar völlig aus dem Bildfeld hinaus. Allerdings bleibt die sphärische Perspektive – wenn auch in abgeschwächter

Form – erhalten. Bei Fisheye-Vorsätzen mit eigener eingebauter Blende ist die Vorsatz-Blende zu benutzen, die Objektivblende hingegen voll zu öffnen. Wird das Objektiv auf unendlich eingestellt, so reicht der Schärfentiefenraum von unendlich bis – mindestens – 50 cm. Wird das Objektiv auf nähere Abstände abgestimmt, dann sind ausreichend scharfe Fisheye-Effekt-Aufnahmen aus millimeterkurzer Distanz hinzubekommen – was besonders eindrucksvolle sphärische Übertreibungen ergibt. In zweifacher Hinsicht scheint mir die Verwendung eines Fisheye-Vorsatzes sogar vielseitigere Möglichkeiten zu erschließen als der Einsatz eines Fisheye-Objektives:

Kamera mit Normal-Objektiv und Fisheye-Vorsatz

In dreifacher Hinsicht erscheint mir der Soligor-Vorsatz sogar vielseitiger als ein regelrechtes Fisheye-Objektiv:

- Filterfolien – gegebenenfalls auch Polfilterfolien – können zwischen Objektiv-Frontlinse und Vorsatz eingefügt werden. Ein Filter vor der Frontlinse des Fischauges anzubringen, stellt des großen Bildwinkels wegen ein aussichtsloses Unterfangen dar. (Es gibt allerdings Fisheye-Objektive mit eingebauten, in den Strahlengang einzuschwenkenden Filtern!)

- Die Frontlinse der Fisheye-Vorsätze sitzt noch einige Zentimeter vor der Frontlinse des Objektives. Der weit vorspringende Aufbau sorgt dafür, daß dem Fotografierenden nicht ständig seine eigenen Hände und Füße mit aufs Bild geraten, wie das bei Einsatz von Fisheye-Objektiven der Fall ist.

Ich lasse da immer wieder so genüßlich die »sphärische Perspektive« auf der Zunge zergehen. Dazu muß ich doch – und zwar im Vergleich mit der Zentralperspektive – noch einige mehr oder minder passende Worte von mir geben. Unterstützen wird mich dabei kein Geringerer als Albrecht Dürer – ob er nun will oder nicht. Er hat sich intensiv mit der Perspektive befaßt und die zentralperspektivistische Projektion auch dargestellt.

Holzschnitt Dürers zur Illustration einer seiner Schriften über die Perspektive. Zur Verdeutlichung der Darstellung wurde ein Landschafts-Hintergrund auf der Reproduktion mit Farmerschem Abschwächer entfernt.

Links in seiner bekannten Zeichnung liegt im wahrsten Sinne des Wortes das nackte Motiv. Auf der anderen Seite sitzt der Maler. Vor dem Motiv steht eine durch ein Quadratnetz gegliederte Fläche – die Projektionsfläche. Alldieweil es nun darauf ankommt, daß der Malende die Projektionsfläche immer vom gleichen Blickpunkt aus anpeilt, steht vor ihm eine Visiereinrichtung. So etwas ist ohne Netz und in verkleinertem Maßstab auch in der Fotografie bekannt – und zwar als Sportsucher.

Die Projektionsfläche könnte aber auch aus Glas sein. Dann müßte der Maler lediglich mit Signierkreide die Kontur dessen, was er da sieht, nachzeichnen. Bei der Dürerschen Anordnung benötigt er dazu aber einen ziemlich langen Arm. Schließlich dürfte er beim Zeichnen ja das Auge nicht von der Visier-Einrichtung nehmen.

Das wäre also die Zentralperspektive! Um die sphärische Projektion zu verwirklichen, müßten wir lediglich die Scheibe durch eine halbkugelige Kompottschüssel ersetzen. Deren Öffnung hätte gefälligst zum Objekt zu zeigen, ihr Scheitelpunkt hingegen in Richtung Auge zu weisen. Die Kritzeleien mit der Signierkreide ergäben eine sphärisch-perspektivistische Darstellung. (Sphärisch leitet sich vom griechischen »sphaira« = Kugel ab.)

Der arme Albrecht Dürer! Was wir ihm nicht alles unterschieben! Wenn wir schon beim Vergleichen sind, darf ich hier auf den nächsten Abschnitt vorgreifen und die Panorama-Kamera ins Spiel bringen und mit ihr einen dritten Typ von perspektivistischer Projektion: die zylindrische Perspektive. An Stelle unserer Fläche im Dürerschen Bild, die wir zunächst durch eine Halbkugel ersetzt haben, müßten wir jetzt einen halbierten gläsernen Zylinder durch die Visiereinrichtung anpeilen.

Im Foto sind die verschiedenen Typen von Perspektiven am besten an den Verformungen der geraden Linien zu erkennen. Nähere Einzelheiten verrät die tabellarische Übersicht auf den folgenden Seiten.

Zange mit gespreiztem Gebiß. Die Schärfeneinstellung des vollaufgeblendeten Objektives wurde auf die »Lippen« vorgenommen. Lichtquellen: Je ein roter, ein blauer und ein gelber Schaufensterstrahler. ▶

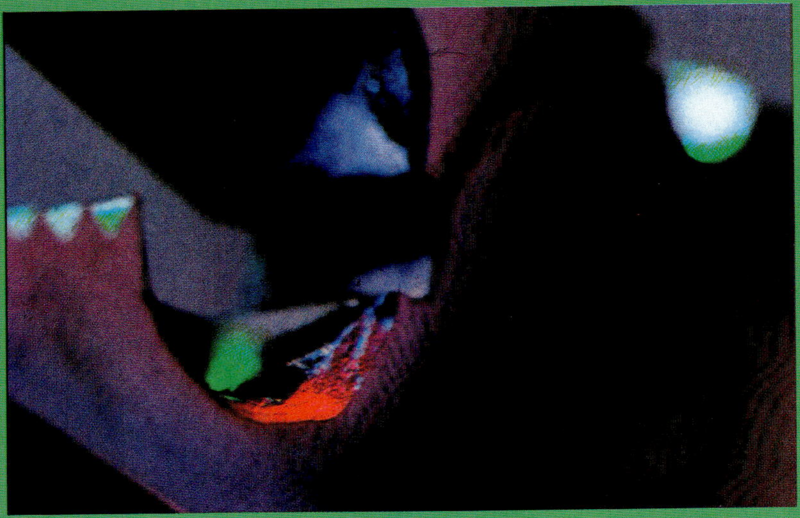

Faszinierende Romantik des Technischen! Experimental-Gestaltungen mit farbigem Licht.
Oben: Detail einer Zange. Beleuchtung: Rote und grüne Strahlerlampe in Verbindung mit Tageslicht (Kunstlichtfilm). Links: Detail eines Klemmstativs.

Rechte Seite: Rotlicht: Gegenlichtaufnahme. Diese Abbildungen vom gleichen Motiv, aber in unterschiedlichen Farben auf einer Doppelseite steigern sich gegenseitig in ihrer Wirkung.
Rechts oben: Schnitt durch einen spotbeleuchteten Blaukrautkopf: Der Hintergrund wurde mit einem roten und einem darüber gesetzten blauen Lichtkreis betont, so daß sich die Silhouette des Kopfes deutlich davor abhebt. Um sie interessanter zu machen, wurde dann ein Weißlicht-Spotkreis in ihre Mitte gesetzt, in dem die Struktur der Schnittfläche erkennbar wird.
Unten: Rote Sterne – rote Schlußlichter, aufgenommen durch einen Stern-Effekt-Vorsatz.

Umseitig befinden sich mit je einer Comptalux-lampe im Gegenlicht farbig bestrahlte Motive.
Linke Seite oben: Dem eintönigen Grün wird ein Gegengewicht in Form von neutralem Schwarz (Schatten, rechts Bild) oder Weiß (»aufgefressene« Lichter durch extreme Überbelichtung, linkes Bild) gegenübergestellt.

Unten: Gegenlichtaufnahme mit gelbem Schaufensterstrahler.
Rechte Seite: Rotlicht-Gegenlichtaufnahme. Diese Abbildungen vom gleichen Motiv, aber in unterschiedlichen Farben auf einer Doppelseite steigern sich gegenseitig in ihrer Wirkung.

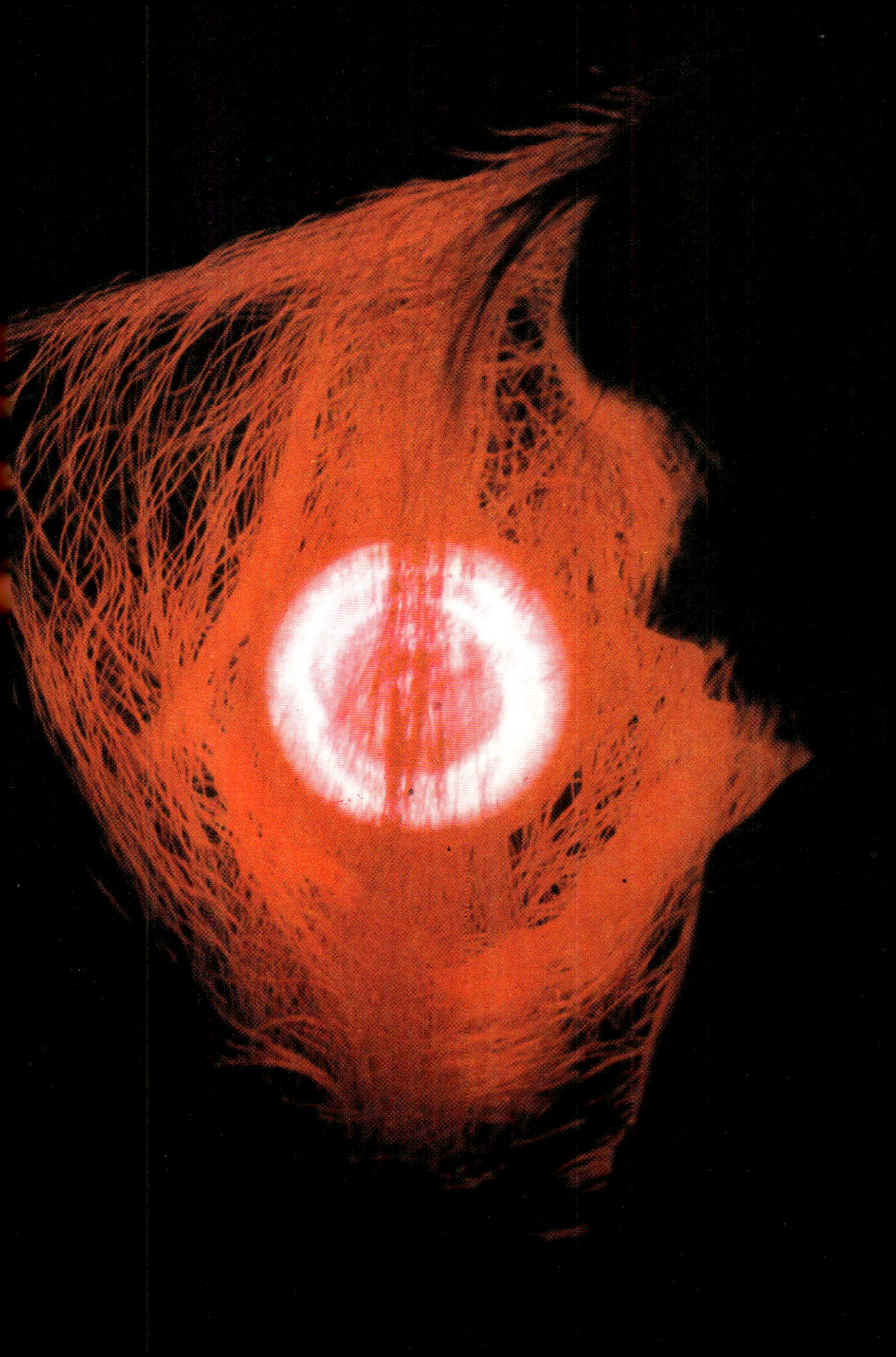

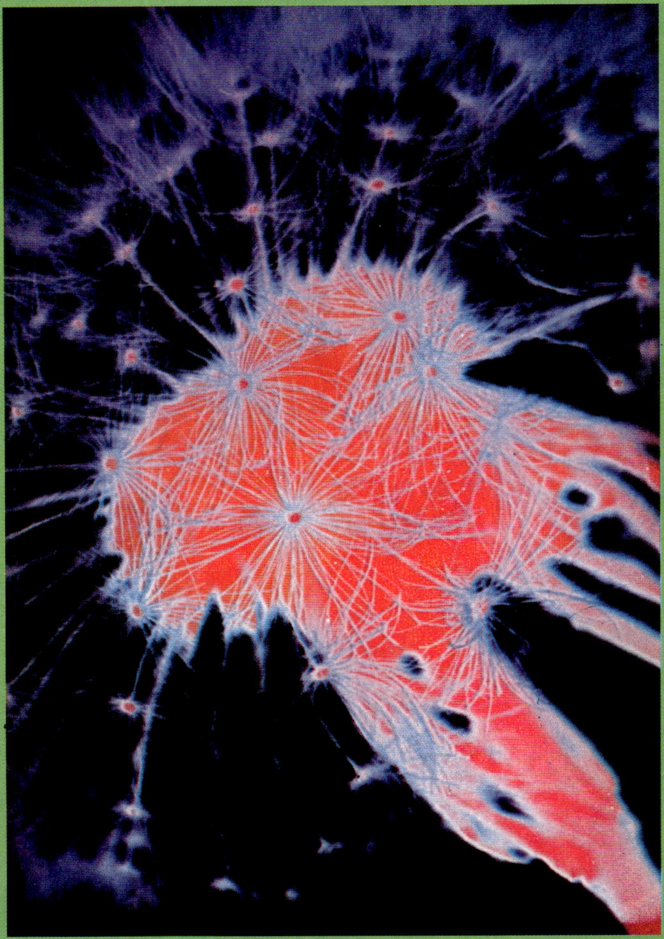

Oben: Dokumentfilm-Negativ, mit Diafilm reproduziert. Eine Fläche im Hintergrund wurde rot, das Silberbild mit stark streifend einfallendem Blaulicht beleuchtet.

Rechte Seite: Sandwichdia:
Dia 1: »Genußsüchtige Kettenraucherin«. Effektporträt mit grün gefiltertem Blitzlicht auf Farb-Infrarotfilm. Charakteristischerweise kommt die Glut der Zigaretten extrem deutlich heraus (Infrarot-Film-Effekt).
Dia 2: Total überbelichtete Farblicht-Vario-Effekt-Aufnahme von Sektgläsern.

Unserer Tabelle können wir also entnehmen, daß in der sphärischen Projektion alle geraden Linien, die den Bildmittelpunkt schneiden, genauso geradlinig wiedergegeben werden wie in der zentralperspektivischen Wiedergabe. Daher unterscheidet sich die Fisheye-Aufnahme eines Motives, dessen Hauptlinien auf die Mitte zu hinstreben, sehr wenig von einem normalen Foto. Nur noch am Verstülpungseffekt – daran also, daß die an den Rändern abgebildeten Details in kleinerem Maßstab wiedergegeben werden als die in der Bildmitte – ist die sphärische Projektion zu erkennen. Einschlägige Motive wären etwa:

Verhalten gerader Linien bei verschiedenen Formen perspektivischer Darstellungen:

Linien im Objektraum	Wiedergabe bei normaler Zentralperspektive	Wiedergabe bei sphärischer Perspektive	Wiedergabe bei zylindrischer Perspektive (Querformat)	Wiedergabe bei zylindrischer Perspektive (Hochformat)
Waagerechte Linien, die Horizontale schneidend (teilen immer Bild in obere und untere Hälfte)	gerade waagerecht	gerade waagerecht	gerade waagerecht	gerade waagerecht

◀ Porträt mit vor dem Gesicht flatterndem grünen Schal, Halogen-Aufnahmelampe, Tageslichtfilm, Belichtungszeit 1/15 sec.

Linien im Objektraum	Wiedergabe bei normaler Zentralperspektive	Wiedergabe bei sphärischer Perspektive	Wiedergabe bei zylindrischer Perspektive (Querformat)	Wiedergabe bei zylindrischer Perspektive (Hochformat)
Lotrechte Linien die Aufnahmeachse schneidend (teilen immer Bild in eine linke und rechte Hälfte)	gerade lotrecht	gerade lotrecht	gerade lotrecht	gerade lotrecht
Waagerechte Linien parallel zur Bildfläche, aber die Aufnahmeachse nicht schneidend (Überall im Bild vorhanden, nur nicht in der Mitte)	gerade waagerecht	in der oberen Bildhälfte nach oben, in der unteren nach unten hin durchgebogen	in der oberen Bildhälfte nach oben, in der unteren nach unten hin durchgebogen	gerade waagerecht
Lotrechte Linien parallel zur Bildfläche, aber die Aufnahmeachse nicht schneidend (Überall im Bild vorhanden, nur nicht in der Mitte)	gerade lotrecht	in der linken Bildhälfte nach links, in der rechten nach rechts durchgebogen	gerade lotrecht	in der linken Bildhälfte nach links, in der rechten nach rechts hin durchgebogen
Waagerechte Linien in die Raumtiefe verlaufend, Aufnahmeachse nicht schneidend	gerade schräg	schräg und durchgebogen	schräg und durchgebogen	gerade schräg
Lotrechte Linien infolge Verkantung der Kamera nicht parallel zur Filmebene und auch die Aufnahmeachse nicht schneidend	gerade schräg	schräg und durchgebogen	gerade schräg	schräg und durchgebogen

Linien im Objektraum	Wiedergabe bei normaler Zentralperspektive	Wiedergabe bei sphärischer Perspektive	Wiedergabe bei zylindrischer Perspektive (Querformat)	Wiedergabe bei zylindrischer Perspektive (Hochformat)
Bemerkungen	–	Motiv scheint sich auf die Kamera zu auszustülpen. »Rand-Details« wirken wesentlich weiter entfernt als »Mitten-Motive«.	Vertikale Linien verhalten sich wie bei der normalen, die horizontalen Linien wie bei der sphärischen Projektion. Details am linken und am rechten Bildrand scheinen besonders weit entfernt zu sein.	Horizontallinien verhalten sich wie bei der normalen, Vertikal-Linien wie bei der sphärischen Projektion. Details am oberen und unteren Bildrand scheinen besonders weit entfernt zu sein.

Vignette aus Meyers Handbuch der Ornamentik von 1892. – Links: Normale Reproduktion. Rechts: Reproduktion mit Fisheye von einer normalen, stark vergrößerten Reproduktion, die auf dem Leuchtkasten durchstrahlt wurde.

- Ein Rad mit Speichen. Die Nabe muß in der Bildmitte liegen.
- Blick senkrecht zwischen Bäumen hindurch nach oben.

Fisheye-Reproduktion. Das Objektiv war auf ein Detail in der Randzone der Vignette ausgerichtet.

- Blick senkrecht an Tempelsäulen entlang nach oben ins Gebälk. Schon bei geringen Abweichungen von der Senkrechten bekommen die Säulen »Bäuche«.

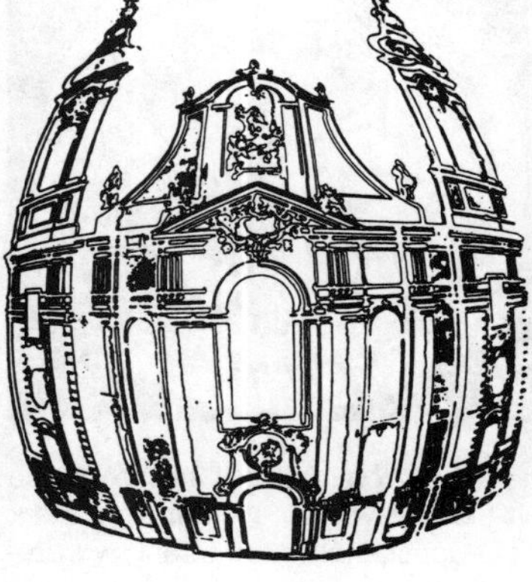

Fotografieren wir aber zwischen Wolkenkratzern ebenfalls senkrecht nach oben, so würden zwar die Mauerkanten im Bilde gerade bleiben, die waagerechten Linien der Fensterfluchten sich jedoch krümmen.

Und noch etwas: In letzter Zeit habe ich eine ganze Reihe normaler Fotos sphärisch verformt. 18 × 24-Vergrößerungen wurden einfach auf dem Leuchtkasten durchstrahlt und aus etwa 5 cm Abstand per Fisheye reproduziert.

Als Fisheye-Ersatz kann die Spiegelung in einer Christbaumkugel herhalten – zur Not, sehr zur Not sogar! Fotoapparat und Fotograf werden dabei nämlich mit abgebildet. Das unfreiwillige Selbstporträt fällt allerdings um so kleiner aus, je länger die verwendete Brennweite ist. Die Scharfeinstellung kann, wenn keine Spiegelreflex-Kamera zur Verfügung steht, etwas Schwierigkeiten machen, da das Spiegelbild optisch etwas vor der Kugeloberfläche liegt.

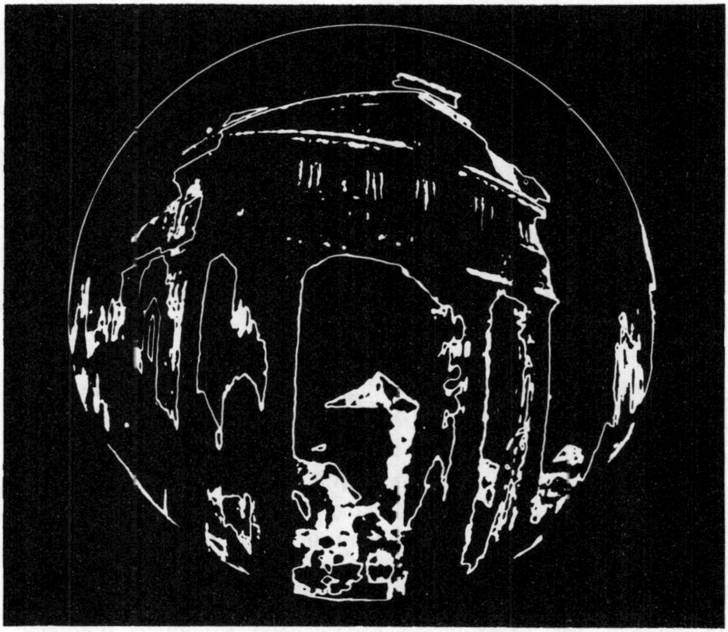

Pseusol-Film-Kopie nach Fisheye-Reproduktion von altem Stahlstich

Telegramm-Information:

- Drei Arten von fotografischer Perspektive sind zu unterscheiden:
  1. Normale Zentralperspektive durch normale Kamera (Projektion auf Fläche)
  2. Sphärische Perspektive durch Fisheye-Objektiv oder -Vorsatz (Projektion auf Kugelfläche)
  3. Zylindrische Perspektive durch (nächster Abschnitt) Panorama-Kamera (Projektion auf Zylinderform)
- Sowohl bei Super-Weitwinkel- als auch bei Fisheye-Aufnahmen geht es darum, möglichst kuriose Maßstabsunterschiede zwischen Vorder- und Hintergrund zu erreichen. Das hängt vom Abstand Kamera-Objekt ab. Je kürzer die Distanz, desto grotesker der Effekt.
  Wenn nötig: Superweitwinkel mit Vorsatzlinsen ausrüsten! Im Bedarfsfalle: Schärfe auf weiter entferntes Detail einstellen und Nahmotive leicht verschwimmen lassen. Also: Für extreme Wirkungen – extrem nahe rangehen!
- Um nachträglich Fotos sphärisch zu verformen:
  Durchleuchtete Vergrößerungen (18 × 24 cm) aus geringem Abstand mit Fisheye reproduzieren.

Die Panorama-Kamera

Ich bin Ihnen noch eine Erklärung schuldig! Gerade habe ich über die zylindrische Perspektive, die die Panorama-Kamera erzeugt, berichtet. Bleibt offen: Was ist überhaupt eine Panorama-Kamera? Es handelt sich dabei um einen Kameratyp, dessen Objektiv sich während der Aufnahme verschwenkt. Was ganz Neues also? Stop – eher was ganz Altes! Das Gerät hatte nämlich bereits vor über 1 1/4 Jahrhunderten Geburtstag!

1844, fünf Jahre nach der offiziellen Erfindung der Fotografie, hatte Friedrich Martens ein bewegliches Objektiv auf einer Achse angebracht. Der Bildwinkel dieser Aufnahmevorrichtung betrug beachtlicherweise 155°. Damit die mit dem Objektiv verschwenkte Aufnahmeachse in jeder Drehphase senkrecht zum lichtempfindlichen Projektionsgrund stehen konnte, mußte die damals als Aufnahmematerial verwendete Daguerre'sche Silberplatte halbkreisförmig gebogen werden. Das machte Schwierigkeiten. 1894 wurde in Amerika die ursprünglich europäische Erfindung patentiert. Inzwischen hatte das Verfahren an praktischem Interesse gewonnen, weil mittlerweile der gut zu biegende Rollfilm auf den Plan getreten war.

Anno 1899 brachte die Kodak das Panorama-Kamera-Modell Nr. 4 für 9 cm breiten Rollfilm auf den Markt. Der Bildwinkel betrug 142° (3 B). Die Modelle Nr. 1 und 3a (1920) wurden/werden mit Rollfilm gefüttert. Die Kameratypen sind teilweise heute noch in Gebrauch.

Ein gewisser, wenn auch geringer Bedarf an Panorama-Kameras ist nach wie vor vorhanden, und so wird – auch von Außenseiter-Herstellern immer wieder einmal ein Modell angeboten. Unter den Kleinbildkameras ist die russische Horizont die bekannteste und auch die verbreitetste. Ich stelle ein etwas älteres Modell, das ich recht gut kenne, vor: Das Fixfocus-Objektiv 2,8/28 mm bewegt sich während des Belichtungsprozesses schwenkend auf einer Zylinderschale von links nach rechts. Es erfaßt bei der üblichen querformatigen Aufnahme einen horizontalen Bildwinkel von 120° und einen vertikalen von 45°. Bei allen Verschlußzeiten läuft der Objektivschwenk in etwa 1/3 sec ab. Die Abstimmung auf 1/30,

1/125 oder 1/250 sec Belichtungszeit wird bewirkt durch Verstellen der Breite des vor dem Film vorbeigleitenden Schlitzes. Belichtungszeit wie Blende lassen sich nur einstellen, wenn die Kamera aufgezogen ist. Die Blendenskala erstreckt sich von 2,8 bis 16. Mein Gerät neigt zu etwas knapper Belichtung – weswegen ich regelmäßig 1/2 Blendenstufe zugebe. Blitzaufnahmen sind – zumindest mit normalen Blitzlichtquellen – nicht möglich. Die langsame Bewegung des Schlitzes ließe dabei keine gleichmäßige Bildfeldausleuchtung zu.

Das Bildfeld von 24 × 58 mm ist gut 1,6fach länger als das normale Kleinbildformat. Sowohl zum Vergrößern wie zur Projektion sind 6 × 6-Geräte erforderlich.

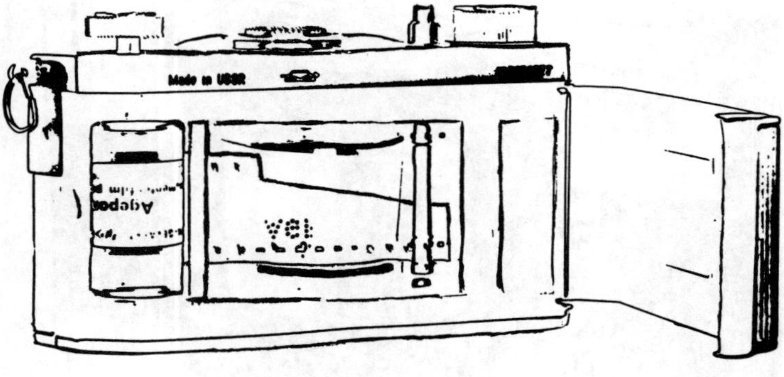

Um den Film in die Kamera zu praktizieren, ist seine Lasche unter einer Führungsrolle an der linken Gehäuseseite durchzuschieben und über die gebogene Filmgleitbahn zu ziehen. Wie bei den historischen Panorama-Kameras wird das in Aufnahmeposition befindliche Filmstück also kreisförmig gekrümmt. An der rechten Kameraseite ist dann die Filmlasche mit Hilfe des Transportknopfes unter der Transporttrommel hindurch und um die Aufwikkelspule herumzuführen und dann in einen Schlitz dieser Spule einzufädeln. Diese Spule kann dann solange gedreht werden, bis die Filmwicklungen straff angezogen sind. Achtung: Beim Filmtransport darauf achten, daß wirklich der Film um die gesamte Bildbreite weiterbewegt wird!

Selbstporträt aufgenommen aus der Hand mit einer Panorama-Kamera. Vom 24 × 58 mm Negativ wurde eine Pseusol-Kopie angefertigt.

Ebenso beim Auslösen nicht hastig aufs Knöpfchen drücken, sondern den Finger so lange drauflassen, bis tatsächlich die kombinierte Objektiv-Verschlußbewegung völlig abgeschlossen ist.

Zum Einstellen des Bildzählwerkes ist der Filmtransportknopf hochzuziehen und das darunterliegende Rad so lange zu drehen, bis im Sucherfenster die rote »21« erscheint. Der Rückspulknopf läßt sich nur betätigen, wenn der Sucher abgenommen wird. Übrigens erfaßt dieser weder den vollen Bildwinkel, noch zeigt er die Krümmung der horizontalen Linien in ausreichendem Maße an. Diese Linien erscheinen um so stärker nach oben oder unten durchgebogen, je näher sie sich am oberen beziehungsweise unteren Rande des Formatfeldes befinden. Linien, die sich durch die Bildmitte ziehen, werden unverbogen wiedergegeben.

In den Sucher ist eine Libelle eingespiegelt. Sie erlaubt es, die Kamera sowohl vom Stativ aus als auch aus der Hand völlig exakt ohne zu verkanten oder zu verdrehen auszurichten. Das ist für den normalen Einsatz dieser Panorama-Kamera bedeutsam.

Da heutzutage nur wenige vertrauten Umgang mit einer Panorama-Kamera pflegen, will ich doch noch kurz auf die normale Anwendung eingehen, bevor wir uns die verrückte vorknöpfen. Normal aber heißt in diesem Falle, daß den Bildern die charakteristische, eben beschriebene Krümmung der waagerechten Linien nicht anzusehen ist. Das ist zu erreichen, wenn folgende 5 Punkte beachtet werden:

1. Die Panorama-Kamera wird für querformatige Aufnahmen eingesetzt.
2. Mittels der Libelle ist die Kamera gerade waagerecht und unverkantet anzuordnen. Dadurch gehört der Horizont genau in die Bildmitte und wird gerade abgelichtet.
3. Landschaftsmotiven, in denen außer dem Horizont keine eindeutig geraden horizontalen Linien vorkommen, ist die ungewohnte Krümmung überhaupt nicht anzusehen.
4. Motive mit Außenarchitektur sind aus möglichst großem Abstand aufzunehmen. Dadurch geraten die waagerechten Linien (Fensterreihen, Firstlinien) in einen Bildfeldbereich nahe der Mitte. Die Krümmungen werden infolgedessen so gut wie völlig unterdrückt. (Das Fixfocus-Objektiv der Kamera gibt unendlich weit Entferntes bei jeder Blendeneinstellung scharf wieder.)
5. Außenarchitektur ist auch möglichst über Eck aufzunehmen. Besonders die Frontflächen naher und somit groß abzubildender Gebäude darf der Sucher nicht im rechten Winkel anpeilen.

Ich muß nun allerdings zugeben, daß auch Architekturfotos mit kräftig durchgebogenen Linien nicht immer unbedingt verrückt wirken müssen. Extrem vergrößert und auch noch dazu aus extrem kurzem Abstand betrachtet, kommen sie uns durchaus normal vor. Wird nämlich unser Auge gezwungen, die gekrümmten Linien mit Kopfbewegungen und Pupillengekullere Stück für Stück abzutasten (Seite 108), dann denkt sich das Gehirn die Krümmungen zu Geraden zurecht. Das gilt insbesondere dann, wenn die Großvergrößerung oder auch die Projektionswand selbst entsprechend kreisförmig gebogen ist. Nebenbei bemerkt: Der Panorama-Effekt läßt sich auch mit Hilfe von Schnittmontagen (Seite 166) aus mehreren Einzelbildern auf die Beine stellen. Allerdings geht es nicht an, etwa mit einem Super-Weitwinkel ein Rundum-Panorama so einfach aus 5 Einzelbildern zusammenzufotografieren. Zwar könnten wir mit den 5 Aufnahmen ohne weiteres einen 360°-Winkel bequem abdecken. Beim Aneinanderreihen der Bilder zu einer langen Panorama-Girlande müßten sich jedoch Schwierigkeiten ergeben. Die Motiv-Anschlüsse an den Bildrändern paßten nicht zusammen. Linien, die eigentlich geradlinig oder in schwungvollem Bogen von einem Bild ins andere übergreifen sollten, würden an den Nahtstellen spürbar einknicken. Diese Knicks fallen um so schwächer und unauffälliger aus

- je mehr Bilder (»langbrennweitige« Aufnahmen oder Mittelfeldausschnitte von »kurzbrennweitigen«) zur Komposition des Panorama-Bildes herangezogen werden,
- je länger die Aufnahme-Brennweite und je geringer damit der vertikale Bildwinkel ist, den das Objektiv umfaßt.

Unter der Voraussetzung, daß die Einzelaufnahmen im Querformat mit dem Standard-Objektiv aufgezeichnet werden, genügen für die Aufgliederung eines Landschaftspanoramas 10 Bilder. Für Architektur-Panoramen ist eine 12- oder mehrteilige Komposition vorzuziehen.

Mit Panorama-Kameras läßt sich ein Rundum-Panorama aus drei bis vier Einzelaufnahmen zusammenkopieren. Die Motiv-Anschlüsse an den Rändern der zylindrisch-perspektivischen Bilder passen haargenau zusammen.

Es wird aber nun wirklich Zeit, einige verrückte Anwendungen der Panorama-Kamera durchzusprechen. Wie Fisheye-Objektive verursachen auch Panorama-Kameras bei besonders nahen Objekt-Abständen besonders eindrucksvolle Krümmungseffekte und ebenso besonders übertriebene Maßstabs-Unterschiede zwischen tiefgestaffelten Objekt-Details. Das Fixfocus-Objektiv der »Horizont« läßt bei Blende 16 eine Mindest-Distanz zwischen Kamera und Objekt von 1 m zu.

Schärfentiefen-Tabelle für Horizont-Panorama-Kameras
Blende Schärfentiefe bei Auflösungsvermögen 1/20 mm (laut Gebrauchsanweisung)

2,8	5,50 m bis ∞
4	3,90 m bis ∞
5,6	2,90 m bis ∞
8	2 m bis ∞
11	1,50 m bis ∞
16	1 m bis ∞

Mich hat es nun nicht so sonderlich befriedigt, daß ich nur 1 m nahe ran ans Objekt konnte – und das auch praktisch nur bei »Sonne, im Sommer, im Freien«. Deshalb habe ich mir von meinem Optiker drei Sammellinsen von 1, 4 und 10 Dioptrien zu 16 × 16 mm großen Quadraten zuschneiden lassen. Die werden mit Hansaplast auf den der Kamera beigegebenen UV-Sperrfilter geklebt und so vor das Objektiv praktiziert. (Weiter mitgeliefertes Zubehör für die »Horizont«: Grünfilter, Drahtauslöser, Handgriff, Stativschraube!)

Zwar scheinen auf den ersten Blick 10 Dioptrien für eine Vorsatzlinse etwas reichlich zu sein. Aus Gründen der Abbildungsqualität werden ansonsten meist Linsen zwischen 1/2 und 5 Dioptrien zur Anpassung von Objekten an den Nah- und Lupenaufnahmebereich herangezogen. In diesem Falle aber verwenden wir ja nur das kleine Mittelstück einer großen Linse. Die Randzonen, die starke optische Verzeichnungen zu erzeugen pflegen, fehlen. In der Tat haben meine Tests in allen Fällen eine durchaus zufriedenstellende Abbildungsqualität ergeben. Hier eine Übersicht:

Plus-Dioptrien	Abstand Schwenkzylinder–Objekt	Verkleinerung etwa	erfaßtes Motivfeld in cm etwa
1	100 cm	32fach	77 × 186
4	25 cm	8,7fach	21 × 50
5 (1 + 4)	20 cm	6,9fach	16,5 × 40
10	9,4 cm	3,6fach	8,5 × 21
11 (1 + 10)	8,1 cm	3,1fach	7,5 × 18
14 (4 + 10)	6,7 cm	2,5fach	6 × 14,5

Natürlich braucht auch auf Panorama-Fotos nur ein winziges Detail scharf zu erscheinen. Dessen Abstand von der Schwenkzylinder-Oberfläche sollte jedoch unbedingt mit dem Zentimetermaß ermittelt werden.

Die Nahlinsen erlauben es uns erst, Porträts, Blüten, Modell-Darstellungen, Bauklotzgebäude oder Gefäße in zylindrischer Perspektive darzustellen. Ich lade auch ganz gerne die Panorama-Kamera mit Dokumentfilm (Seite 162) und deformiere damit auf fotografischem Wege alte Grafiken, Grundrisse und Schriften. Selbstverständlich lassen sich auch Fotos mit der »Horizont« reproduzieren.

Besonders interessant: Zylindrisch-perspektivische Fotos nochmals zylindrisch-perspektivisch aufnehmen und das Ergebnis dann nochmals zylindrisch-perspektivisch aufnehmen und das Ergebnis nochmals ... nochmals ... nochmals ...

Um nochmals auf das Fisheye zurückzukommen: das kann in eine halbkugelige Schmuck-Schale hineinkriechen und deren Dekor derart aufzeichnen, daß das fertige Bild so tut, als wäre seine Vorlage eine völlig ebene Fläche gewesen!

In entsprechender Weise kann die Panorama-Kamera jede zylindrische Hohlform – mit Ausnahme eines zylindrisch gezierten Hohlkopfes – fotografisch in eine Fläche auseinanderbiegen.

Einmal ganz abgesehen von der Nahaufnahme: Leicht bis total verrückte Effekte entstehen auch dann, wenn die für die querformatigen Aufnahmen vorgesehene Kamera dazu übergeht, hoch- oder gar schrägformatige Bilder zu produzieren. Dankbare Objekte sind Plakatsäulen, Türme, Fabrikschornsteine, Telegrafenmasten. Sollten Sie Schienenstränge oder Autobahnen, die sich in der Ferne verlieren, im Hochformat konterfeien wollen, dann nehmen Sie bitte einen möglichst tiefen Kamerastandpunkt ein, damit die zylindrische Wölbung der Geraden auch schön brav herauskommt. Daß der Aktfotograf mit der Panorama-Kamera und Vorsatzlinsen selbst dort Rundungen hinzuzaubern vermag, wo der in normaler Perspektive abbildende Apparat nur allzu Flächiges vorfindet, das versteht sich ja wohl von selbst!

Die Möglichkeiten der üblichen Horizontal-Panorama-Aufnahme wurden bereits (Seite 126) erwähnt. Neu und aufregend zugleich sind jedoch totale Vertikal-Rundum-Panoramen. Am besten werden sie aus Berg- oder Straßenschluchten geschossen. Mit drei bis höchstens vier Aufnahmen kommen wir gut einmal rundherum. Natürlich muß der die Kamera haltende Fotograf in das den Himmel, die linke Seite, den Boden, die rechte Seite umgreifende Panorama mit einbezogen werden. Fast hätte ich's vergessen: Die Horizont-Kamera ist wie alle Panorama-Geräte eine Schlitzverschlußkamera. Zu den im einschlägigen Kapitel (Seite 36) erwähnten Tricks (verzerrte Wiedergabe von Fahrzeugen, Phasenaufnahmen per Mehrfachspiegelung) eignet sie sich wegen der langsamen Verschlußablaufzeit von 1/3 sec besonders gut.

Das Verrückteste an Panorama-Verrücktheiten habe ich jedoch bis jetzt aufgespart: Die Wirklichkeit erleidet erhebliche Verrenkungen, wenn Sie die »Horizont« während der Aufnahme bei möglichst kurzer Verschlußzeit schwungvoll drehen. Die zarten Ausbuchtungen der Linien werden zu rasanten Kurvenformen. Bei längeren Belichtungszeiten treten auch die bereits gut bekannten kreisförmigen Verwischungen auf.

Telegramm-Information:

- Panorama-Kameras besitzen Objektive, die sich selbsttätig verschwenken. Sie erfassen einen Bildwinkel von etwa 120°. Das Filmformat ist länger als üblich – beispielsweise 24 × 58 mm. Schwenkende Objektive rufen eine zylindrische Perspektive hervor. Alle waagerechten Linien bis auf eine, die das Bild in der Mitte schneidet, werden mehr oder minder nach oben oder unten durchgebogen.
- Soll die zylindrische Verzerrung unterdrückt werden:
  1. Querformat wählen,
  2. Kamera absolut waagerecht halten (Libelle im Sucher),
  3. Möglichst großen Objektabstand wählen (Objekte klein und damit nahe der Mittellinie abbilden!),
  4. Architektur möglichst über Eck aufnehmen.
     Reiner Landschaft ist die zylindrische Perspektive so gut wie nicht anzusehen.
- Verrückte Effekte:
  1. Nahaufnahmen machen (Porträts, Repros). Das geht nur mit quadratisch geschnittenen Brillengläsern mit ca. 1 bis 10 Plus-Dioptrien. Bei Blende 16 reicht Schärfentiefe ohne Linse bis 1 m.
  2. Statt Querformat-, Hochformataufnahmen machen (Türme, Fassaden, Rundum-Vertikal-Panoramen).
  3. Schlitzverschlußtricks (Seite 41) durchführen.
  4. Kamera schnell um die Aufnahmeachse verdrehen.

Breitwand-Verzerrungen mit dem »Breitwand-Objektiv«

Objektivvorsätze, die je nach Drehstellung vor dem Objektiv das Motiv um den Faktor 1,5 (oder auch 2) zusammenquetschen, so daß es übersteigert schlank erscheint, oder aber auseinanderziehen, so daß es dick aufgequollen wirkt – solche Vorsätze werden als Anamorphoten bezeichnet. Das Haus Isco (Göttingen) hat lange Zeit neben Fachanamorphoten für den Kinobedarf auch erschwingliche Anamorphoten bzw. anamorphotische Systeme für fotografische Zwecke geliefert. Bekannt ist insbesondere die Iscorama-Ausrüstung bestehend aus einem Grundobjektiv für die Aufnahme, einem Projektionsobjektiv und einem Breitbild-Vorsatz (Zylinder-Linsen-Satz) der wahlweise vor eines der beiden Objektive gesetzt wird. Inzwischen ist die Produktion der Breitbild-Vorsätze eingestellt worden. Es sind nur noch Restbestände zu haben. Wenn auch die vergriffen sein werden, dann dürften nur noch die erheblich kostspieligeren Kino-Vorsätze zu erwerben sein. Der Iscorama Breitbild-Vorsatz läßt in Verbindung mit dem zugehörigen Aufnahmeobjektiv (das angepaßt an verschiedene Kamerasysteme geliefert wird) interessante Tricks zu. An sich war jedoch die dreiteilige Iscorama Ausrüstung als kombiniertes Spezial-Aufnahme- und Projektions-System entwickelt worden. Normalerweise wird der Breitwand-Vorsatz bei der normalen Aufnahme und der normalen Wiedergabe in Normalstellung gedreht. In diesem Falle tun die Dias so, als ob sie etwa in der Höhe mit einem 50-mm-Objektiv, in der Breite mit einem 35-mm-Objektiv aufgenommen worden wären. Die Bilder sind also um 50 % breiter als üblich. Da jedoch dieses Breitwandbild im Format 24 × 36 mm untergebracht werden muß, bleibt keine andere Wahl, als die Motiv-Details zusammenzuquetschen. Mit bloßem Auge betrachtet oder im Normal-Projektor vorgeführt, erscheinen in einem Iscorama-Bild alle Einzelheiten schmäler und damit auch höher als in Wirklichkeit. Ein Bergfried etwa von 40 m Höhe und 9 m Breite wird so abgebildet, als ob er zwar 40 m hoch, aber eben nur 6 m breit wäre. Bei der Iscorama-Projektion werden die zusammengedrängten Motive wieder auseinandergezogen. Das Verhältnis Bildbreite zu -höhe liegt dann bei 2,25 : 1. Im Vergleich dazu das Seitenverhältnis der üblichen Klein-

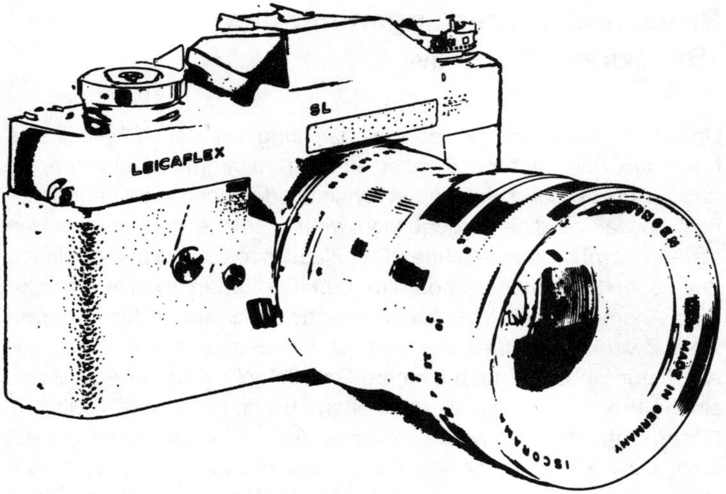

Kamera mit Iscorama-Objektiv

bilder: 1,5 : 1. Der Sinn des Iscorama-Verfahrens: Breite Projektionsbilder sollen, ganz ähnlich wie Breitwandfilme, eine betont räumlich-plastische Illusion erwecken. Das gelingt besonders dann, wenn die Betrachtungsdistanz günstig ist. Sie soll die Bildbreite höchstens um das Doppelte überschreiten.

Der räumliche Effekt kommt natürlich auch zustande, sobald ein konventionelles Dia durch Projektion entsprechend gewaltig aufgepustet wird. Das setzt allerdings die Verwendung eines lichtstarken Hellraum-Projektors voraus. Die Bildhöhe überragt nämlich bei Nahbetrachtung unser längs-rechteckiges Bildfeld bei weitem. So wird Projektionslicht an Bildteile verschenkt, die wir gar nicht ansehen. Was jedoch oben und unten am Bild zuviel dranhängt, das fehlt links und rechts.

Beispiel: Nehmen wir an, ein normales Bild könnte mit ausreichender Helligkeit zwei Meter breit projiziert werden. Wir brächten also Zuschauer im Raum zwischen etwa 1 m und 2 m Abstand von der Bildwand unter. Das Iscorama-Bild würde bei gleichen Leuchtdichte-Verhältnissen eine Projektionsbreite von etwa 2,70 m ermöglichen. Der Raum, in dem die Zuschauer den Breitwandeffekt noch einwandfrei wahrnähmen, würde sich nun auf das ca. 1,7fache (1 bis 2,70 m) erweitern. (Dieses Beispiel berücksichtigt einen gewissen Lichtverlust, den der Vorsatz A bei der Projektion verursacht.)

Interessanterweise sind Breitwanddarstellungen viel älter als die Fotografie. So hat Albrecht Dürer viele seiner Landschaftsbilder in einem überlangen Querformat angelegt. In diesem Zusammenhang möchte ich Sie besonders auf sein 1496 entstandenes Aquarell »Nürnberg, von der Westseite gesehen« aufmerksam machen. (Es befindet sich in der Bremer Kunsthalle.) 16,3 × 34,4 cm groß kommt es mit seinem Seitenverhältnis von 2,11 : 1 dem Iscorama-Format verblüffend nahe. Nehmen wir an, daß der durchaus nicht ungewöhnliche Betrachtungsabstand von etwa 25 cm vorgesehen wäre, so käme eine beachtliche Illusion des räumlichen Eindrucks zustande. Dieser wird kräftig unterstrichen von den dargestellten Schatten, die auf seitlichen Lichteinfall schließen lassen. Daß der Horizont, wie in vielen Dürerschen Landschaften, eine Linie umspielt, die das Bild ziemlich genau in eine obere und eine untere Hälfte zerteilt, legt die Vermutung nahe, daß der Künstler das Bild nicht frei nach Augenmaß hergestellt, sondern perspektivische Konstruktionshilfen benutzt hat (Seite 111).

Die Entfernungseinstellung nach dem Reflex-Sucherbild fällt mir, wenn das Motiv so zusammengedrückt ist, nicht ganz leicht. Ich schwenke dazu lieber die Kamera in Hochformat-Position. Dann

»Breitwand-Aquarell« von Albrecht Dürer: »Nürnberg von der Westseite gesehen« (um 1496).

erscheint das Motiv übertrieben breit. Ich habe den Eindruck, als ob das eine viel, viel bessere Schärfenkontrolle ermöglicht. Erklären kann ich Ihnen und mir selbst diese Erscheinung leider nicht. Fotografieren wir ein Motiv derart in die Breite gequollen – eben bei Hochformatstellung der Kamera oder indem wir einfach den Vorsatz A um 90° drehen –, dann haben wir es bereits mit einer ziemlich verrückten Anwendung des Iscorama-Objektives zu tun. Noch verrückter wird's allerdings, wenn wir den Vorsatz nur so um 45° verdrehen. Dann nämlich werden unsere Motive schräg verzerrt. Das kann gelegentlich geradezu irrsinnig komisch aussehen.

Ich »iscoramiere« gerne Schriften, grafische Darstellungen, andere Fotos (Fisheye- und Panorama-Kamera-Aufnahmen) und auch Motive vor ruhigem hellem oder dunklem Hintergrund oder auch vor der Himmelsfläche. In diesen Fällen wird nämlich nur das Hauptmotiv verzerrt. Um korrekt zu sein: natürlich erstreckt sich die Verzerrung auch auf den Hintergrund – nur dem sieht man es nicht an!

Jetzt bei der letzten Durchsicht des Manuskriptes fällt mir noch eine Gestaltungsmöglichkeit ein, die ich allerdings vor Drucklegung nicht mehr selber auszuprobieren vermag. Bekanntlich kann der Hintergrund hinter einem kleineren Motiv auch ein Rückprojektionsbild sein. Üblicherweise wird es mit der Projektionslichtquelle oder mit Blitz (18 A) auf einer Wand aus Transparentpapier entworfen.

So dürfte es reizvoll sein, ein verzerrtes Iscorama-Projektionsbild zu verwenden, das durch die gegenläufige Position des Iscorama-Aufnahme-Anamorphoten (zwei Vorsätze A sind also nötig) wieder neutralisiert wird. Der verzerrt projizierte Hintergrund erscheint dann unverzerrt. Das unverzerrte Objekt im Vordergrund wird hingegen im Bild komplett deformiert wiedergegeben.

Nun ist also bereits das Stichwort »Projektion« gefallen. Normale Dias können in der Iscorama-Projektion gedehnt, gedrückt und schräg verzerrt werden. Motive auf Iscorama-Dias erscheinen je nach Drehstellung des Zylinder-Linsen-Vorsatzes normal, windschief verzerrt oder aber extrem zusammengepreßt. (Um den Faktor 1 : 2,25, wenn sich Aufnahme und Projektions-Verzerrung addieren!) Ganz lustig sieht es aus, wenn wir den Vorsatz während der Projektion langsam von normal auf verrückt drehen. Dabei wandelt sich auch das längsrechteckige Bild in ein quadratisches.

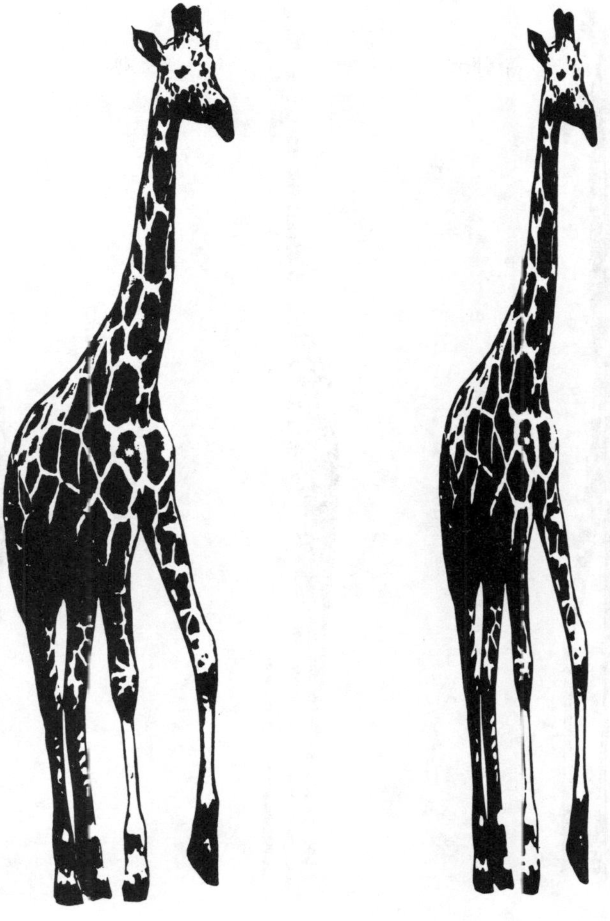

Die Geschichte von der Giraffenzucht
Links: Langhals-Giraffe (1. Reproduktion mit Anamorphoten: Verzerrung in die Höhe). Rechts: Groß-Langhals-Giraffe (2. Reproduktion).

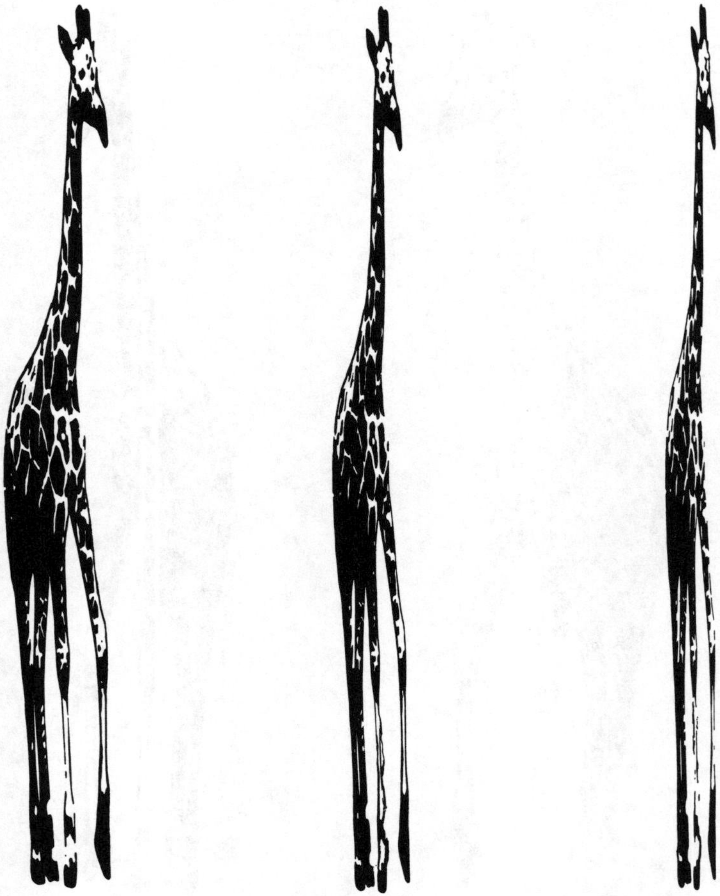

Links: Super-Groß-Langhals-Giraffe (3. Reproduktion). Mitte: Spezial-Super-Groß-Langhals-Giraffe (4. Reproduktion). Rechts: Maxi-Spezial-Super-Groß-Langhals-Giraffe (5. Reproduktion).

Rechte Seite:
Oben links: Kurzhals-Giraffe (1. Reproduktion mit Anamorphoten: Verzerrung in die Breite). Darunter: Klein-Kurzhals-Giraffe (2. Reproduktion). Rechte Reihe von oben: Zwerg-Klein-Kurzhals-Giraffe (3. Reproduktion). Spezial-Zwerg-Klein-Kurzhals-Giraffe (4. Reproduktion). Mini-Spezial-Zwerg-Klein-Kurzhals-Giraffe (5. Reproduktion).

Zu den beiden Bildern auf dieser Seite:
Trotz der naturgemäß damit verbundenen Schwierigkeiten wurde eine Kreuzung der Maxi-Langhals- mit der Mini-Kurzhals-Giraffe versucht. Das Ergebnis: eine ganz normale Giraffe.

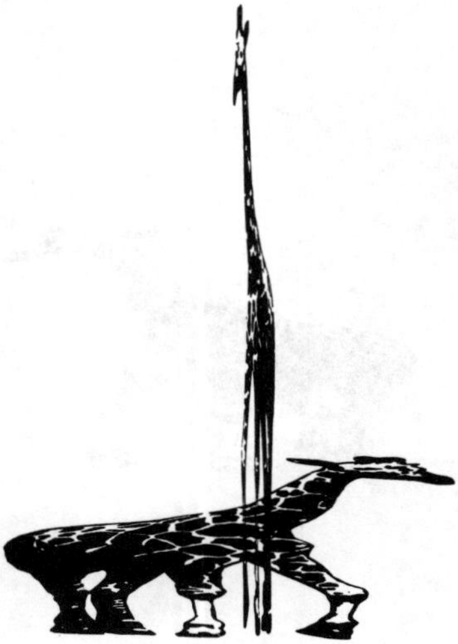

Natürlich läßt sich eine verzerrte Schwarzweiß- oder Farbnegativ-Aufnahme durch – gegebenenfalls – mehrfache Reproduktion praktisch unbegrenzt in die Länge ziehen.

Ausdehnen oder Zusammendrücken des Motivs durch Reproduktion:

Erstaufnahme		1,5fach	4. Reproduktion	ca.	7,6fach
1. Reproduktion		2,25fach	5. Reproduktion	ca.	11,4fach
2. Reproduktion	ca.	3,4fach			
3. Reproduktion	ca.	5fach			

Zum Reproduzieren ist eine Vorsatzlinse notwendig. Der Einstellbereich des Iscorama-Objektivs erstreckt sich nur zwischen 2 m und unendlich. Ich benutze für Nahaufnahmen wie für Reproduktionen stets eine +4-Dioptrien-Linse der B+W-Filterfabrik. Das aufgezeichnete Objektfeld umfaßt etwa 27 × 12 cm. Zwischenringe oder Balgengeräte ergeben in Verbindung mit dem Iscorama-Vorsatz keine scharfen Abbildungen. Da die Bildweite nicht beliebig vergrößert werden kann, ist es auch schwierig, den Spezial-Objektiv-Satz an Vergrößerungsgeräte anzupassen. Das geht nur dann, wenn der Abstand Objektiv–Negativ genau so groß oder besser so gering gehalten werden kann wie bei der Aufnahme. Um dann das Projektionsbild scharf auf das Grundbrett einzustellen, sind unbedingt Sammellinsen erforderlich.

1. bis 5. Iscorama-Kopie der Fisheye-Reproduktion einer Schrift. Wie auch für die anderen Iscorama-Reproduktionen wurde eine Vorsatzlinse (4 Dioptrien) benutzt.

Ich habe nun auch probiert, zwei zylindrische Vorsätze (A+A+B) zur Aufnahme heranzuziehen. Grundsätzlich ist das möglich! Wir erzielen damit auf direktem Wege eine Verzerrung mit dem Faktor 1:2,25. Leider ist es etwas schwierig, den zweiten Vorsatz am ersten anzubringen. Außerdem treten starke Vignettierungen auf. Es läßt sich nur ein sehr geringer Teil des gesamten Bildfeldes ausnutzen.

Um nun die auf den ersten Blick komplizierten Zusammenhänge zwischen Iscorama-Aufnahme und Projektion beziehungweise Reproduktion etwas zu verdeutlichen, habe ich für Sie noch eine ausführliche Übersicht zusammenkomponiert:

Verzerrung durch Breitwand-Vorrichtung – Projektion oder Reproduktion:

	Normal		Iscorama		Iscorama 90° verdreht	
Aufnahme ▼	Seitenverhältnis	Verzerrung	Seitenverhältnis	Verzerrung	Seitenverhältnis	Verzerrung
normal	normal	keine	überbreit	breit	quadratischt	hoch
Querformat	1,5:1		2,25:1	1,5fach	1:1	1,5fach
normal	normal	keine	quadratisch	breit	überhoch	hoch
Hochformat	1:1,5		1:1	1,5fach	1:2,25	1,5fach
Iscorama normal	normal	hoch	überbreit	keine	quadratisch	hoch
Querformat	1,5:1	1,5fach	2,25:1		1:1	2,25fach
Iscorama normal	normal	hoch	quadratisch	keine	überhoch	hoch
Hochformat	1:1,5	1,5fach	1:1		1:2,25	2,25fach
Iscorama 90° verdreht	normal	breit	überbreit	breit	quadratisch	keine
Querformat	1,5:1	1,5fach	2,25:1	2,25fach	1:1	
Iscorama 90° verdreht	normal	breit	quadratisch	breit	überhoch	keine
Hochformat	1:1,5	1,5fach	1:1	2,25fach	1:2,25	

Achtung: Normalstellung des Zylinder-Linsen-Vorsatzes bei der Aufnahme und bei der Projektion bedeutet in diesem Falle: Die beiden Rastknöpfe am Vorsatz müssen sich seitlich links und rechts an der Objektiv-Kombination befinden.

In diagonaler Richtung verzerrte Schrift. Oben die 1., unten die 5. anomorphotische Reproduktion.

Ein ganz verrückter Trick zum Schluß: Verdrehen Sie während einer Langzeit-Belichtung den Zylinder-Linsen-Vorsatz! Werden dabei nur wenige leuchtende Punkte – Nachtaufnahmen von Illuminationen, Reflexe in Gläsern – angepeilt, dann entstehen interessante Strukturen aus gebogenen Linien! Sonst ergeben sich Bilder, die etwa wie Mehrfachbelichtungen sich überlagernder Motive mit Verwischungen aussehen. Selbstverständlich kann der Bildeindruck beliebig gesteuert werden

- durch schnelles oder langsames Verdrehen des Vorsatzes oder auch der ganzen Kamera,
- durch ruckweises oder zügiges Verdrehen,

Mini-Kurzrüssel- und Maxi-Langrüssel-Elefant (5 Reproduktionsstufen)

- durch ein- oder mehrmaliges Pausieren während des Drehens,
- durch einmaliges oder mehrmaliges Dazwischenblitzen – eventuell mit farbig gefilterten Blitzleuchten,
- durch Auswechseln farbiger Filter vor dem Objektiv,
- durch Kombination von Drehbewegung mit einer Eigenbewegung des Objektives oder mit dem Verreißen der Kamera.

Ganz eigenartige Wirkungen entstehen, wenn Rotations-Körper (Seite 75) oder Pendel-Aufnahmen (Seite 72) mit dem sich drehenden Anamorphot-Vorsatz »behandelt« werden.

Telegramm-Information:

- Das Iscorama-Breitwandsystem für einäugige Spiegelreflex-Kameras (mit Wechselobjektiven) besteht aus Zylinder-Linsen-Vorsatz, Aufnahme-Grundobjektiv und Projektions-Objektiv. Die Motive werden bei Normalstellung des Vorsatzes während der Aufnahme um das 1,5fache zusammengedrückt, bei der Projektion um den gleichen Faktor zusammen mit der Kleinbildformatbreite gedehnt.
  Seitenverhältnis des Projektionsbildes 2,25 : 1 (normales Kleinbild 1,5 : 1). Sinn der Dehnung: Bei normalem Betrachtungsabstand wird räumliche Illusion durch Breitwandeffekt erzielt.
- Verzerrungen in der Länge, in der Breite und windschief diagonal sind durch unterschiedliche Drehstellungen des Vorsatzes zu erreichen. Extreme entstehen durch mehrfaches Reproduzieren von Vorlagen, gegebenenfalls auch von Aufnahmen mit sphärischer oder zylindrischer Perspektive.
- Zur Nahaufnahme und Reproduktion unbedingt Vorsatzlinsen benutzen. Balgengeräte und Zwischenringe sind ungeeignet.
- Drehen des Vorsatzes während der Aufnahme ergibt Mehrfachkonturen mit Wischern oder Lichtschlangen-Strukturen. Steuerung des Effektes durch verschiedene Drehgeschwindigkeiten, durch Pausen während des Drehens und durch Einsatz eventuell farbig gefilterten Blitzlichtes.

Lange Brennweite

Sicherlich haben Sie schon lange eine Bemerkung über Objektive längerer Brennweite vermißt. Nun sind aber einmal für Verrücktheiten vor allem die kurz-, superkurz- und ultrakurzbrennweitigen Objektive zuständig.

Nicht etwa, daß »lange Linsen« unbedingt die Welt besonders realistisch wiedergäben. Im Gegenteil!

*Fern*objektive werden sehr häufig zur Aufzeichnung *ferner* Objekte herangezogen, wodurch sich wiederum ziemlich zwangsläufig der typische »*Fern*rohreffekt« ergibt. Das bedeutet: Räumlich tiefgestaffelte Objekte werden im Foto scheinbar in eine Fläche zusammengepreßt. Da wir jedoch heute an grafisch-flächige Foto-Gestaltungen gewöhnt sind, kommen uns Fernrohr-Effekt-Aufnahmen nicht mehr so sonderlich extraordinaire vor.

Der kurzen Rede langer Unsinn: Für die großen Lulatsche unter den Objektiven kann ich Ihnen keine speziellen verrückten Gestaltungstricks nennen! Andererseits stoßen Sie in diesem Buche immer wieder auf Effekte, die am einfachsten mit Objektiven zu bewältigen sind, deren Brennweite mindestens das Zweieinhalbfache der Formatbreite beträgt. Alles, was über unscharfe Hinter- oder Vordergründe (Seite 42) oder auch über Motive mit unscharfen, durchscheinenden Rändern gesagt wird, gehört in den Zuständigkeitsbereich der langen Brennweite. Auch unsere Lichtballons (Seite 52) wie unsere Schablonen-Effekte (Seite 55) geraten besonders gut, wenn wir Fernobjektive verwenden.

Noch vor einigen Jahren steckten wir beispielsweise bis über beide Ohren im »Tele-Zeitalter«. Heutzutage werden wir von der Weitwinkel überrollt. Das bevorzugte Objektiv von morgen? Darauf bin ich bereits jetzt neugierig!

Telegramm-Information:

- Langbrennweitige Objektive eignen sich besonders für die Aufzeichnung von:
  1. ausgeprägten Unschärfenzonen,
  2. unscharfen Objekten mit durchscheinenden Rändern,
  3. Lichtkreisen,
  4. Schablonen-Effekten (Seite 55).

Objektiv-Verstellung

Bei einer Auktion habe ich eine uralte, aber ganz phantastische Holzkamera (90er Jahre des letzten Jahrhunderts) für den sprichwörtlichen Pappenstil erworben. Das Objektiv läßt sich in die Höhe und in die Breite verschieben und dazu noch verschwenken. Heutzutage sind bei den neuesten Fachkameras ab Format 6 × 9 cm die Objektive zu verstellen. Seit einiger Zeit gibt es jedoch auch Wechselobjektive in Verstellfassung, die durch Wechsel-Sockel an die verschiedensten Typen von Kleinbild-Spiegelreflexkameras angepaßt werden können. Das optische System des Schneider-Pa-Curtagon 4/35 mm läßt sich um 7 mm nach jeder Seite hin versetzen. Andere Hersteller liefern »Scheinpflug-Objekte«. Diese lassen sich zusätzlich parallel verschieben.

Da einem »on dit« zufolge auf dem Sektor verstellbarer Kleinbildobjektive noch einiges »im Busche« ist, will ich es bei diesem knappen Bezugsquellen-Nachweis bewenden lassen.

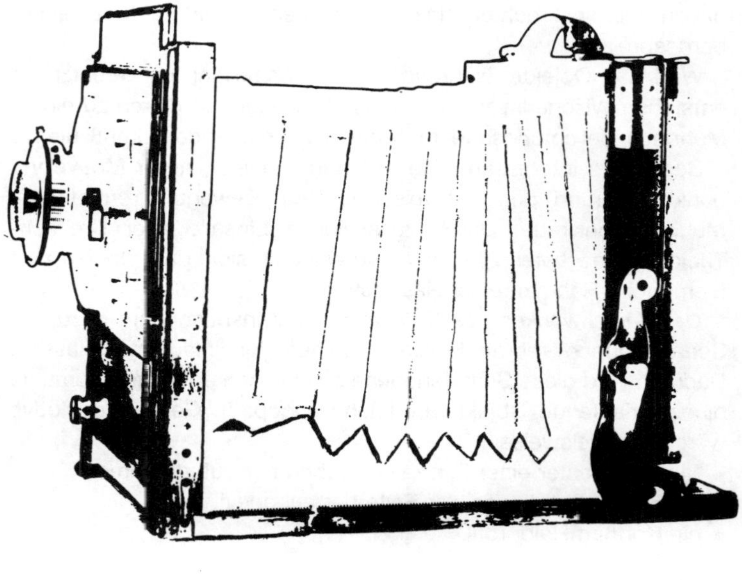

Die parallele Höhen- beziehungsweise Seitenverstellung des Objektives hat folgenden Sinn: Hochgelegene oder auch seitlich versetzte Objekte sollen, ohne daß die Kamera verkantet wird, aufgenommen werden. Die Bilder sehen dann fast so aus, als ob das Objekt frontal von vorne aufgenommen worden wäre. (Bei Schwarzweißaufnahmen helfe ich mir in solchen Fällen mit einem Superweitwinkelobjektiv in Verbindung mit einem niedrigempfindlichen Film. Unter der Voraussetzung, daß eine einigermaßen ausreichende Aufnahmedistanz eingehalten werden kann, bekomme ich mit dem Super-Weitwinkel so ziemlich alle Objekte unverkantet von Kopf bis Fuß aufs Bild. Von dem beispielsweise etwas höher gelegenen Motivdetail, auf das es mir ankommt, wird dann einfach eine Ausschnittvergrößerung angefertigt.)

Es mag Ihnen nun wirklich verrückt vorkommen, wenn ich Ihnen empfehle, die Objektiv-Verstellbarkeit dazu auszunützen, stürzende Linien in besonderer Weise in die Kreuz und Quere auseinanderzuzerren. Nehmen wir an, Sie nehmen ein Hochhaus aufs Korn! Die Kamera steht schon auf dem Boden und ist nach oben verkantet. Wenn Sie jetzt das Objektiv parallel nach unten verschieben, dann müssen Sie das Aufnahmegerät noch etwas mehr nach oben kippen, um das gesamte Objekt aufs Bild zu bekommen. Die Folge davon: Alle senkrechten Linien erscheinen im Bild stark auseinandergespreizt.

Wird das Objektiv während der Aufnahme seitlich versetzt, so entstehen Wischerlinien. Ruckweise Bewegungen führen zu einem Mehrfach-Belichtungseffekt mit parallel verlaufenden Umrißlinien.

Besonders interessant: Die Aufnahme kleiner, heller Motive vor dunklem Grund per ruckweiser Objektiv-Bewegung ergibt eine Multiplikationskette. Durch zusätzlichen Einsatz einer Dreifach-Tricklinse (nächster Abschnitt) verwandelt sich das Objekt zum Element im Rahmen einer Rasterstruktur.

Das Verschwenken des Objektives dient insbesondere dazu, die Schärfenebene schräg in die Raumtiefe hineinlaufen zu lassen. Dadurch wird diese Schärfenebene an eine schräg in die Raumtiefe hineinverlaufende Objekt-Oberfläche angepaßt. Geeignete Motive wären beispielsweise

- Marmorpflaster einer Piazza, von oben her aufgenommen,
- ein Kirchenschiff, von der Seite her angepeilt,
- ein Kopf im Halbprofil.

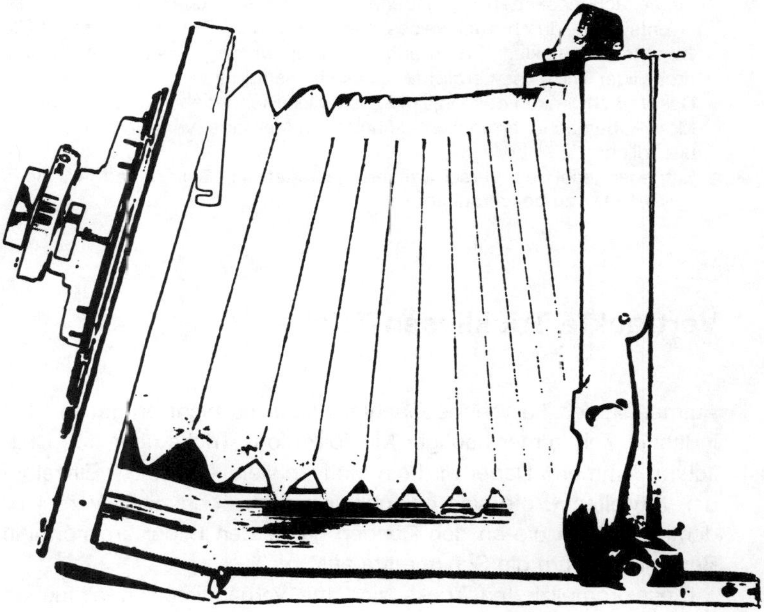

Es kommt darauf an, die Blendenebene des Objektives in Richtung zur Flucht der bildwichtigen Motivteile zu verschwenken. Dann wird alles von ganz nahe bis unendlich scharf abgebildet.

Entgegengesetzt zur Motivebene verschwenkt – und damit sind wir wieder bei der unüblichen Anwendung –, zeichnet das Objektiv nur eine hauchdünne Tiefenraumzone scharf auf. In einer Halbprofilaufnahme kann beispielsweise das eine Auge oder auch nur dessen Pupille scharf herausgeholt werden, während Nase und Ohr bereits in Unschärfe verschwimmen.

Mit Hilfe des Verschwenkens sind im Bedarfsfalle auch unterschiedliche Objektdetails in unterschiedlichen Abständen scharf inmitten eines unscharfen Umfeldes abzubilden.

Telegramm-Information:

- Seitliche oder Höhen-Verstellung von Fachkameras oder Kleinbild-Spezial-Objektiven ermöglicht es einerseits, stürzende Linien geradezurichten, andererseits auch, sie in extrem schräge Lagen zu kippen.

Vervielfachungsketten – gegebenenfalls mit zusätzlichen Wischereffekten – entstehen durch ruckweises Versetzen des Objektes, wenn helle Objekte vor dunklem Grund aufgenommen werden. Zusätzlicher Einsatz dreiteiliger Tricklinsen ergibt Multiplikationsstruktur.

- Das Verschwenken des Objektives parallel (Blendenebene) zur Flucht der Motiv-Oberfläche ermöglicht scharfe Wiedergabe von ganz nahe bis unendlich.
  Entgegengesetztes Verschwenken gestattet es, Schärfe auf winziges Motiv-Detail zu beschränken.

Vertrackte Tricklinsen-Tricks

Aufmerksamen Fernsehbeobachtern kann es nicht entgehen, daß in letzter Zeit immer häufiger Multiplikations-Tricks über den Bildschirm flimmern. Dabei wird ein Motiv in viele – 3 bis 6 – Einzelbilder vervielfacht, die sich gelegentlich auch überlagern. Verschiedentlich führen die an den Rändern liegenden Bilder kreisförmige Bewegungen um die Schirmmitte aus.

Diese komplizierten Tricks sind mit verhältnismäßig einfachen Hilfsmitteln zu erreichen – mit den prismatisch geschliffenen Tricklinsen.

Alle möglichen in ihrer Fassung drehbaren Prismen-Tricklinsen, 3-, 5- oder 6fach unterteilt, liefern B+W, Hama, Heliopan, Kaiser und Rowi – wobei sich die Filter unterschiedlicher Herkunft in ihrer Wirkung durchaus voneinander unterscheiden können – und zwar auch dann, wenn sie sich äußerlich recht ähnlich sehen. Der größte Filterdurchmesser ist E 77 (77 mm, zum Einschrauben).

Rechte Seite: Silberne Zuckerdose (Empire), mit Vario-Objektiv aufgenommen. (Raststellung bei kürzester, »Fahrt« zwischen mittlerer und längster Brennweite!) ▶
Umseite oben: Vario-Effekt-Aufnahme mit mehrfacher »Unterbrechung«. (Während der »Brennweitenfahrt« wurde das Objektiv mehrfach verdeckt.)
Umseite unten links: Asymmetrischer Vario-Effekt. Objekt wurde in die obere rechte Ecke des Bildfeldes versetzt. Erst durch die Wahl des Ausschnittes beim Vergrößern geriet die Silberdose wieder in die Bildmitte.
Umseite unten rechts: Fahr-Effekt-Aufnahme. Raststellung bei weitest ausgefahrener Brennweite.
Übernächste Bildseite: Out-of-Focus-Foto! Für Aufnahmen mit total falsch eingestelltem Objektiv bei weit geöffneter Blende eignen sich kontrastreiche Motive – insbesondere Silhouetten – am besten.

Tanzendes Mädchen
Links: Mit Breitwandobjektiv (Iscorama) aufgenommen. Belichtungszeit 1/2 sec. Lichtquellen: Indirekt eingesetztes Blitzlicht plus zusätzlicher Fotolampe. Der anamorphotische Vorsatz wurde während der Aufnahme um 90° verdreht.

Rechte Seite oben: Fisheye-Foto.
Unten: Ausschnittvergrößerung aus Fisheye-Foto. Der Landschaftshintergrund wurde nachträglich mit Farmerschem Abschwächer entfernt und so das Hauptmotiv freigestellt.

Griechische Trachtenpuppe im Gegenlicht
Vorletzte Seite (Umseite links): Mit Super-Weitwinkel und starker Vorsatzlinse (4 Dioptrien) bei völlig geöffneter Blende aufgenommen.
Letzte Seite (Umseite rechts):
Unten: Fisheyefoto der gleichen Puppe.
Oben: Drehbildaufnahme, mit Fisheye aufgenommen.

Bei dem Bild auf dieser Seite oben handelt es sich um eine Ausschnittvergrößerung eines Fisheye-Drehbildes. Die Kamera wurde bei 1/15 sec Belichtungszeit um die Aufnahmeachse herumgerissen.

Als die Prismen-Tricklinsen aufkamen, wurde zunächst die Meinung vertreten, sie eigneten sich nur für Video- und Filmaufzeichnungen. Der Grund lag darin, daß sich bei einigen Fotoaufnahmen durch derartige Vorsätze störende Unschärfen und Farbränder gezeigt hatten. Das hat jedoch weniger an den Tricklinsen gelegen, als vielmehr daran, daß sie total falsch benutzt wurden. Voraussetzung für den Einsatz der prismatischen Linsen ist die Verwendung einer Spiegelreflexkamera, und zwar einer mit Abblendtaste, denn nur dadurch wird eine genaue Überprüfung der Bildwirkung vor der Aufnahme möglich.

Achtung: Verlassen Sie sich bitte nicht auf das, was Sie sehen, wenn Sie durch eine Tricklinse einfach so wie durch ein Monokel hindurchgucken! Die Kamera reagiert tückischerweise mit Sicherheit völlig anders auf den prismatisch geschliffenen Vorsatz als unser Auge.

Ob letztlich eine leichte Unschärfe der seitlichen Bilder stört oder nicht, das hängt von der Feldgröße der Abbildung in der Mitte ab. Je voluminöser die zentrale Bildzone gehalten wird, desto weniger fallen Unschärfen an den Seiten ins Gewicht. Der Tricklinseneffekt gerät allerdings auch nicht sonderlich interessant, wenn das Mittelfeld sich auf Kosten der Randbildzonen allzusehr ausdehnt.

Glücklicherweise läßt sich die Größe der Mittelfeld-Abbildung steuern. Sie hängt ab:

- Vom Tricklinsentyp!
  Ich meine in diesem Falle die Herkunft der jeweiligen Tricklinse. In ihrer Wirkung können sie sich nämlich selbst dann unterscheiden, wenn sie die gleiche Anzahl geschliffener Facetten in gleicher Anordnung aufweisen. Schon wenn die Fassung etwas voluminöser ist, so daß der Abstand der Linse von der Frontlinse des Objektives geringfügig größer wird, wirkt sich das auf die Abbildung aus.
- Von der Drehstellung!
  Die Linsen sind ähnlich wie Polarisationsfilter in Drehfassungen eingelassen. Veränderungen der Drehstellung bewirken radikale Veränderungen des Bildeindruckes.
- Von der Blendeneinstellung!
  Je weiter die Blende geöffnet, desto kleiner die Mittelzone und desto größer die auf das Zentrum übergreifenden Randbilder. Wird die Blende bis zum Anschlag aufgerissen, so gibt es im

Foto oft überhaupt keinen Platz mehr, der nicht von zwei oder mehr sich überlagernden Abbildungen bedeckt wäre. Durch kräftige Abblendung dagegen befreit sich die Mittelzone von den Überschneidungen und dehnt sich mächtig aus. Die Rand-Abbildungen werden in die Ecke, gelegentlich sogar aus dem Formatfeld herausgedrängt, und zwar besonders dann, wenn langbrennweitige Objektive eingesetzt werden. (Keine Mittelzone entsteht, wenn eine radiale Drei-Sektoren-Linse verwendet wird. Diese besitzt nur 4 abgeschrägt geschliffene Sektoren, während die anderen Linsen alle ein planparallel geschliffenes Mittelfeld haben. Die Drei-Sektoren-Linse kommt vorwiegend für filmische Zwecke in Frage.)

- Von der Brennweite!
  Je langbrennweitiger das verwendete Objektiv, desto größer fällt die in der Mitte liegende Bildzone aus. (Um Mißverständnisse zu vermeiden: In diesen Fällen geht es niemals um den Abbildungsmaßstab, sondern immer um die Feldgröße des Bildes!) Kleinbild-Normalbrennweiten (ca. 45 bis ca. 65 mm) sind für den Tricklinsen-Effekt am günstigsten.

In einem Fotogramm stelle ich Ihnen eine Reihe von Tricklinsen vor, von denen einige ein kleineres Mittelfeld haben (Typ B+W), andere ein größeres. Aus dem, was wir bisher besprochen haben, ergeben sich zwangsläufig zwei Folgerungen, die meiner Erfahrung nach auch durch die Praxis bestätigt werden:

1. B+W-Tricklinsen sollten für fotografische Zwecke mit mittel bis kräftig geschlossenen abgeblendeten Standard-Objekten benutzt werden. Die etwas ungünstigeren langen Brennweiten erfordern mittlere Abblendungen.
   Mit den längerbrennweitigen, stark abgeblendeten Objektiven ergeben sich allerdings ganz hübsche Effekte, wenn die Triklinse nicht unmittelbar vor die Frontlinse gesetzt, sondern einige Zentimeter davor gehalten wird.
2. Prismenlinsen anderer Herkunft sind insbesondere mit weit aufgeblendeten Normalobjektiven zu benutzen. Die etwas ungünstigeren kurzbrennweitigen Objektive müssen abgeblendet werden. (Einzige Ausnahme: Die Drei-Sektoren-Linsen! Ihre Wirkung wird weder durch Auf- oder Abblenden noch durch Änderung der Brennweite wesentlich beeinflußt!)

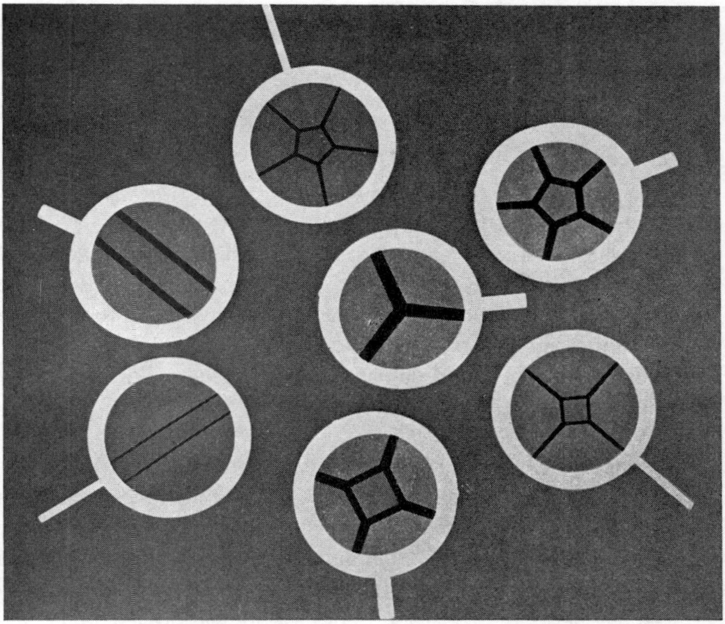

Daß auf obigem Fotogramm bei einigen Typen von Tricklinsen die Konturen der Prismenkanten viel stärker ausgeprägt sind als bei anderen, das soll Sie nicht irritieren. Die entsprechenden Tricklinsen sitzen in besonders tiefen Fassungen. Bei ihnen befinden sich daher die Prismenkanten höher über dem Fotopapier als bei den B+W-Filtern. Das wirkt sich natürlich auf das auf die Grundfläche projizierte Bild aus.

Wird der Abstand Tricklinse–Fotopapier noch etwas mehr vergrößert, dann entstehen interessante sternförmige Ornamente. Unsere Beispiele verdanken ihre Existenz Linsen, mit denen ein Spalt zwischen zwei 4 cm dicken Büchern überdeckt wurde.

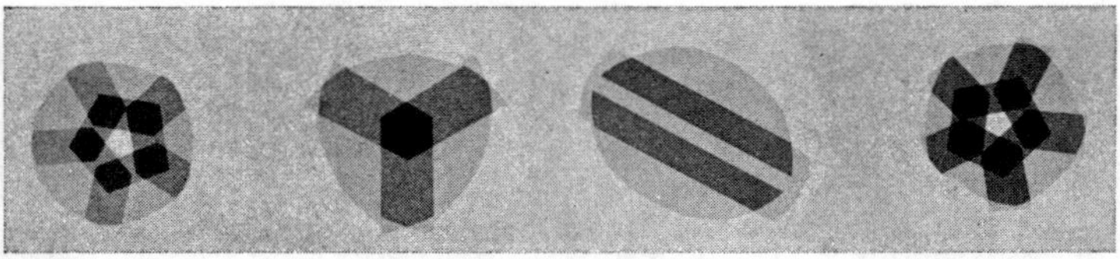

Beinahe hätte ich jetzt verabsäumt, die allerwichtigste Tricklinsen-Frage zu klären. Welche Motive eignen sich besonders gut dazu, vervielfacht zu werden? Nun – es sind wieder einmal die hellen, einfach geformten Objekte vor dunklem Hintergrund. Helle Hintergründe müssen als außerordentlich problematisch angesehen werden. Sie dämpfen nämlich in unzulässiger Weise Kontrast und Farbbrillanz, wenn sich die vervielfältigten Motive wechselweise überlagern.

Tricklinsen verlangen nach großen Kontrasten im Motiv! Der phantastische Charakter von Tricklinseneffekten ist gegebenenfalls durch folgende Maßnahmen noch zu steigern:

1. Zwei Tricklinsen werden ineinander verschraubt und zusammen vor ein Objektiv gesetzt. Zu befriedigenden Ergebnissen kommen wir jedoch meist nur dann, wenn wir dreiteilige Linsen miteinander kombinieren. Außerdem ist damit zu rechnen, daß sich die Farbsäume an den Rand-Abbildungen verstärken.
2. Die Tricklinse wird während der Aufnahme vor dem Objektiv gedreht. Dadurch läßt sich eine je nach Abblendung mehr oder minder ausgedehnte Mittelzone scharf herausholen. Die Randzonen warten demgegenüber mit je nach Rotationstempo mehr oder weniger ausgeprägten kreisförmigen Verwischungen auf. Rand- und Mittelzonen erscheinen wesentlich markanter voneinander abgesetzt, als bei der Kamera-Rotations-Methode (Seite 81). Ein hochinteressanter, gut zu steuernder Effekt!
3. Wir bewegen die Tricklinse vor dem Objektiv eine kleine Strecke in Richtung Objekt hin und her.
   Die Mittelzone bleibt dann scharf, während die Randzonen leichte radikale Verwischungen aufweisen. Der Effekt kommt nur dann zustande, wenn verhältnismäßig nahe Objekte (unter ca. 1 1/2 m) angepeilt werden.
4. Die Tricklinse wird 5 bis 25 cm vor normal- bis kurzbrennweitige Objektive gehalten. Dann erscheint ein vervielfachtes Binnenfeld

in einem einfachen Umfeld. Die Fassung der Linse löst sich meist in wolkige Unschärfe auf. Auf diese Weise habe ich einmal den Kopf eines Stoffzwerges versechsfacht auf einen Körper praktiziert. (Bitte auch Seite 176 beachten!)

Vergrößerung nach Pseusol-Film-Kopie von einem Fotogramm einer 4 cm über dem Fotopapier angeordneten Tricklinse.

Tricklinsen vor dem Projektor oder dem Vergrößerungsgerät haben sich bei meinen Versuchen nicht sonderlich bewährt. Dagegen können geeignete Fotos vervielfacht reproduziert werden. Um zu vermeiden, daß die Ränder der Fotos mehrfach abgebildet werden, empfiehlt es sich, bei Einsatz von Tricklinsen nur kleinere Ausschnitte mitten aus den Vorlagen herauszufotografieren.

Farbtricklinsen – Tricklinsen, deren einzelne Sektoren unterschiedlich eingefärbt sind – beziehungsweise mit Kombinationen aus Farbsektorenscheiben und Tricklinsen zustande kommen. Mit einem Dreisektoren-Farbfilter unter einer Dreifach-Tricklinse zum Beispiel wird ein Objekt dreifach – etwa orange, grün und blau –

abgebildet. Wenn auch für den Farb-Tricklinsen-Effekt kontrastreiche Motive ganz besonders günstig sind, so kommen dennoch gelegentlich auch Objekte für diese Aufnahmetechnik in Frage, die mittleren oder sogar nur schwachen Kontrast haben. (Wegen weiterer Tricklinseneffekte bitte Seite 144 beachten.)

Telegramm-Information:

- Tricklinsen vervielfachen – je nach Typ – ein Motiv drei-, fünf- oder sechsfach. Ein planparallel geschliffenes Mittelteil sorgt stets (außer bei der radialen Drei-Sektoren-Linse) für eine Abbildung in der Bildmitte, die von weiteren Randbildern umgeben ist. Bei weiter Öffnung der Blende kann das Bildfeld total von sich überlagernden Abbildungen ausgefüllt sein.
- B+W-Tricklinsen eignen sich für normal-brennweitige Objektive bei mittlerer bis kräftig geschlossener Blende, sowie mit Einschränkungen für langbrennweitige Objektive bei mittlerer Öffnung der Blende. Verschiedene Tricklinsen anderer Herkunft eignen sich für normale Objektive bei geöffneter Blende sowie mit Einschränkungen für kürzerbrennweitige Objektive bei kräftiger Abblendung.
- Empfehlenswerte Tricklinsenmotive:
  Helle, einfache Motive – auch Lichter und Lichtreflexe – vor dunklem Grund. Motive mit hellen Hintergründen sind dagegen in dieser Hinsicht mit Vorsicht zu genießen.
- Besondere Effekte:
  1. Zwei Tricklinsen übereinander verwenden.
  2. Linse während der Aufnahme drehen (kreisförmige Verwischung in Randzone.)
  3. Tricklinse vor dem Objektiv Richtung Objekt (nur bei nahen Objekten möglich) hin und her bewegen (radikale Verwischung).
  4. Tricklinse einige Zentimeter vor kurzbrennweitiges Objektiv halten (Vervielfachung in rundem Bildausschnitt).
- Für die Vergrößerung und die Projektion eignen sich Tricklinsen nicht. Dagegen können mit ihrer Hilfe Reproduktionen angefertigt werden.

Tricklinsen-Improvisationen

Alles was durchsichtig ist – vom Bergkristall bis zur Glasscherbe – läßt sich als Effekt-Vorsatz vor dem Objektiv einer Spiegelreflex-Kamera anbringen – zumindest versuchsweise! Der Abstand der Trick-Objekte vom Objektiv und ihre Anordnung davor wirken sich auf den Effekt, der zustande kommt, in ganz erheblichem Ausmaße aus. Sind die Vorsätze prismatisch zugeschliffen oder geformt, so ergeben sich die gleichen Gestaltungsregeln, wie sie auch für den Einsatz von Prismen-Tricklinsen zu berücksichtigen sind.

Ein ganz probates Mittel um Umrisse zu verformen und Farben verschwimmen zu lassen, stellen Glasbausteine dar. In einigem Abstand vor dem Objektiv angeordnet liefern sie die kuriosesten Verzerrungen.

Ganz ähnlich wie Sammellinsen, nur noch stärker verformend, wirken alle durchsichtigen Gefäße, die irgendwie zylindrisch, kegelig oder kugelig gestaltet sind. Sie müssen allerdings mit einer durchsichtigen klaren oder auch farbigen Flüssigkeit gefüllt sein. Beispiel: In einer Glasvase, einem Sektglas oder einem unfeinerweise randvoll gefüllten Kognakschwenker bildet sich der Oberkörper einer Frau ab, die uns zuprostet. Der Abstand des Gefäßes vom Normal-Objektiv (Macro-Objektiv oder Objektiv mit Nahlinse) mag 30 bis 40 cm betragen. Das vom Gefäß geformte Abbild der Frau wird als Scheinbild nicht im Glas entworfen, sondern einige Zentimeter vor dem Gefäß. Wir müssen also, um diese Abbildung ausreichend scharf zu erfassen, unser Objektiv auf einen geringfügig näheren Abstand – vielleicht 28 oder 39 cm – einstellen. Das Gefäß selbst erscheint dann leicht unscharf – es sei denn wir beziehen es durch starkes Abblenden in den dadurch stark ausgedehnten Schärfentiefenraum mit ein. Kugelige Gefäße entwerfen übrigens kopfstehende Scheinbilder, Zylindergefäße dagegen aufrecht stehende.

Gelegentlich setze ich meinem Aufnahmeobjektiv auch eine Brille vor die Nase – in einigem Abstand davor allerdings, so daß beide Gläser ins Motivfeld geraten. Durch Gläser für Kurzsichtige hindurchgesehen erscheinen Objekte nur scharf, wenn das Objektiv auf einen ihrer tatsächlichen Distanz (z. B. 1,60 m) gegenüber größeren Abstand (z. B. auf 3 m) eingestellt wird. Das alles ist gut auszuprobieren und im Spiegelreflexsucher zu kontrollieren. Werden für Astigmatismus korrigierte Gläser anvisiert, dann kommt überhaupt keine scharfe Wiedergabe zustande. Besonders apart fallen Farbaufnahmen durch geschliffene Sonnenbrillen hindurch aus.

Im Grunde genommen erschließen auch gläserne Kompott-Teller, Böden von Glasschalen und strukturierte Wassergläser ein geradezu unerschöpfliches Reservoir an mehr oder minder abstrakten Bildgestaltungsmöglichkeiten. Es hat aber keinen Sinn die gläsernen Bausteine nur so vors Objektiv zu halten. Dadurch würden die Motive nur weitgehend entstellt werden. Wir machen das besser so: Einfach unter den Glasmustern farbig beleuchtete oder auch durchleuchtete Flächen, oder auch einige farbige Lichtquellen anordnen! Dann entstehen ganz attraktive farbige Gebilde aus denen Nah- oder Lupen-Aufnahme-Motive herausfotografiert werden können.

Die Colorerscheinungen wandeln sich – je nachdem wie man die Gläser dreht, wie der Abstand zur farbigen Grundfläche oder eben auch wie die Schärfenebene und die Schärfentiefe verändert wird. Derartige Aufnahmen auf Diafilm eignen sich auch ganz hervorragend für Sandwich-Gestaltungen (Seite 193) – insbesondere dann, wenn sie etwas reichlicher belichtet sind.

Telegramm-Information:

- Kontrastreich beleuchtete Motive erscheinen durch Glasbausteine, in geringfügigem Abstand vor dem Objektiv angeordnet, effektvoll verzerrt.
- Durch gefüllte Glasgefäße wird ein verformtes Bild eines dahinter angeordneten Objektes entworfen. Der scheinbare Abstand dieser Abbildung ist geringfügig geringer als der des Gefäßes.
- Strukturierte Gläser (Glasteller, Trinkglasböden) ergeben über kontrastreich farbigem Untergrund angeordnet oder von farbigen Reflektorleuchten durchstrahlt aparte Motive, aus denen sich reizvolle Ausschnitte in größerem Maßstab herausholen lassen.

Mit Tricklinsen nach Regenbögen haschen

Einmal ganz abgesehen von den Prismen-Vorsätzen, stehen auch noch ganz andere Arten von Tricklinsen zur Verfügung:

Mittelpunkt-Vorsatzlinsen sorgen für scharfe Wiedergabe der Bildmitte und eine effektvolle »Aufweichung« der sich darum herumziehenden Bildzonen.

Eine halbierte Nahlinse ermöglicht es, einen nahen Vordergrund gleichzeitig mit einem entfernten Hintergrund scharf ins Bild zu zaubern – vorausgesetzt es wird mit einem Normal- oder kürzerbrennweitigen Motiv bei ausreichender Abblendung gearbeitet. Farblinsen mit farblosem zentralem Mittelkreis färben die Umgebung um ein neutral abgebildetes Motiv in der Bildmitte farbig ein.

Interessant sind Verlauffilter – insbesondere in Grau: Damit läßt sich ein Ausgleich zwischen zu hellem Hintergrund (etwa dem Himmel) und zu dunklem Vordergrund erzielen. (Verlauffilter sind besonders vielseitig und effektiv in Verbindung mit verschiebbaren Objektiven – Seite 141 – einzusetzen!)

Eine weitere Gruppe von Filtern bilden die Gitter-Linsen. Das sind Planglasscheiben, aus denen sternförmig angeordnete Linsen oder Gitter herausgeschliffen sind. Die verwandeln helle Glitzerpunkte – Lichtpunkte – in strahlende Sterne.

Die aufregendsten Effekte, Leuchterscheinungen in allen Farben des Regenbogens, produzieren jedoch die sogenannten Spektral-Effekt-Filter (B+W, Hama). Weiße Lichtpunkte oder Lichtsäume werden mit ihrer Hilfe zu sternförmigen Gebilden vervielfacht, deren Strahlen oder Zacken in allen Farben funkeln.

Tips für die Aufnahme mit Spektral-Effekt-Filtern:

- Der Effekt hängt ab vom Typ des verwendeten Vorsatzes. B+W hat die größte Auswahl im Programm. Am besten ist es, sich beim Fotofachhändler eine Reihe von Effekt-Vorsätzen zeigen zu lassen und probeweise eine Lichtquelle durch das einer Spiegelreflexkamera vorgesetzte Filter anzuvisieren!
- Gegenlichtstimmungen, überhaupt starke Kontraste, insbesondere aber Lichtpunkte oder Lichtreflexe in dunklem Umfeld, zaubern die schönsten und leuchtendsten Farben auf den Film.
- Je mehr Lichtpunkte anvisiert werden, desto mehr Farbsterne strahlen auf. (Aufnahmen mit vielen Lichtpunkten ergeben sich,

wenn Schmuck, glänzendes Werkzeug, Gläser, Wasseroberflächen mit einer oder mehreren Lichtquellen angeleuchtet werden.)

- Regelmäßige Glitzerpunkt-Strukturen werden durch Spektral-Effekt-Vorsätze in besonders attraktive Regenbogen-Stern-Strukturen verwandelt.
- Diese speziellen Vorsätze sind unter bestimmten Voraussetzungen auch als hervorragende Weichzeichner-Vorsätze zu benutzen: So werden helle Porträts vor hellem Hintergrund zart verschleiert und von zartfarbigen Farbgespinsten umgeistert wiedergegeben.
- Farbgespinste von scharf wiedergegebenen Lichtquellen fallen scharf aus, von unscharf aufgezeichneten unscharf.
- Bei kürzerem Abstand Kamera–Glitzerpunkt schnüren die Spektralgebilde den sie erzeugenden Lichtpunkt enger ein, bei weiterem Abstand umgeben sie ihn als größere Figur.
- Werden längerbrennweitige Objektive benutzt, so ist es nicht immer möglich, alle Farberscheinungen mit allen sie hervorrufenden Lichtpunkten oder Linien im Motivfeld unterzubringen.
- Durch Drehen der Effekt-Vorsätze ist die Stellung und auch die Form der Farbgebilde zu verändern. Im Video-Film läßt sich auf diese Weise Bewegung in Motive hineinbringen, die an und für sich unbeweglich sind.
- Die Belichtung ist nicht immer ganz einfach zu bestimmen. Doch führt eine gegenüber der Messung um eine halbe bis ganze Stufe knappere Belichtung zu besseren Ergebnissen als eine unkorrigierte oder zu reichliche Belichtung.

Die Farberscheinungen kommen durch mehrere Millionen in die Linsen eingelagerter winzigster Mikroprismen zustande. Ein bestimmter Vorsatz – Spectra-Spot (B+W) – weist in seinem Zentrum einen mikroprismenfreien Klarglas-Kreis auf. In Verbindung mit einem nicht zu langbrennweitigen Objektiv läßt sich damit ein absolut scharfes Bild in der Motivfeld-Mitte mit Spektral-Erscheinungen kombinieren. Die Effekt-Vorsätze sind übrigens auch in Verbindung mit Farbinfrarotfilm zu verwenden (Seite 187).

Telegramm-Information:

- Spektral-Effekt-Vorsätze verschiedener Art erzeugen von Lichtpunkten und anderen hellen Objektdetails vor dunklem Untergrund Nebenbilder in allen Regenbogenfarben. Auf diese Weise sind selbst in ganz farbarme Motive die leuchtendsten Farben hineinzupraktizieren. Knappe Belichtung ist in der Regel besonders günstig.

Kaleidoskopisches

Zum Vervielfachen von Objekten kann auch mit etwas Ach und viel Krach ein Kaleidoskop zweckentfremdet werden. Zunächst einmal ist der doppelte Glas- oder Kunststoffboden zusammen mit dem attraktiven farbigen Filter zu entfernen, ebenso das Glas an der Einblicköffnung. Dann wird das Fragment in eine Gegenlichtblende hineinmontiert, und zwar so, daß die ehemalige Einblicköffnung unmittelbar vor der Frontlinse sitzt. Alle Lichtlücken zwischen der Kaleidoskop-Außen- und der Gegenlichtblenden-Innenwand müssen verstopft werden. Dann erst sind wir schußbereit. Wie aber unterscheidet sich das Ergebnis von einer Tricklinsenaufnahme? In beiden Fällen wird ja das Motiv gewissermaßen strukturiert!

- Die Tricklinsen vervielfachen ein Motiv seitenrichtig – und aufrechtstehend.
- Die meist dreispiegeligen Kaleidoskop-Vorsätze sorgen für munteren Wechsel zwischen seitenrichtigen und seitenverkehrten, zwischen aufrecht- und kopfstehenden Bildern.

Nun ist aber dummerweise die einfache Verwendung eines einfachen Kaleidoskop-Fragments im Endeffekt doch wieder gar nicht ganz so einfach.

Es ergeben sich folgende Probleme:

1. Das Bildformat wird in der Regel nicht völlig ausgenutzt. Meist ist nur ein ziemlich kleines Stück davon zu gebrauchen.
2. Die Belichtungszeit muß verlängert werden (bei meinen Experimenten um etwa 2 Stufen). Die Einblicköffnung des Kaleidoskopfragments verdeckt nämlich teilweise das Objektiv. Spot-Messung durchs Objektiv ist natürlich in solchen Fällen immer günstig.

3. Die Blende muß voll geöffnet werden. Abblendung verursacht eine zusätzliche Einschränkung des nutzbaren Bildfeldes.
4. Die Qualität der spiegelnden Flächen von Kaleidoskopen ist denkbar miserabel. Es handelt sich um rückseitig verspiegelte oder auch völlig unverspiegelte Glasscheiben (gegenüber streifend einfallendem Licht verhalten sich Glasoberflächen fast so wie Spiegel. Siehe Seite 166). Nun entstehen sowohl auf deren Vorder- wie auf der Rückseite Spiegelbilder. Das aber ergibt Doppelkonturen. Die Folge davon sind Unschärfen.

Negativ-Druck einer Kaleidoskop-Aufnahme

Um alle diese Schwierigkeiten zu umgehen, habe ich mir von J. D. Möller (Wedel, Holstein) drei oberflächenverspiegelte Spiegelglasscheiben im Format 6 × 30 cm herstellen lassen. Die kosten natürlich, wie alle Sonderanfertigungen, so einiges! Außerdem müssen sie wie die rohen Eier behandelt werden, weil ihre Oberflächen außergewöhnlich empfindlich sind. Glücklicherweise kann ich die Gläser ja auch noch für andere Spiegel-Experimente (Seite 203) gebrauchen. Um aber bei der Motiv-Vervielfachung zu bleiben: Ich stelle erst die drei Spiegel mit der Butterseite nach innen zusammen. Provisorisch umgebe ich sie zunächst mit Gummiringen. Dann verklebe ich die Ränder mit schwarzen Streifen. So entsteht ein Prisma aus Spiegeln, das ich mit seiner Öffnung unmittelbar vor einem Objektiv anordne. *Es kommt darauf an, daß der dreieckige Prismenquerschnitt die Frontlinse umschreibt und nicht beschneidet.* (Die Mindestbreite der Spiegel soll daher knapp dem doppelten Frontlinsendurchmesser entsprechen.) Ich erhalte mit dieser Vorrichtung bei jeder Blendeneinstellung einwandfreie Multiplikations-Effekt-Fotos. Je kürzer die Brennweite des verwendeten Objektivs, desto kleinere, aber auch desto mehr Abbildungen unseres Motives kommen auf das Foto. Das nicht gespiegelte, dreieckige »Original-Feld« ist günstigerweise verhältnismäßig klein, weil eben die Spiegelstreifen sehr lang und außerdem nicht wie im Kaleidoskop trapezförmig, sondern rechteckig zugeschnitten sind:

Zwei Dinge machen etwas Kummer:

- Die Spiegelbildfelder sind um so dunkler und bläulicher, je weiter sie vom Originalfeld entfernt sind. Dagegen können wir praktisch nichts unternehmen.
- Die einzelnen Spiegel-Felder enthalten leider nicht ein getreues Abbild des »Originalfeldes«, sondern etwas unterschiedliche Ausschnitte des Motives. Eine Ausnahme: Befindet sich das Objekt genau wie die Kaleidoskopflitter unmittelbar vor dem offenen Ende des Glasprismas, so wird es in seiner ganzen Größe und Schönheit exakt von den Spiegeln vervielfacht.

Die schönsten Effekte liefern also kleine, durchscheinende Objekte – Blätter, Blüten, Gläser! Ich lege sie auf einen Leuchtkasten und stülpe das Prisma drüber. Von der anderen Seite guckt die Kamera in die dreieckige »Röhre«. Sehr gerne verwende ich ein Super-Weitwinkelobjektiv; es zaubert mir eine ganze Herde ornamental angeordneter Spiegelbilder aufs Foto. Um größere und weiter entfernte Objekte für einwandfreie Kaleidoskop-Strukturen auszuschlachten, könnten wir theoretisch erst einmal ein Bild auf der Mattscheibe einer Großbildkamera entwerfen. Das Mattscheibenbild wäre dann wieder wie eben beschrieben durch das Spiegel-Prisma abzufotografieren. Ich ziehe es allerdings vor, durchleuchtete Schwarzweiß- oder Farbdias auf dem Leuchtkasten auszubreiten, das Spiegelprisma darauf zu stellen und sie da hindurch zu reproduzieren. Die Bildvorlagen müssen allerdings mindestens 6 × 6 cm groß sein. 6 × 9 cm-Dias von Kleinbild-Diapositiven, die als Vorlage dienen können, beschafft im Bedarfsfalle der Fotohandel.

Technisch einwandfreie Kaleidoskop-Strukturen (Schwarzweiß- oder Farbnegativ) sind allerdings auch auf dem Umweg über die Schnittmontage zu gewinnen. Das ist auch ein sehr empfehlenswertes Verfahren (Kaleidoskop-Projektion 19 B).

Telegramm-Information:

- Durch Kaleidoskop-Tricks lassen sich Motivstrukturen aus abwechselnd seitenrichtigen und seitenverkehrten Abbildungen gestalten. Die Spiegelungen stimmen mit dem Originalmotiv in der Bildfeldmitte nur dann genau überein, wenn sich das Objekt oder sein Mattscheibenbild bei der Aufnahme in der Ebene der freien Öffnung des Kaleidoskopfragments oder der verwendeten Eigenbau-Spiegel-Konstruktion befindet.
- Günstige Motive: Kleine, durchscheinende Objekte, Dias oder Fotos, die auf Leuchtkasten angeordnet werden.
- Kaleidoskop-Fragmente (Mattscheibe, Schutzglas und bunter Flitter sind entfernt) kommen für fotografische Zwecke nur bedingt in Frage. Die Spiegelungen sind unsauber, das Format wird unzureichend ausgenutzt.

- Zweckmäßige Vorrichtung: 3 zu einem Prisma zusammenmontierte, oberflächenverspiegelte **längsrechteckige** Spiegelglasscheiben (etwa 6 × 30 cm). Zahlreiche Spiegelungen ergeben sich, wenn eine Öffnung des Prismas unmittelbar vor ein kurzbrennweitiges Objektiv gesetzt wird.
- Gute Kaleidoskop-Gestaltungen kommen auch per Schnittmontagen (Seite 166) zustande.

Zündfallen

Mit Hilfe verschiedener Typen von Fotozellen-Zündgeräten (zum Beispiel dem Mecalux), wie sie zum kabellosen Auslösen von Zweit-Blitzleuchten benutzt werden, lassen sich Zündfallen erstellen.

Das mag dann zum Beispiel so aussehen: Wir richten einen Scheinwerfer oder Projektor (gegebenenfalls mit eingelegtem Infrarotfilter, damit man den Lichtschein nicht sehen kann) auf einen Ball aus. In dessen Schatten (gegebenenfalls Infrarotschatten) wird das Fotozellenzündgerät so angeordnet, daß es in Richtung Ball »blickt«. Schlagen wir den nun zur Seite, so spricht die Zelle auf die plötzlich auf sie einwirkende Strahlung an und löst einen Blitz beziehungsweise auch einen an sie angeschlossenen elektrischen Fernauslöser aus.

Telegramm-Information:

- Ein Fotozellenzündgerät, das im Schatten (oder auch IR-Schatten) eines Objektes aufgestellt wird, löst ein daran angeschlossenes Blitzgerät aus, sobald sich der schattenwerfende Gegenstand schnell wegbewegt.

»Mini«-Teil III

Schwarzweiß Spezial

Mit zwei mageren Abschnitten ist dieser Teil »Schwarzweiß Spezial« nicht sonderlich üppig ausgefallen. Zwar schätze ich die SW-Fotografie sehr. Gerade in jüngster Zeit habe ich wieder neu begonnen mich ausgiebig der schwarzweißen Porträtfotografie zu widmen. Gesichter in SW (32 B) geben eben doch entschieden mehr her, zeigen mehr räumliche und auch psychische Tiefe, als Farbporträts.

Dennoch – wenn es um die phantastische Fotografie geht, dann möchten wir auch mit phantastischen Farben spielen. Und so kommt gerade für Tricks und Effekte eben doch vor allem der Farbdia-Film in Frage.

Doch ganz übergehen möchte ich den SW-Film nicht – zumal er ja auch als Ausgangsprodukt für farbige Gestaltungen (Seite 191) dient.

Grafisch knipsen mit Dokumentfilm

Allenthalben in diesem Buch stoßen Sie auf Fotografik-Illustrationen und damit – zumeist – auf die Spuren des Dokumentfilmes. Normalerweise werden mit ihm Zeichnungen oder Schriftstücke so abfotografiert, daß letztlich nur noch schwarze Figuren auf weißem Grund übrigbleiben. Ich benutze Dokumentmaterial gerne dazu, Fotos zu reproduzieren und sie so in Grafik-Gestaltungen zu verwandeln. Mitunter habe ich sie dabei gleichzeitig zylindrisch, sphärisch oder anamorphisch verformt.

Die verschiedenen Firmen stellen verschiedene Typen von Dokumentfilm her. Ich habe mich vor allem – das soll kein Werturteil sein – auf den Agfaortho 25 (orthochromatisch) und den Kodak Technical Pan 2415 eingearbeitet. Beide sind als Kleinbildpatronen à 36 Aufnahmen erhältlich, müssen aber beim Handel ausreichend lange vorbestellt werden. Ich entwickle das Material selbst sehr hart – 3 min bei 20°C im 3-Sekunden-Takt in Dokumol Papierentwickler (mit Wasser im Verhältnis 2:3 verdünnt). Den Agfa-Film belichte ich wie ISO 25/15°, den Kodak-Film wie 160/23°.

Selbstverständlich können Sie Ihren belichteten Dokumentfilm auch dem Labor ihres Vertrauens übergeben. Nebenbei bemerkt:

Mit den Belichtungsangaben müssen wir etwas vorsichtig sein! Sie gelten dann, wenn das Motiv selbst vorwiegend aus recht dunklen und sehr hellen Tönen besteht. Haben wir es mit fein abgestuften Grauwerten zu tun, so wird das Belichtungsproblem zu einer Ermessensfrage. Es kommt darauf an, welche Töne wir in Richtung Schwarz und welche wir in Richtung Weiß wegdrücken wollen. (Sehr zarte Grauwertabstufungen werden nur dann in reine Schwarz-Weiß-Formen umgesetzt, wenn eine extraharte Vergrößerung nach einer Dokumentfilm-Aufnahme nochmals mit Dokumentfilm reproduziert wird.)

Sehen wir jetzt aber einmal von den Reproduktionen ab! Jedes beliebige Motiv kann mit dem Dokumentfilm aufgezeichnet werden – dabei muß es sich durchaus nicht immer um eine fotografische Verrücktheit handeln. Im Gegenteil! Aufnahmen aus der Luft oder von Panorama-Überblicken bei diesiger Sicht kommen auf panchromatischem Dokumentfilm (gegebenenfalls in Verbindung mit einem Orange- oder Rotfilter 16 A) wesentlich besser als auf dem üblicherweise für die gestaltende Fotografie verwendeten weicheren Material.

Die eigentlichen grafischen Effekte kitzelt der Dokumentfilm beispielsweise bei sehr weicher Beleuchtung heraus – bei trübem,

Freigestellte Dokumentfilm-Aufnahme eines Flamingos

wolkenbedecktem Himmel wie auch bei indirektem Kunst- oder Blitzlicht.

Die hell oder dunkel getönten Details werden dann besonders akzentuiert. Weder Schatten noch Glanzlichter können sie verunklären!

Beispiele: In Porträts heben sich Sommersprossen als schwarze Punkte vor hellem Teint ab. Selbst die Poren der Haut treten deutlich in Erscheinung. Ist's auch nicht appetitlich, so ist's doch wenigstens originell. Die Maserung eines Brettes wird ebenso zu einem kontrastreichen Muster wie schneebedeckter Tannenwald.

Unter anderem habe ich die auf dieser Seite sowie Seite 52 im Fotografik-Stil wiedergegebenen Motive bei weicher Beleuchtung direkt auf Dokumentfilm aufgenommen.

Als geradezu klassische Objekte für diese Methode müssen Zebras angesprochen werden. Durch harte Licht-Schatten-Kontraste würde der Eindruck ihrer grafisch wirkenden Streifen-Zeichnung nur beeinträchtigt werden.

Die schweren Schatten, die streifend einfallendes Licht hervorruft, überdecken zwar bisweilen die klare Form bestimmter Motive, entstellen sie vielleicht sogar bis zur völligen Unkenntlichkeit. Demgegenüber wird die Struktur anderer Motive dadurch erst so richtig herausgeholt. Ein- und dieselbe Beleuchtungsart kann also gerade in Verbindung mit Dokumentfilm einmal verhüllend, einmal enthüllend wirken. Streiflicht ist immer dann günstig, wenn wir Flächen mit verhältnismäßig geringen Unebenheiten vor uns haben: Spuren im Sand oder Schnee, Wellenfiguren im Watt, Risse in einer Wand.

Außerdem harmoniert Dokumentmaterial auch recht gut mit direktem Gegenlicht. Geschickt eingesetzt, erzeugt Gegenlicht einen hellen Lichtsaum, der auf der harten Vergrößerung völlig weiß ausfällt.

Lichtballons (Seite 52) kommen, auf harten Film aufgenommen, ebenfalls besonders brillant heraus. Sollen jedoch scharf wiedergegebene Lichtpunkte in unscharfe, dunkle Umrisse von Vordergrund-Motiven einschneiden (Seite 50 f.), dann bleibt uns gar nichts anderes übrig, als Dokumentmaterial (oder hartes Infrarotmaterial) heranzuziehen.

Aber auch das indirekte Gegenlicht muß erwähnt werden! Es entsteht, wenn sich ein selbst nicht beleuchtetes Objekt vor hell beleuchtetem Hintergrund befindet. Wir müssen also unser Motiv

etwa vor einer beleuchteten Wand, einer durchleuchteten Transparentwand oder gut beschattet vor dem Hintergrund des blauen oder weißen Himmels anordnen. Das ergibt dann einen interessanten Silhouetteneffekt (7 B).

Nun muß eine Dokumentfilm-Aufnahme nicht immer Selbstzweck sein! Wir können sie auch als Zwischenprodukt herstellen, um sie dann weiterzuverarbeiten, beispielsweise

- zu einem Sandwich-Dia!
  Gegenlicht- oder Silhouetten-Negative oder davon gewonnene Schwarzweiß-Dias werden mit Farbdias zusammenmontiert (Seite 195),
- zu einer Schnittmontage! (nächster Abschnitt!)
- zu einer Farbdia-Gestaltung per optischer Einfärbung.
  Gerade dazu werden harte Negative benötigt (Seite 162).

Telegramm-Information:

- Dokumentfilm – als Kleinbildpatrone, Roll- oder Planfilm erhältlich – ist sehr hartes Filmmaterial. Es wird üblicherweise für Reproduktionszwecke benutzt.
  Zu empfehlen: Kodak Technical Pan 2415 belichtet wie ISO 160/23° oder Agfaortho 25 professional belichtet wie ISO 25/15° 3 min, entwickelt 3 min bei 20°C im 3-Sekunden-Takt in Dokumol 2 : 3.
- Grafische Effekte:
  1. Porträts, Landschaftsaufnahmen, Sachfotos bei völlig schattenlosem Licht,
  2. Strukturen bei Streiflicht-Beleuchtung,
  3. Lichtsaum-Fotos bei Gegenlicht,
  4. Silhouettenfotos bei indirektem Gegenlicht.

Schnittmontage

Fotomontage – das klingt immer so ein bißchen nach Fälschung. Aber das betrifft eigentlich nur Montagen, denen nicht anzusehen ist oder nicht anzusehen sein soll, daß da etwas montiert worden ist. Auch so etwas läßt sich zwar per Schnittmontage hinfummeln (24 A), doch gibt es mittlerweile dafür ganz andere, viel besser geeignete Methoden. Für handfeste Fälschungen ist die Elektronik viel besser geeignet als die klassische Fotografie.

Nun wollen wir schlimmstenfalls Fotos auf den Kopf stellen, aber keinesfalls Tatsachen! Deshalb mag man unseren Schnittgestaltungen auch ruhig ansehen, daß sie eben montiert worden sind! Denken wir zum Beispiel nur an das aus zehn oder mehr Einzelaufnahmen zusammengesetzte Panoramabild (Seite 123). Die Bildausschnitte werden mit Hilfe von Federmesser und Stahllineal exakt zugeschnitten und dann auf einen dunklen oder weißen Karton nebeneinander ausgelegt. Es ist nun wirklich nicht nötig, die Einzelfotos auf Stoß zusammenzufügen. Zwischen ihnen kann eine dünnere oder sogar auch stärkere dunkle oder weiße Lücke klaffen. Ich möchte behaupten, daß das nicht nur überhaupt nicht stört, sondern unter Umständen sogar recht apart wirkt.

Auch bei strukturierenden Schnittmontagen muß von Fall zu Fall überlegt werden, ob es günstiger ist, die Bilder auf Stoß aneinanderzureihen oder Trennlinien zu belassen. Strukturieren und Strukturieren ist übrigens nicht dasselbe! Wir wollen hier fünf qualitativ unterschiedliche Stufen unterscheiden:

1. Stufe: Mehrere gleichartige Bilder werden zu einem Fries zusammengefügt. Die Fotos können quadratisch längsrechteckig, dreieckig oder sechseckig (wabenförmig) beschnitten sein.

2. Stufe: Mehrere dieser Bildreihen übereinander gelegt ergeben eine strukturierte Fläche.

3. Stufe: Es wechseln jeweils ein seitenrichtig und ein seitenverkehrt vergrößertes Bild miteinander ab.

4. Stufe: Jetzt wechseln aufrecht stehende und kopfstehende Bilder miteinander ab.

5. und höchste Stufe: In waagerechter Richtung wechseln seitenrichtige und seitenverkehrte, in senkrechter Richtung aufrecht stehende und kopfstehende Bilder miteinander ab. Auch bei den

etwas komplizierteren Strukturen aus Dreiecken (Kaleidoskop-Struktur! Seite 157) oder Sechsecken ordnen wir die Einzelbilder immer so nebeneinander an, daß man glauben könnte, sie spiegelten sich gegenseitig. (Über symmetrische Viererblocks aus Dia-Dups mehr Seite 197.)

Die Möglichkeiten der Schnittmontage sind mit dem »Panoramieren« und Strukturieren noch lange nicht erschöpft. Beispielsweise können wir auch Foto- oder – noch besser – harte Fotografik-Gestaltungen in Streifen oder Würfel zerschneiden und diese dann etwas gegeneinander verschoben wieder zusammenmontieren.

Oder denken wir auch an die Foto-Collage! Verschiedene verschiedenartige Details werden aus verschiedenen Fotos ausge-

Mit dem Fisheye reproduzierte Foto-Collage

schnitten und zu verschiedenen wilden Phantasiegebilden zusammengesetzt (24 B).

Noch einige kleine Hinweise für die Praxis:

Je härter die Fotos, desto besser eignen sie sich für Schnittmontagen. Den Fotografik-Gestaltungen stehen übrigens auch die erwähnten markanten Trennungslinien zwischen den Einzelbildern besonders gut. Wollen wir jedoch die Nahtstellen aus irgendeinem Grunde völlig verschwinden lassen, dann färben wir die Schnittkanten überall da mit schwarzer Retuschierfarbe an, wo dunkle Formen aneinanderstoßen. Anschließend werden die Montagen reproduziert. Im Negativ müssen wir meist noch helle Striche zwischen dunklen Feldern mit schwarzer Farbe überkleistern. Es handelt sich dabei um die Nahtstellen zwischen den in den Originalen hellen Feldern. Übrigens: Grau angelaufene Stellen in Bildteilen, die eigentlich strahlend weiß erscheinen sollen, lassen sich mit Farmerschem Abschwächer entfernen.

Telegramm-Information:

- Schnittmontagen ermöglichen: Foto-Collagen, gestückelte Verschiebe-Figuren, Panoramen aus mehreren Einzelbildern sowie Foto-Strukturen (einfache Reihungen wie komplizierte Kaleidoskop-Effekte mit seitenrichtigen, seitenverkehrten, aufrecht- und kopfstehenden Bildern).
- Harte Fotos und Fotografik-Gestaltungen eignen sich besonders gut als Ausgangsmaterial für Schnittmontagen. Bei Strukturen können zwischen Einzelbildern helle oder dunkle Stege (je nach Untergrund) stehenbleiben. Bei Montagen auf Stoß verschwinden Trennungslinien durch schwarzfarbige Retuschen in der Vorlage und im Reproduktions-Negativ.

Teil IV

Color Spezial

Dies fette Kapitel, von mir mit einiger Mühe auf 11 Abschnitte begrenzt, mag eines demonstrieren: Die phantastische Fotografie hat ein besonders inniges Verhältnis zur Farbe. Das dürfte letztlich darauf zurückzuführen sein, daß die farbige Darstellung der schwarzweißen immer und unter allen Umständen zusätzliche Möglichkeiten, zusätzliche Dimensionen der Gestaltung voraushat.

Damit soll durchaus nichts gegen die Schwarzweiß-Fotografie gesagt werden, denn dieses Zusätzliche, durch die Farbe Bewirkte, kann gelegentlich einmal – sehr gelegentlich einmal – auch zuviel sein. Lassen wir uns aber durch des Gedankens Blässe nicht irritieren: In 11 Abschnitten geht es jetzt um Farbe, um Farbe und nochmals um Farbe!

Kunstlichtfilm bei Tage

Daß es gar nicht so verrückt ist, wie es zunächst klingen mag, den für Kunstlicht-Aufnahmen (mit Glühlampen für fotografische Zwecke) bestimmten Diafilm bei Tageslicht zu verwenden, das hoffe ich Ihnen gleich noch beweisen zu können.

Zunächst eine Bemerkung zur Aufnahme-Technik: Unsere Belichtungsmesser pflegen überempfindlich gegen warmfarbiges Licht und damit gegen Kunstlicht zu sein. Sehen sie zuviel Rot, schlagen sie zu weit aus (Seite 18). Die »Rot-Neuralgie« der Meßgeräte wird selbstverständlich bei der Eichung von Kunstlichtfilmen berücksichtigt. Sie werden im Vergleich zu den Tageslichtfilmen so 1 bis 3 DIN empfindlicher eingestuft. Zwangsläufig führt das dann zu leichten Unterbelichtungen, wenn so ein Kunstlichttyp mit Tageslicht gefüttert wird. Es empfiehlt sich dann – je nachdem, welches Gespann Belichtungsmesser–Film gerade zusammenwirkt –, Blende oder Belichtungszeit eine halbe bis ganze Stufe reichlicher zu bemessen.

Was hat es aber nun für einen Sinn, bei Sonnenlicht den Kunstlichtfilm zu verwenden? Bekanntlich läßt der doch alles völlig verblauen!

Wirklich? Alles? Und völlig?! Denkste! Bitte – auch ich habe das gedacht. So lange, bis ich es vorzog einige Versuche durchzuführen! Das Ergebnis:

- Kräftiges Rot schlägt auch auf dem Kunstlichtfilm durch! Rot bleibt Rot!
- Kräftiges Goldgelb – auch Gold – kann unter einigermaßen günstigen Bedingungen weißlich wiedergegeben werden. Orangegelb erscheint hellgelb.
- Hellbraun fällt Violett aus. (Teint!)
- Grau, Weiß und Grün verblauen. (Tief- und Gelbgrün kann blaugrün ausfallen!)
- Schwarz bleibt Schwarz, wie sich das ja auch gehört!

Wird unser Motiv von Farben beherrscht, die im Kunstlichtbild alle nach Blau hin wegschwimmen, dann wirkt so ein Dia natürlich auch blaustichig. Kommt aber daneben noch einigermaßen reines Weiß, reines Schwarz oder reines Rot vor, dann sieht so ein Bild farbig, vielleicht verrückt farbig, aber jedenfalls stichfrei farbig aus. (Bitte beachten Sie dazu die Thesen zur nichtrealistischen Farbgestaltung Seite 177).

Ein hellblondes Mädchen in weißem Bikini brav von der Sonne beschienen, ist kein sonderlich erfreuliches Motiv – zumindest nicht für den Kunstlichtfilm. Das gute Kind sähe aus, als ob es eben aus einem riesigen Tintenpott herausgeangelt worden wäre – einschließlich der Strandszenerie ringsum!

Hat die junge Dame aber einen knallroten Bikini an, der vielleicht auf Tageslichtfilm sogar zu penetrant wiedergegeben wird, dann können wir es riskieren, den Kunstlichtfilm zu benutzen. Lange schwarze Haare sind für die Bildwirkung günstig, wie alles Schwarze, Silhouettenhafte, Gegenlichtige (Seite 178).

Die älteren Foto-Folianten durchgeistert das sogenannte Mischlicht zwischen Tages- und Glühlicht als schauerliches, kettenrasselndes Schreckgespenst. Spuk hin, Spuk her – ich benutze Mischlicht mit besonderer Vorliebe! Erst letzte Woche habe ich in meinem Zimmer eine junge Frau auf Kunstlichtfilm aufgenommen – brav und bieder mit Glühlicht. Die Rolle des Hintergrundes jedoch übernahm der wolkenverhangene Himmel – draußen vor dem Fenster. Der aber zauberte mir ein hinreißendes, ein faszinierendes, ein hinreißend begeisterndes blaublumiges Blau ins Dia!

Ich benutze aber auch gern eine blaue Blitzlampe oder ein E-Blitzgerät, um etwa eine weiße Wand im Hintergrund oder irgendein Bilddetail in prachtvolles Blau zu tauchen. Denn dies auf Tageslichtfilm abgestimmte Blitzgelichter benimmt sich dem Kunstlichtfilm gegenüber so, als ob es eine echte blaue Strahlungsquelle wäre. Selbstverständlich ist der Farbunterschied zwischen Glüh- und Blitzlicht auch dazu auszunutzen, ein scharfes bläuliches Blitzlicht mit einem unscharfen kunstlichtbelichteten und daher korrektfarbenen Bewegungsbild zu kombinieren (Seite 67 und nächster Abschnitt). Noch ein Tip: Versuchen Sie doch gelegentlich auch, Motive im Freien mit warmfarbig gefiltertem Blitzlicht (Filter R 12 oder R 16) aufzuhellen.

Telegramm-Information:

- Wird Kunstlicht-Diafilm bei Tageslicht benutzt, so ist er um 1/2 bis 1 Stufe reichlicher zu belichten. Tages- und Blitzlicht wirkt wie blaue Strahlungsquelle.
- Wichtig für die Motivwahl: Es darf nicht alles Blau in Blau erscheinen! Daher intensives Rot (bleibt rot), Goldgelb (wird weiß) oder Schwarz mit ins Bild einbeziehen.
- Besonders attraktiv geraten Mischlicht-Aufnahmen! Kunstlicht (Glühlampenlicht) oder warmfarbig gefiltertes Blitzlicht (R-12- bis R-16-Filter) mit Tageslicht oder ungefiltertem Blitzlicht kombiniert einsetzen.

Tageslichtfilm bei Kunstlicht

Vergleichen wir die fotografischen Farbgestaltungsmöglichkeiten von Tageslichtfilm bei Kunstlicht (Fotolampen) und von Kunstlichtfilm bei Tageslicht, so schneidet der Tageslichtfilm dabei ziemlich schlecht ab.

Alle weißen, bräunlichen und grauen Farben wandeln sich bei Glühlampen-Beleuchtung in nicht immer sauberes Braunorange. Daneben setzen sich die roten Töne durch. Nun sind Orangegelb und Rot so nahe Verwandte, daß sie eben gerade keinen sonderlich auffälligen Farbkontrast bilden. Was aber ist mit Grün? Ich habe einige Male erlebt, daß kräftiges Grün interessant und verhältnismäßig wenig verschmutzt wiedergegeben wird. Allerdings wandelt sich der Charakter des kritischen Grüns schon bei geringfügigen Änderungen der Lichtfarbe völlig.

Dabei ist es kaum möglich, vorauszusehen, wie Grün kommt – und wenn es gut kommt, dann ist immer ein bißchen Glück mit dabeigewesen.

Aber ganz abgesehen von allen Farbwiedergabe-Problemen: Flächenfüllend ist eben Braunorange wesentlich unsympathischer als etwa Blau. Dagegen ist nur ein Kraut gewachsen! Wir müssen die warmfarbigen Flächen so weitgehend wie möglich durch neutrale Töne verdrängen. Führen wir etwa eine große schwarze Samtfläche oder den nächtlichen Himmel als Hintergrund ein, so tut uns der verbleibende schäbige Rest von Braunorange im Vordergrund nicht mehr weh. Ein – vielleicht durch Überbelichtung herausgekitzelter – weißer Hintergrund leistet dieselben Dienste. (Mehr darüber im übernächsten Abschnitt.)

Zwar bin ich der Meinung, daß der Tageslichtfilm bei purem Kunstlicht nicht allzu häufig aufregende Bild-Ergebnisse liefert. Für Mischlicht jedoch eignet er sich ganz hervorragend.

Die im letzten Abschnitt bereits mit umgekehrtem Vorzeichen besprochene Kombination von scharfem Blitz- und unscharfem Bewegungsbild vor dunklem Hintergrund ist ein gutes Beispiel dafür. Allerdings schlägt in den meisten Aufnahmen dieser Art die warme Kunstlichtfarbe doch noch zu sehr durch. Um die verschiedenen Lichtfarben noch mehr auseinanderzuzerren, empfiehlt es sich daher, vor der Blitzleuchte ein hellblaues Filter anzubringen (Seite 67).

Der interessante Motivbereich für die Kombination Kunstlicht + Tageslichtfilm ist sicherlich die Aktaufnahme. Der Hautton kommt unter Halogenlicht dann warmfarbig und nicht unappetitlich käsig, wie so häufig, wenn ich E-Blitzlicht benutze.

Telegramm-Information:

- Wird Tageslicht-Diafilm bei Fotolampen-Licht benutzt, so setzt sich im Bild stets Rot durch, in günstigen Fällen auch Grün. Das in den Bildern meist vorherrschende Braunorange ist keine gute Hintergrundfarbe und sollte daher durch Schwarz eingeschränkt werden. (Näheres zur Farbgestaltung im übernächsten Abschnitt!) Günstige Ergebnisse sind von Mischlicht (Glühlicht plus Blitz- oder Tageslicht) zu erwarten.

Lichtquellen für Phantasie-Color

Als Farbstrahler bieten sich folgende Lichtquellen an:

- Blitzleuchten. Vor deren Reflektor lassen sich Farbfolien oder Farbgläser aller Art mit Klebefilm anbringen.
- Schaufenster-Reflektor-Lampen in Rot, Grün, Blau und Gelb. Ich schätze besonders die sehr farbintensiven Ausführungen dieser Lampen, die in jede übliche Glühlampenfassung (E 27) passen.
- Die Schott Kaltlicht-Nahaufnahme-Leuchte Kl 1500 mit dreiflammigem Lichtleiteraufsatz. Dazu gehören noch Spot-Vorsätze und Farbfilter. Auch Polarisationsfilter stehen zur Verfügung. Die Leuchte ist nicht ganz billig, stellt aber mit ihren drei Minireflektoren an den biegsamen Lichtleitern ein komplettes Nahaufnahme-Ministudio dar. Diese Kaltlichtleuchte erlaubt ein unwahrscheinlich zügiges, bequemes und vielseitiges Arbeiten – so lange wir uns eben auf den Nahbereich, und gegebenenfalls auch noch auf den Porträtbereich beschränken.
- Kleinbild-Projektoren als Farbstrahler. In die Diabühne lassen sich Farbfolien praktizieren. Auch Polarisations-Filter können dem Objektiv vorgesetzt werden – wenigstens für ein paar Minuten. Wird die Durchstrahlungszeit zu lange, dann drohen sie durchzuschmoren. Im übrigen lassen sich auch Rasterfolien oder sogar Dias mit dem Projektor auf helle Objektflächen aufprojizieren.
- Hedler Profi Spots 75 W 12 Volt. Das sind helle Spot-Strahler für starke Lichtbündelung. Auch diese handlichen und gut transportablen Leuchten sind nicht so sehr billig, zeichnen sich aber dadurch aus, daß die Austrittslinse nicht sehr warm wird. Wir können mit Klebefilm Filter aller Art, auch Polarisationsfilter davor kleben. Zumindest 5 Minuten können wir diese Leuchten eingeschaltet lassen.
- Kaiser Sicherheitsgebläseleuchten »studiolight« in 1000 und 2000 W mit hitzebeständigen gläsernen Einschubfiltern in Tageslicht-Blau, Effekt-Blau, Effekt-Rot, Effekt-Grün und Effekt-Gelb.
- Für alle Leuchten eignet sich der Hama Folienhalter, eine Drahthalterung, die mit Distanzrahmen einige Zentimeter vor der Leuchte befestigt wird. Daran können Filterfolien 21 × 21, 30 × 30 oder 40 × 40 cm aus dem Filterset Cool Colours (9 Filter in

verschiedenen Blau- und Grüntönen) oder Warm Colour (9 Filter in gelblichen und rötlichen Tönen) befestigt werden. Insbesondere leistungsstarke Leuchten, dürfen natürlich nur kurzzeitig eingeschaltet werden.

Ich selbst habe schon Filter, auch Polfilter, mit Hilfe von Eigenbauhalterungen aus Pappe an den Flügelklappen einer 1000 W Halogenleuchte befestigt. Allerdings mußte ich die dann mit einer Lampe geringerer Leistung (300 W) bestücken und durfte überdies die Leuchte immer nur für höchstens 20 s einschalten. Das mit der Pappe ging übrigens ganz gut. Ich sorgte durch rechtzeitiges Abschalten dafür, daß sie nicht in Flammen aufging, was auch meine Filter vor dem Verschmoren bewahrte.

Noch eine Bemerkung zur Belichtung: Wie bereits angedeutet (Seite 18, 170), ruft rotes Licht bei den meisten Belichtungsmessern

allzu heftige Reaktionen hervor. Bitte daher Blende gegebenenfalls etwa eine Stufe weiter öffnen! Blau hingegen wirkt ausgesprochen einschläfernd auf die Meßgeräte. Dementsprechend muß ich knappere Belichtung – bis zu etwa einer Stufe – empfehlen.

Testen Sie vorsichtshalber das Verhalten Ihrer eigenen Ausrüstung gegenüber farbigem Licht. Eingestandenermaßen spielt allerdings die sogenannte »exakte Belichtung« für Phantasie-Color-Gestaltungen nicht die gleiche Rolle wie für Aufnahmen mit mehr realistischem Farbcharakter.

Telegramm-Information:

- Vor Blitzleuchten lassen sich völlig, vor Projektoren ziemlich problemlos Farbfilter aller Art anbringen.
- Vor Hedler Prof-Spots 75 W 12 Volt sind Filter aller Art zu verwenden.
- Im Nahaufnahmebereich bewähren sich Lichtleiter-Kaltlichtleuchten mit den entsprechenden Filtern.
- Zu Kaiser studiolight Halogenleuchten 1000 und 2000 W gibt es Einschub-Farbglasfilter.
- Ein Drahtrahmen-Filterhalter (Hama) kann in Verbindung mit den dazu passenden Filterfolien (Hama) vor allen Leuchten angebracht werden. Leuchten mit starker Wärmeentwicklung dürfen jedoch nur kurzzeitig eingeschaltet werden.
- Farbintensive Reflektorstrahler sind für die fotografische Farbeffekt-Gestaltung gut geeignet.
- Bei vorwiegend roter Beleuchtung Blende bis zu einer Stufe weiter öffnen, bei vorwiegend blauer dementsprechend schließen.

Vario-Effekt-Aufnahme mit farbigem Licht (Grüne Aufnahmelampe, eine rote und eine orange gefilterte Blitzleuchte). ▶

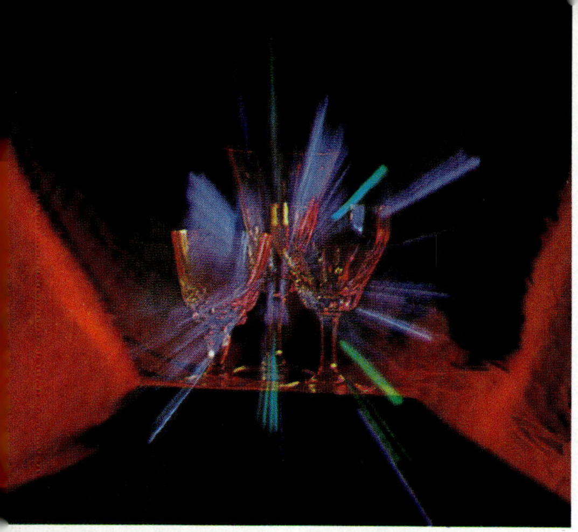

Color-Vario-Effekt:
Links Mitte: Farbig beleuchtete Gläser, aufgenommen auf Kunstlichtfilm mit Brennweite in »Ruhestellung«.

Oben: Doppelbelichtung:
Erstbelichtung mit ruhender Brennweite. Farbiges Licht. Zweitbelichtung mit Zoomeffekt. Tageslicht in Verbindung mit einer grünen Aufnahmelampe.

Unten: Doppelbelichtung:
Erstbelichtung mit Tageslicht. Vario-Effekt-Zweitbelichtung mit farbiger Beleuchtung.

Rechts: Drache im Farblicht-Nimbus, aufgenommen in einem Tempelbezirk in Taipeh auf Taiwan. Hier bin ich ausnahmsweise einmal von meinem Prinzip abgegangen in Ländern mit reichhaltiger fremder Kultur auf Tricktechnik zu verzichten. Ich habe einen Spektral-Effekt-Vorsatz benutzt, weil er die Silhouette des Drachens – in China glückbringendes Sinnbild des Fruchtbarkeit spendenden Regens und der Zeugungskraft Yang – in der ihm gebührenden Weise verklärt. Das Beispiel zeigt, daß die Spektralfarben um so besser zur Geltung kommen, je dunkler der Hintergrund, vor dem sie erscheinen. Das Bild wurde sehr knapp belichtet. Bei messungsangepaßter Belichtung wäre der Himmel zu hell gekommen und wären die Farbstreifen völlig verweißlicht worden. Überbelichtung hätte die Farben im Himmel sogar zum Verschwinden gebracht.

Oben: Vario-Effekt-Nachtaufnahme, vom »I-Punkt« des Europacenters in Berlin aus geknipst.

Rechts: Weihnachts-Illumination in der Mönckebergstraße in Hamburg. Während der 1/2-sekündigen Belichtung wurde eine Tricklinse mit 6 Facetten vor dem Objektiv gedreht.

Linke Seite: Crucifixus als Silhouette vor einem Chorfenster aufgenommen. Die durch einen Spektral-Effekt-Vorsatz eingebrachten Farben bringen in das Passions-Motiv eine Vorahnung der Auferstehung und der Himmelfahrt ein. Die Regenbogen-Farben, die die kosmische Gesamtheit versinnbildlichen, sind in der christlichen Kunst mit dem triumphierenden Christus verbunden – mit der Auferstehung (Isenheimer Altar) und der Himmelfahrt (Regenbogengloriole in der byzantinischen Kunst).

Rechte Seite oben links: Stoffzwerg mit Anamorphoten aufgenommen. Tageslichtfilm-Aufnahme mit Kunstlichtbeleuchtung.
Oben rechts: Elektrische Eisenbahn mit Tricklinse bei Tageslicht auf Kunstlichtfilm aufgenommen.
Unten rechts: Tanzendes Mädchen, anamorphotisch verzerrt. Kunstlichtbeleuchtung. Tageslichtfilm.

Kleine Gestaltungskunde für Phantasie-Color (Zusammenfassung)

Daß Regeln in der Fotografie und auch sonst problematisch sind, darüber bin ich mir durchaus im klaren. Sicherlich beziehen die besten Aufnahmen ihre Wirkung nicht zuletzt aus einer bewußten (!!!) Verletzung anerkannter Regeln.

Andererseits ist es unmöglich, auf Regeln zu verzichten, wenn es darum geht, sich in etwas einzuarbeiten – auch etwa in die eine oder andere fotografische Methode. Dennoch will ich hier im Grunde genommen keine Regeln für die Gestaltung mit farbigem Licht verkünden, sondern lediglich Empfehlungen geben. Die sollen es ermöglichen, sich verhältnismäßig rasch mit der Farblicht-Gestaltungspraxis vertraut zu machen. Der Begriff »Regel« paßt mir also nicht! Aber auch das Wort »Empfehlung« scheint mir – kaum habe ich es hingeschrieben – vielleicht doch nicht so ganz glücklich gewählt zu sein. Im Grunde genommen geht es mir um »Meidungs-Vorschriften«. Überall da, wo es darauf ankommt, gestalterisch Formen zu schaffen, muß festgestellt werden, was nicht getan werden darf. Fehlt der einschränkende Rahmen, so kann zwar Chaos in beliebigen Mengen produziert werden, aber keine Form entstehen. Was die Farbgestaltung anbelangt, so soll hier durch 9 Orientierungspunkte die rohe und ungefüge Masse der Möglichkeiten gegliedert werden:

1. Keine Farbe sollte das gesamte Bild gleichmäßig einfärben. Zumindest ein einziges, winziges Bilddetail muß mit der Grundtönung kontrastieren.
Zwei Beispiele:

- Wir bestrahlen eine Gruppe mit rotem Licht. Zum Ausgleich zaubern wir einen Saum um mindestens eine Person mit einem grünen, blauen oder gelben Gegenlichtblitz.

◀ Linke Seite:
Oben: Wasserglas vor einem Hintergrund von zerknittertem Silberpapier mit drei verschiedenen Farblichtquellen beleuchtet. Vor der Objektiv-Frontlinse war eine Pappschablone mit einem Rhombusausschnitt angebracht, der die Lichtkreise im unscharfen Hintergrund nach seinem Bilde umformt.
Unten: Dreifarbig beleuchtetes zerknittertes Silberpapier-Gebilde total unscharf durch eine Pappschablone mit Doppelspiralen-Ausschnitt hindurch aufgenommen.

- Wir leuchten ein Stilleben mit zwei grünen Schaufensterstrahlern aus. Den Ausgleich bewirkt der Orangeschimmer einer oder mehrerer Kerzen (oder fluoreszierende Farben, Seite 185).

2. Einer Farbe, die das ganze Bild zu durchtränken droht, muß zumindest Schwarz entgegengestellt werden.
Zwei Beispiele:

- Wir tauchen ein Modell völlig in rotes oder gelbes Licht. Als Hintergrund jedoch dient der nachtschwarze Himmel oder schwarzer Seidensamt. Umgekehrt kann sich auch eine dunkle Silhouette von einem einfarbig beleuchteten Fond abheben.
- Wir blitzen eine Holzplastik mit gelbem Gegenlicht an. Die Leuchte ist so dicht hinter dem Objekt anzuordnen, daß es bis auf den Lichtsaum mitsamt dem Hintergrund in Schwärze versinkt. Weiter Abstand der Lichtquelle (Telelicht) würde im Innenraum eine kräftige Aufhellung der Schatten verursachen.

3. Eine Farbe, die das gesamte Motiv in Beschlag nehmen möchte, kann auch mit Weiß bekämpft werden.
Zwei Beispiele:

- Wir nehmen eine Party mit purpurfarbig gefilterten Lichtquellen aufs Korn. Eine Leuchte strahlt aus dem Hintergrund heraus direkt ins Objektiv. Im Bilde erscheint sie als überbelichteter, weißer, mit einem Farbsaum umgebener Fleck. Sehr effektvoll nutzt übrigens auch Jochen Hardes bei einem einfarbig bestrahlten Motiv (13 B) die neutralisierende Wirkung weiß ausgefressener Gegenlichtsäume aus.
- Wir färben eine Person mit Licht orangerot an. Als Hintergrund dient jedoch eine weiße, neutral beleuchtete Fläche oder – noch einfacher – der wolkenbedeckte Himmel. Als Ergebnis kommt dabei so eine Art von farbiger Silhouette heraus, allerdings eine Silhouette mit Durchzeichnung. Interessant ist auch folgende Variante: Unbeleuchtetes Modell wird vor farbig bestrahlter Wand angeordnet. Der Hintergrund ist so maßlos überzubelichten (Seite 21), daß er im Bilde weiß erscheint – und das Modell farbig getönt!

4. Grelle, miteinander kontrastierende Farben dürfen zwar gleichzeitig in einem Bild erscheinen, aber sich nicht großflächig gegen-

überstehen. Harmonische Wirkungen ergeben sich, wenn die kräftigen Farben in Flocken, Punkte oder Streifen aufgelöst sich gegenseitig ineinander verzahnen.
Zwei Beispiele:

- Wir wollen in ein Stilleben mit einer Gipsfigur gleichzeitig grellrote und blaugrüne Farben praktizieren. Würden wir die linke Hälfte der Figur grellrot, die rechte blaugrün bestrahlen, so sähe das ziemlich schauerlich aus. Bringen wir aber beispielsweise vor der total blaugrünbeleuchteten Figur ein gelbrot bestrahltes Gitter an, so durchdringen sich die beiden gegensätzlichen Farben in harmonischer Weise.
- Wir richten zwei rote Schaufensterstrahler auf ein vor dunklem Hintergrund tanzendes Mädchen. Die Belichtungszeit soll 1 bis 2 Sekunden betragen. Zusätzlich schießen wir blaugrüne Blitze ab. Dann überlagern und durchdringen sich scharfe, blaugrüne Blitzbilder mit verwischten, roten Bewegungsspuren.

5. Grelle, kontrastierende Farben lassen sich besonders gut durch ausgdehnte, neutralfarbene Flächen – weiß, grau, schwarz – miteinander versöhnen. Dieses Hilfsmittel verschmähen selbst die farblich wenig zimperlichen Pop-Artisten nicht (8 A/10 A).
Zwei Beispiele:

- Wir setzen auf verschiedene Objektdetails rotes, grünes blaues und gelbes Gegenlicht an. Die großen Schattenflächen bleiben unaufgehellt schwarz. Der Hintergrund soll ebenfalls schwarz, kann aber auch weiß sein.
- Wir hauen einer kunterbunten Gruppe die wildesten Buntfarben in buntem Durcheinander um die Ohren. Schwarze Kleidung und schwarze Details im Hintergrund sorgen dennoch für eine harmonische Farbwirkung. Selbstverständlich muß die Belichtung so knapp bemessen sein, daß Schwarz auch wirklich schwarz wiedergegeben wird.

6. Unter den Buntfarben ist nur eine – dunkles Blau – in der Lage, als Hintergrundfarbe grelle Töne zu harmonischem Zusammenklingen zu veranlassen. Zwar sind Dunkelblau und Schwarz nicht physikalisch, aber doch gewissermaßen »charakterlich« verwandt miteinander. (Dem Schwarz der Nacht geht das Blau der blauen Stunde voraus!) Das erklärt übrigens auch die große Bedeutung

des bei Tages- und Blitzlicht eingesetzten verblauenden Kunstlichtfilms für das Gestalten phantasiefarbener Bilder. »Kein schöner Blau in dieser Zeit als das des Kunstlichtfilmes weit und breit!«
Zwei Beispiele:

- Wir sorgen dafür, daß eine Gruppe von blauem Licht umflutet wird. Dann können wir die Personen einzeln mit gelbem, grünem und rotem Gegen- oder Streiflicht bestrahlen.
- Wir nehmen mit Kunstlichtfilm einen vom Tageslicht erhellten Innenraum auf. Zusätzlich kommen farbige Lichtquellen – farbige, mit Blitzlampen bestückte Lampions, intensiv farbige Schaufensterstrahler – mit aufs Bild.

7. Zartere, unter Umständen sogar etwas deftigere Verfärbungen des Lichtes fallen überhaupt nicht auf, wenn die Eigenfarben des Motives sehr kräftig sind. Bei vorwiegend weißen, hellgrauen oder beigefarbenen Objekten wirkt sich hingegen die leichteste Verfärbung des Lichtes aus – und zwar meist unangenehm als Farbstich.
Zwei Beispiele:

- Wir machen eine Porträtaufnahme eines Mädchens mit einer zartgrün gefilterten Blitzleuchte. Die Lippen werden so kräftig geschminkt, daß das Rot auf dem Bild durchschlägt und zum grün gefärbten Teint kontrastiert.
- Wir setzen ein orangefarbenes Konservationsfilter (R 6) vors Objektiv, um eine Straßenszene auf Tageslichtfilm aufzunehmen. Als Ausgleich beziehen wir das grüne Licht einer Verkehrsampel groß aufgefaßt ins Bild mit ein.

8. Farbige Gestaltungen mit nahe verwandten Farben müssen nicht, können aber außergewöhnlich elegant wirken. Licht-Kombinationen wie Blau–Blaugrün, Gelb–Orange, Violett–Purpur, Gelbgrün–Gelb erweisen sich besonders dann als erfolgversprechend, wenn die Farbtöne gedämpft gehalten oder aber schwarze, weiße oder graue Töne zusätzlich zur Bildgliederung herangezogen werden.
Zwei Beispiele:

- Wir lassen eine Bronzeplastik in grünem Blitzlicht auffunkeln. Die Kamera ist mit Kunstlichtfilm geladen. Als Hintergrund tritt der tiefblaue – weil unterbelichtete – Himmel auf. (Fotos von Erich Lessing 7 A.)

- Wir setzen Trinkgläser unter violettes, indirektes Licht. Eine purpurfarbig gefilterte Leuchte hat für Reflexe zu sorgen, die das Motiv beleben.

9. Unterschiedlich getönte, einfarbig beleuchtete Bilder, die jeweils allein für sich etwas langweilig erscheinen mögen, können durch geschickte Gegenüberstellung interessante Wirkungen ergeben. Zwei Beispiele:

- Wir arrangieren in einem Album auf schwarzem Karton verschiedenfarbig getönte randlose Fotos ähnlicher Motive.
- Wir kombinieren in ein Rähmchen einen Ausschnitt aus einem ausschließlich rot und aus einem ausschließlich blaugrün beleuchteten Dia. Beide Bilder trennt ein schwarzer Klebestreifen (Seite 197).

Und noch ein kleiner Tip: Nehmen wir an, Sie fotografieren eine Puppe. Nehmen wir weiter an, daß der Hintergrund weiß sein soll. Nehmen wir zum dritten noch an, daß Sie zur Beleuchtung etwa eine rote, eine blaue und eine grüne Strahlerlampe mit intensivem Farbton von vorn und von der Seite auf die Puppe einstrahlen lassen. Dann spielen auf der weißen Rückwand faszinierende farbige Schatten – ein wahrhaft phantastisches Motiv.

Telegramm-Information:

- Bei Color-Beleuchtung ist zu verhindern, daß ein Bild von nur einer einzigen Farbe beherrscht wird. Gegenmaßnahmen: Spuren anderer Farben (auch Lichtquellen), Schwarz (Schatten, Silhouetten) oder Weiß (Überbelichtung) ins Bild mit einbeziehen.
- Grelle Farbkontraste sind zu lindern: Farbflächen müssen in kleine Tupfen beziehungsweise Streifen aufgelöst werden und sich gegenseitig ineinander verzahnen, oder unbunte Farben (Schwarz, Weiß, Grau) sind großflächig ins Bild einzubeziehen, oder Blau ist als Hintergrundfläche zu wählen. (Kunstlichtfilm bei Tages- und Blitzlicht).
- Kombinationen von (zarten) verwandten Farben – etwa Blau–Blaugrün, Gelb–Orange – ergeben bisweilen stilvolle Farbwirkungen.
- Geringfügigere bis etwas bedeutendere Verfärbungen des Lichtes sind Abbildungen von stark farbigen Motiven kaum oder überhaupt nicht anzusehen. Dagegen sind hell getönte, farbarme Motive gegen winzige Verfärbungen im Licht überempfindlich.
- Wenig interessante, monochrome Bilder in unterschiedlichen Tönungen gewinnen geradezu unwahrscheinlich an Wirkung, wenn sie geschickt einander gegenübergestellt werden.

Psycho-Effekte von Farben

Farben haben nicht nur ästhetisch-dekorative Funktionen; sie erwecken auch Stimmungen. Bedauerlicherweise ist es fast unmöglich, bereits bei der Aufnahme vorauszusagen, welche Lichtfarbe dem Bilde welchen Stimmungswert verleihen wird. Zwar ist die Farbe ein sehr wichtiger, stimmungs-stimulierender Faktor, aber eben nur einer und nicht der einzige. Ein gewichtiges Wörtlein haben in der Praxis unter anderm noch mitzureden: die Helligkeitsverteilung, der Bildaufbau und nicht zuletzt das Motiv selbst. Wenn ich dennoch versuche, in der folgenden Übersicht einige Bemerkungen zum Thema Farbe und Stimmung zu machen, so kann es sich naturgemäß nur um einige sehr allgemeine Tendenzen handeln.

Übrigens setze ich zwei Dinge voraus:

- Es handelt sich nur um recht schwache Verfärbungen, wie sie sich etwa ergeben, wenn zarte Konversions- oder Kopierfilter benutzt werden.
- Als Motiv ist an ein Porträt gedacht. Und wenn Sie mich fragen: Ich denke natürlich an das Porträt eines hübschen Mädchens!

Verfärbung eines Porträts in Richtung:	Zu erwartende Stimmungstendenz:
Rot	leidenschaftlich, unheimlich, sinnlich
Rosa	entgegenkommend, süßlich
Orange	temperamentvoll, warmherzig, traut, hingebungsvoll
Gelb	berechnend, intelligent, überlegen, stolz, herrisch
Gelbgrün	unangenehm, unzuverlässig, schmierig
Grün	kränklich, fremd
Blaugrün	unwirklich, fern, nixenhaft
Blau	kühl, abweisend

Verfärbung eines Porträts in Richtung:	Zu erwartende Stimmungstendenz:
Violett	feierlich, streng, ernst
Purpur	würdig, prächtig, hoheitsvoll

Telegramm-Information:

- Durch zarte Filterung von Lichtquellen oder Objektiven ist der Stimmungswert von Porträts in weitem Ausmaß zu beeinflussen. Die beiden Pole sind Blau (kühl) und Orange (warm).

Schwarzweiß-Filter für die Farbaufnahme

Filter für die Schwarzweißaufnahme sind in der Regel sehr streng – ganz ähnlich wie die Lackschicht mancher Typen farbiger Schaufensterstrahler (Seite 174). Noch strenger, noch dichter und gleichzeitig noch satter in der Farbe sind die sogenannten Reprofilter in Rot (Agfa-Gevaert L 622; Kodak PM 29), in Grün (U 531; PM 61), in Blau (U 449; PM 47), in Gelb (L 489; PM 8).

Das sind Gelatinefolien, die beispielsweise für Farbauszüge (Drucktechnik) benutzt werden, aber auch für eine besondere Art des Colorvergrößerns (additive Filterungs-Verfahren). Oft wird nicht zu Unrecht ziemlich energisch davon abgeraten, Schwarzweiß- oder auch Reprofilter für Aufnahmen auf Farbnegativ- oder Farbdiafilm heranzuziehen. Es gibt aber doch auch Ausnahmesituationen. Immer dann, wenn schwarze Formen vor einfarbigem Hintergrund das Bild beherrschen, dürfen derartige Filter zur Steigerung der Farbintensität eingesetzt werden.

Ein bekanntes Beispiel sind Sonnenuntergänge (30 B). Durch Rotfilterung betonen wir die Glut der untergehenden Sonne in geradezu sagenhafter Weise (Und die Wirklichkeit? Ein Dreck dagegen!)!

Übrigens: mit Hilfe saftiger Überbelichtungen erreichen wir, daß eine weiße Sonne in einem roten Himmel über schwarzer Landschaft schwebt. Darüber hinaus können wir auch Silhouetten- oder harte Gegenlichtmotive nach Belieben orangefarben oder blau, grün oder gelb filtern.

Zu einem weiteren besonders effektvollen Filtertrick hat mich ein etwas älteres Umschlagfoto der holländischen Fotozeitschrift Focus (5 B), gestaltet von Wolfgang D. Winter, hingeführt. Es ist, wie ich vermute, mit drei strengen Reprofiltern aufgenommen worden. Dargestellt sind naturfarbene Kerzen, deren Flammen sich in rote, gelbe, blaue und grüne Zungen spalten.

Die Aufnahmepraxis stelle ich mir so vor: Die Kerzen werden dreifach belichtet (Seite 22), je einmal mit einem roten, einem grünen und einem blauen Filter. Bei den Einzelbelichtungen wurden die Flammen jeweils in eine andere Richtung gepustet. Die buntfarbigen Feuerzungen erinnern mich an ähnliche Fotos, die ich vor einiger Zeit in Popular Photography (28 B) gesehen habe. Es handelte sich um Aufnahmen von wellenbewegten Wasseroberflächen. Robert S. Harris hatte sie teilweise im Gegenlicht mit der Dreifiltermethode fotografiert, und zwar mit den Wrattenfiltern Nr. 25 (Rot), Nr. 61 (Grün) und Nr. 47 (Blau) auf Kodacolor-Farbnegativfilm. Auch in diesen Landschaftsaufnahmen werden die Felsen, die Küstenlinie – alles, was sich nicht bewegt – in natürlichen Farben abgebildet, während das lebhafte Wellengekräusel oder die Gischt der Brandung vielfarbig (multicolored) changieren.

Es hat gewiß einiges für sich, derartige gefilterte Dreifach-Belichtungen mit Negativfilm durchzuführen. Da kann man dann ganz einfach beim Kopieren die natürlichen Farben noch etwas hinbiegen, falls sie von Natur aus doch nicht ganz so natürlich geraten sein sollten, wie man sich das natürlicherweise wünscht. Dennoch führe ich zur Zeit einige Experimente auf Kunstlichtdiafilm mit den ebenfalls für Farbauszüge geeigneten Wrattenfiltern Nr. 70 (Tiefrot), Nr. 74 (Tiefgrün) und Nr. 98 (Tiefblau) durch. Als Objekt dient mir ein einfaches Wasserglas. Für die farberzeugende Bewegung hat Mineralwasser zu sorgen. Während jeder Einzelbelichtung gebe ich einen Schuß davon ins Glas. Da für die Multicolor-Aufnahme Motive mit dunklen, unbewegten und möglichst hellen, bewegten Details besonders günstig sind, beleuchte ich das perlende Wasser im Gegenlicht. Ich bin ja gespannt, was dabei herauskommt! Pause!

Ja, und inzwischen kann ich Ihnen das erste Ergebnis bekanntgeben: Es gelang tatsächlich, eine geradezu unwahrscheinliche farbige Sprudelei aufs Bild zu bannen.

Günstige Belichtungs-Einstellung: Bei Blau und Grün 1/3 der Messung durchs Filter hindurch, bei Rot genau entsprechende Messung!

Völlig unbewegten, aber kontrastreichen Motiven ist mit dem Dreifilterverfahren per Tricklinse (Seite 144) beizukommen. Die muß dann natürlich vor jeder Einzelbelichtung in eine andere Position gedreht werden.

Telegramm-Information:

- Schwarzweiß- oder Reprofilter lassen sich in besonderen Fällen zur Farbintensivierung von kontrastreichen Motiven mit vorwiegend schwarzen Formen benutzen: Silhouetten, Gegenlichtmotive (Sonnenuntergänge).
- Dreifachbelichtungen von Motiven mit unbewegten dunklen und bewegten hellen Details durch ein rotes, ein grünes und ein blaues Filter ergeben Abbildungen, in denen die unbewegten Details annähernd naturfarben, die bewegten in den buntesten Farben schillernd erscheinen.

Rotes Licht – erregt durch strenges Blau- und Grünlicht

Für den hochinteressanten Effekt, um den es jetzt geht, wird ganz streng gefiltertes Blau- oder Grünlicht benötigt – beispielsweise entsprechende Schaufensterstrahler oder unsere bereits erwähnte (Seite 174) Kaltlichtleuchte in Verbindung mit strengen Schott-Filtern oder aber ein Projektor, vor dessen Objektiv ein entsprechend strenges Blau- oder Grünfilter gesetzt wird. Was passiert nun? Eigentlich müßte das Motiv völlig verblauen bzw. ergrünen! Das geschieht auch – meist! Doch richten Sie nur einmal den Blaulichtstrahler am besten im total verdunkelten Raum auf gelbe, gelbgrüne, rote und blaurote Leuchtfarbe oder auf Motive, die damit bemalt worden sind. (Um Reklamationen zu vermeiden: Für meine Experimente habe ich die Plaka-Farben 80 Leuchtgelb, 84 Leucht-Gelbgrün, 82 Leucht-Hellrot, 84 Leucht-Blaurot benutzt.) Mitten aus der blauen Umgebung leuchten dann diese Farben kraftvoll rot und gelb heraus. »Leuchten« – das ist im Wortsinne gemeint! Es handelt sich wirklich um eine Lumineszenz-Erscheinung. Die blaue Strahlung regt die Farbstoffe an, selbst rotes und gelbes Licht abzustrahlen. Das ist ohne weiteres zu beweisen: Du bestrahlst blau einen Topf mit roter Leuchtfarbe und betrachtest das Ganze durch ein Orangefilter. Das Blau absorbierende Filter sorgt dann dafür, daß von der blauen Strahlung so gut wie nichts mehr zu sehen ist. Die Leuchtfarbe hingegen kommt strahlend hell oder richtiger »hell strahlend« heraus. Diesen Effekt habe ich auch mehrfach fotografiert.

Üblicherweise wird das beschriebene Leucht-Phänomen als Fluoreszenz bezeichnet. Es beruht auf der Tatsache, daß kurzwelligere Strahlen in der Lage sind, bestimmte Oberflächen anzuregen, langwellige Strahlen auszusenden. (Die fotografisch interessante Wellenlängenskala erstreckt sich zwischen kurz und lang von Ultraviolett über Violett, Blau, Grün, Gelb, Orange, Rot bis zum Infrarot.) Normalerweise wird Fluoreszenz mit UV-Strahlen angeregt. Ich habe viele einschlägige Aufnahmen gemacht und auch einiges darüber veröffentlicht (16 A, 37 B). In der Regel arbeite ich mit der UVaussendenden Philips HPW 125 W (mit Vorschaltgerät VG 4/125 W). Die ultraviolette Strahlung hat den Vorteil, daß sie eine ganze Menge verschiedener Stoffe zum Aufleuchten bringt. (Schwächere Fluoreszenzerscheinungen sind dabei lediglich im völlig verdunkelten Raum zu beobachten.) Mit Blaulicht ist es mir bisher nur gelungen, Leuchtfarben und Leuchtetiketten zum Aufstrahlen zu bringen.

So scheint auf den ersten Blick die Blaulichtfluoreszenz nicht allzuviel herzugeben. Der zweite Blick jedoch belehrt uns eines Besseren! Wir können immerhin Details in irgendeinem Motiv mit gelber oder roter Leuchtfarbe bemalen. Wird das Ganze dann streng farbig bestrahlt, erhalten wir ein einfarbig blau getöntes Bild, aus dem andersfarbige Inseln herausschimmern. Wie bereits erwähnt (Seite 76), benutze ich die Blaulichtfluoreszenz auch sehr gerne für Rotationskörper-Gestaltungen.

Versuchsweise habe ich nun auch die Leuchtfarben sehr strenger grüner Strahlung ausgesetzt. Siehe da, zu meiner eigenen Überraschung konnte ich sogar mit Grünlicht sowohl Leucht-Hellrot wie Leucht-Blaurot zum Fluoreszieren bringen. Das war nicht der erste und wahrscheinlich auch nicht der letzte Beweis für mich, daß es sich in der Fotografie doch immer wieder auszahlt, auch Experimente zu riskieren, von denen man sich zunächst keine Erfolgschancen verspricht. Blaulicht- wie Grünlichtfluoreszenz mag sowohl auf Kunstlicht- wie auf Tageslichtfarbfilm festgehalten werden. In einem Fall wird die grüne beziehungsweise blaue Reflexionsüberlagerung, im anderen die Fluoreszenz etwas mehr betont. Gelb-, Rosé- und Orangefilter vor dem Objektiv dämpfen ebenfalls das reflektierte Licht und holen dadurch die Leuchterscheinung deutlicher heraus.

Noch eine Bemerkung zu einer Selbstverständlichkeit: Der Belichtungsmesser hat natürlich in jedem Falle die lumineszierende Oberfläche anzupeilen!

Telegramm-Information:

- Sehr strenges Blaulicht regt gelbe und rote, strenges Grünlicht immerhin noch rote Leuchtfarbe zum Strahlen an. Aus einfarbigen, in blaues und grünes Licht getauchten Motiven leuchten warmfarbig Details heraus, wenn diese mit Leuchtfarbe bemalt wurden.
- Der Leuchteffekt wird vom Kunstlicht-Diafilm, noch deutlicher jedoch vom Tageslichtfilm wiedergegeben. Durch zarte gelbe, rosé- oder auch orangefarbene Filter vor dem Objektiv wird die Reflexlichtüberlagerung zurückgedrängt und die Leuchterscheinung betont.

Steckbrief: Farb-Infrarot-Film

Seit einiger Zeit ist ein Aufnahmematerial im Schwange, das den Spitznamen »Verrückt-Farben-Film« verliehen bekommen hat. Die offizielle Bezeichnung für den »Crazy-Color« oder auch »Falschenfarbenfilm« lautet: Ektachrome Infrared.

Die gestalterischen Möglichkeiten, die dieser Dia-Film erschließt, drohten, eingehend gewürdigt, dieses Paperback aus allen Nähten platzen zu lassen. Zudem habe ich mich schon an anderer Stelle (16 A, auch 18 A) im wahrsten Sinne des Wortes darüber verbreitet. Ich möchte mich deshalb hier auf einen verhältnismäßig knappen Steckbrief beschränken:

Das Material wird vom Fachhandel geliefert – muß aber dort

vorbestellt werden. Gelagert werden soll die Kleinbildpatrone für 36 Aufnahmen im Kühlschrank – bei Temperaturen nicht über 13,5 °C. (In der Praxis hält das Material jedoch auch über Wochen hinweg höhere Temperaturen aus – glücklicherweise!) Der Film darf nur in völliger Dunkelheit aus seiner Dose entnommen und in die Kamera eingeführt werden. Entsprechendes gilt für die Entnahme des belichteten Filmes. Auf Reisen benutze ich für die Einlegeprozedur immer einen Wechselsack.

Bei Tages- und Blitzlicht muß der Film stets durch ein Filter belichtet werden. Ich verwende die Filtertypen, die ansonsten nur für die Schwarzweiß-Aufnahme in Frage kommen. Am besten hat sich in meiner Praxis ein helles bis mittleres Orangefilter bewährt.

Der Farbcharakter – etwa einer Landschaftsaufnahme – wandelt sich mit der Filterung.

Filter	Vorherrschende Farbtendenz
ohne Filter	purpur bis violett
Gelb	blau, rot
Orange	beste Farbdifferenzierung
Rot	gelb, rot
Infrarot (Schwarz)	tiefrot
Grün	blau, violett, gegebenenfalls purpur

Bei Glühlampenlicht kann auf ein Filter verzichtet werden.

Die folgende Übersicht enthält einige Beispiele für die Farbwiedergabe des Farb-Infrarot-Filmes in Verbindung mit einem hellen Orangefilter bei Tageslicht um die Mittagszeit.

Farbe	Wiedergabe ohne Infrarot-Reflexion	Motivbeispiel	Wiedergabe mit Infrarot-Reflexion	Motivbeispiel
Schwarz	Schwarz	Verkohltes Papier	Rot	Bestimmte schwarze Stoffe
Blau	Schwarz	Meerwasser, mit blauer Farbe	Rot	Bestimmte blaue Stoffe und Farben

Farbe	Wiedergabe ohne Infrarot-Reflexion	Motivbeispiel	Wiedergabe mit Infrarot-Reflexion	Motivbeispiel
Grün	Blau	Grünes Meer, grüner Anstrich, Grünphase der Verkehrsampel, grüne Reptilienhaut	Purpur bis tiefrot	Lebendiges Grün (Gras, Laub)
Gelb	Bläulich	Gold	Weißlich	Löwenzahnblüte, Birkenrinde
Orange Braun	Grünlich	Hautfarbe (E-Blitz beleuchtet)	Gelblich Grün	Ziegel, Hautfarbe (Tageslicht, Kolbenblitz)
Rot	Grün	Manche Lippenstifttypen	Gelb	Erdbeere, roter Apfel
Weiß	Bläulich	Bestimmte Glassorten	Weiß	Weißer Verputz

Bereits diese sparsamen Angaben mögen beweisen, daß die Farbigkeit eines »crazy-color«-Filmes einem »normal-color«-Film nur selten ähnlich ist.

Das Material ist außerordentlich hart. Deshalb muß die Belichtung sorgfältig abgestimmt werden. Da der Infrarot-Anteil des Tageslichtes Schwankungen unterworfen ist, die der Belichtungsmesser nicht beziehungsweise nur unzureichend berücksichtigen kann, bitte ich Sie, die folgenden Angaben nur als Anhaltspunkte zu betrachten. Machen Sie von interessanten Motiven vorsichtshalber zwei zusätzliche Parallel-Aufnahmen mit jeweils plus und minus 1/2 Blendenstufe.

Empfindlichkeitsangaben für Ektachrome Infrared Film in °ISO (Messung ohne Filter vor dem Objektiv)

Filter	Abends und morgens bei Sonne	Mittags bei Sonne	Bewölkter Himmel	Kunstlicht
Ohne Filter	250/25°	160/23°	160/23°	500/28°
Gelb	160/23°	100/12°	100/21°	400/27°
Mittelorange	160/23°	100/21°	100/21°	250/25°
Rotorange	125/22°	80/20°	80/20°	160/23°
Rot	100/21°	50/18°	50/18°	

Belichtungswerte für die Dunkelblitz-Praxis

Filter	E-Blitzgerät mit Leitzahl 25 für ISO 100/21° Film
Schwarz (Wratten 87)	Leitzahl 16

Noch eine Bemerkung zur Blitzlichtpraxis: Wird mit der Gelatinefolie Wratten 87 der Reflektor einer Blitzleuchte lichtdicht verschlossen, dann ist vom Blitz bis auf einen sehr schwachen rötlichen Schimmer nichts zu sehen. Der Farb-Infrarotfilm jedoch zeichnet alles, was vom Blitz bestrahlt wird, tiefrot auf.

Übrigens: Feuer und Glut – etwa das Glimmen einer brennenden Zigarette – gibt der Farb-IR-Film besonders effektvoll und hell wieder.

Telegramm-Information:

- Der Infrarot-Diafilm (Ektachrome Infrared) zeichnet mit Hellorange-Filter Schwarz und Blau entweder schwarz oder rot auf, Grün entweder blau oder purpur bis rot (Laub), Rot entweder grün oder (meist) gelb, Gelb und Weiß entweder weißlich oder bläulich weiß. Belichtung bei Tageslicht um die Mittagszeit mit Orangefilter etwa entsprechend ISO 100/12°, mit Kunstlicht ohne Filter wie ISO 500/28°.

Phantasie-Farbdias von Schwarzweiß-Negativen

Zweifellos gibt es eine ganze Reihe interessanter Methoden, schwarzweiße Bilder phantasiefarben zu colorieren.

- *Das Sandwich-Verfahren* (Seite 193)
  Die Montage eines schwarzweißen und eines farbigen Bildes stellt allerdings einen einschneidenden Eingriff ins Motiv dar.
- *Die Color-Fotografik*
  In jeder für die Color-Verarbeitung umgerüsteten Dunkelkammer können auf verhältnismäßig einfache Weise Color-Pseudo-Solarisationen und Color-Isohelien (25 A) hergestellt werden.
- *Das optische Colorieren von Negativen*
  Von diesem speziellen Farblicht-Kopierverfahren, mit dem zwei, notfalls sogar drei Farben in eine Schwarzweiß-Vorlage hineinpraktiziert werden können, soll in diesem Abschnitt die Rede sein.

Schon seit geraumer Zeit hat mich das Problem beschäftigt, Schwarzweißbilder außerhalb der Dunkelkammer »anzufärben« – und zwar, ohne das Motiv umzugestalten.

Ein sicherlich auch Ihnen bekanntes Verfahren, zarte Negative zu verstärken, wies mir endlich den einzuschlagenden Weg. Die Schichtseite des vor dunklem Hintergrund angeordneten Negatives wird dabei mit streifend einfallendem Licht bestrahlt. (Bei einem Mindestabstand Lichtquelle–Negativ von einem Meter ist mit einer Leuchte auszukommen. Kürzere Abstände erfordern beidseitige Streiflichtbeleuchtung.) Selbst ganz leichte Schwärzungen leuchten nun verhältnismäßig hell auf. Die durchsichtigen Stellen reflektieren das Streiflicht kaum und bleiben daher dunkel. Wir sehen das Negativ also positiv. Reproduzieren wir das Ganze, so erscheint auf dem Film wieder ein Negativ, das allerdings wesentlich kräftiger ist als das Original. Nun machen wir folgendes: Wir bestrahlen auf diese Weise ein normal belichtetes und möglichst kräftiges Negativ. Die schwarze Hintergrund-Fläche ersetzen wir durch eine weiße. Die wird schwach bestrahlt. Die Leuchtdichte dieser Fläche muß so sorgfältig abgestimmt werden, daß sie durchs Negativ hindurch beobachtet zwar immer noch dunkler erscheint als die hellsten, im Streiflicht aufglänzenden Bildteile, aber doch heller als die Details, die nur ganz schwach vor sich hin funkeln.

Wenn wir das nun abfotografieren, erhalten wir als Ergebnis ein Schwarzweiß-Negativ, das gleichzeitig negative (Streiflicht bestrahlte) und positive (durchleuchtete) Details enthält. So kommt also durch eine Sondermethode der Reproduktion ein interessanter Typ von Positiv-Negativ-Kombination zustande.

Von dieser Schwarzweißgestaltung zur Farbgestaltung bedarf es nur eines Schrittes. Wir verwenden einfach farbiges Licht, als Streiflicht, zum Beispiel blaues und für die Beleuchtung der Rückfläche rotes.

Wichtig: Die Streiflichtquelle ist gut gegenüber der Rückfläche abzuschirmen, da sonst die Sättigung der von ihr reflektierten Farbe beeinträchtigt wird. Reproduktion mit möglichst brillantem Farb-Umkehrfilm ergibt zweifarbige Dias. Meine Versuche sind zu meiner eigenen Verblüffung auf Anhieb gelungen. Voraussetzung, daß alles klappt, ist eine sorgfältige Helligkeitsabstimmung der beiden Lichtfarben. Der Effekt ist glücklicherweise mit dem Auge ganz gut zu kontrollieren. Wird eine zweifarbige, weiß bestrahlte Rückfläche verwendet, so kommen dreifarbige Bilder zustande.

Die Schwarzweißvorlagen müssen – das darf ich nochmals betonen – sehr hart sein. Weiche Vorlagen sind gegebenenfalls erst auf Dokumentenfilm (Seite 162) umzukopieren. In meinem SW-Vergrößerungsbuch (20 A) sind eine ganze Reihe solcher farbigen Fotographikgestaltungen abgebildet.

Bitte beachten: Der leidige Staub leuchtet hell auf und stört auf den Farbgestaltungen sehr. Negative also sorgfältig reinigen!

Übrigens: Auch Vergrößerungen lassen sich auf Farbfilm angefärbt reproduzieren – und zwar per Doppelbelichtung durch Filter in komplementären Farben, zum Beispiel:

1. Aufnahme	2. Aufnahme
Grünfilter	Purpurfilter
Rotfilter	Blaugrünfilter

Natürlich funktioniert das mit der mehrfarbigen Anfärbung nur dann, wenn Sie für die beiden Einzelaufnahmen verschiedene SW-Vergrößerungen als Vorlage verwenden – oder aber verschiedene

Ausschnitte oder Abbildungsmaßstäbe benutzen. Es entsteht also ein echter Doppelbelichtungs- und Bildmischungseffekt.

Telegramm-Information:

- Zweifarbige Repros harter Schwarzweiß-Negative:
  Negativ mit Farbstrahler im Streiflicht so beleuchten, daß Schwärzung positiv zu sehen ist. Fläche hinter Negativ mit andersfarbigem Licht wohlabgestimmt bestrahlen. Vorlagen gut entstauben und dann mit Farbdiafilm reproduzieren.

Sandwich-Tricks und andere Dia-Montagen

Immer wieder habe ich Lichtbildvorträge über die verschiedensten Themen zu halten – und ich gestehe, daß ich das auch ganz gerne mache. Bei der Vorbereitung geht es mir hauptsächlich darum, den Text in Verbindung mit der Bildfolge so durchzugestalten, daß alle, die mir zuhören, zugleich für mein Thema gewonnen und darüber gut informiert werden (27 A). Natürlich stellt sich mir auch immer wieder die Frage, wie läßt sich so ein Vortrag mit besonders attraktiven, besonders auffälligen und besonders aufsehenerregenden Bildern anreichern! Nun – ich will jetzt 12 erprobte Möglichkeiten verraten, bereits fertige Farbdias noch zusätzlich für die Projektion aufzubereiten – und das mit geringem Aufwand und ohne daß dazu eine Dunkelkammer erforderlich wäre. Mit Vieren dieser Montage-Verfahren läßt sich während der Projektion sogar Bewegung ins Bild bringen. Diese vier ergänzen und erweitern die projektor-eigenen Möglichkeiten des Verlebendigens von Projektionsbildern, wie etwa das Drehen der Bildbühne oder die Änderung der Bildgröße per Vario-Objektiv oder Iscorama-Vorsatz (Seite 127).

Die überwiegende Mehrzahl der Montage-Tricks – 9 von 12 – basiert auf dem Sandwich-Prinzip. Dabei werden zwei oder mehrere Dias beziehungsweise Zusatz-Materialien hintereinander angeordnet. Es empfiehlt sich, sehr helle – 1/2 bis 1 Stufe überbelichtete – Dias für derartige Montagen heranzuziehen, damit das komplette Bild nicht zu dunkel ausfällt. Die übereinanderliegenden Farbdichten addieren sich! Am Rande sei erwähnt, daß wertvolle,

Pseusol-Film-Kopie vierten Grades von Sandwich-Montage (En-Face-Farbdia und Profil-SW-Silhouetten-Dia).

aber bedauerlicherweise etwas flaue, weil zu helle Dias mit einem Sandwich-Verfahren aufgemöbelt werden können. Sie lassen von dem betreffenden Bild zwei genau gleiche Dups (Duplikat-Dias) anfertigen. Die montieren Sie auf dem Leuchtkasten passergenau zusammen. Bitte die Ränder des Sandwiches mit Klebestreifen säumen! Die Montage läßt sich direkt projizieren oder kann nochmals dupliziert werden. Kontrast und Farbsättigung des Bildes werden so wesentlich gesteigert.

Durch einfaches Duplizieren überbelichteter Diapositive läßt sich zwar eine dunklere Wiedergabe erreichen, die Farbsättigung wird aber nicht wesentlich verbessert. Nun aber wirklich zu unseren 12 Montage-Möglichkeiten:

1. Kombination zweier geeigneter Farbdias

Es kann sich sowohl um normale als auch um verrückte Motive handeln. Höchste Projektionsschärfe wird durch Schicht-auf-Schicht-Montage (eigentliches »Sandwich«-Prinzip) erreicht. Dazu muß eines der Dias seitenverkehrt in das Rähmchen eingelegt werden. Grundsätzlich ist aber auch die Montage Schichtseite-Rückseite möglich (notfalls Dup anfertigen lassen!).

Im Gegensatz zur Mehrfachbelichtung (Seite 23), aber genau wie bei der Fotomontage, kommen die Motive der Einzelbilder besonders gut zur Geltung, wenn deren Hintergründe extrem hell sind.

2. Kombination von einem Farb- und einem Schwarzweiß-Dia (oder Negativ)

Dazu eignen sich insbesondere harte und auch auf hartes Material aufgezeichnete Schwarzweiß-Motive.

Besonders dekorativ: positive oder negative Silhouetten, zusammenmontiert mit Colordias von farbigen Strukturen. Ich habe derartige Montagen zur Gliederung einer Tonbildschau benutzt – und, wie ich meine, mit Erfolg.

Versuchen Sie es aber auch einmal mit harten Gegenlicht-Aufnahmen oder Filmkopien von Pseusol-Gestaltungen (Seite 215).

3. Kombination von farbigen oder schwarzweißen Dias mit farbigen Rasterfolien

Die Rasterfolien für grafischen Bedarf (Seite 214) sind nicht nur in Schwarz, sondern auch in Rot, in Blau und in Grün zu haben. Farbdias lassen sich gegebenenfalls sogar mit Hilfe eines Belages aus dünnen Stoffen, Seidenpapier und ähnlichem strukturieren.

Fällt die Montage zu dunkel aus, ist sie einfach aufgehellt zu duplizieren. Zum Sandwichen lieber nicht die Original-Rasterfolie, besser ein Repro-Foto davon – je nachdem – auf Dia- oder Dokumentenfilm benutzen!

4. Kombination zweier gleichartiger Dias Schicht an Rücken

Es muß sich um Aufnahmen mit tatsächlich identischem Bildausschnitt handeln – um Dups oder um Dias, die kurz nacheinander vom Stativ aus fotografiert worden sind. Werden die zunächst einmal zur Deckung gebracht und dann leicht gegeneinander verdreht, so zeigt sich eine zarte, kreisförmige Struktur. Das Ausmaß der Verdrehung ist allerdings sorgfältig abzustimmen. Außerdem erscheint die Kreisform nur auf Montage-Dias mit sehr vielen winzigen Details: etwa mit Laub, Gras, gemusterten Stoffen, Baumrinde, Mosaik.

5. Kombination zweier gleichartiger Dias oder Dups Schicht auf Schicht

Dabei wird zwangsläufig ein Dia seitenverkehrt in das Rähmchen eingelegt. Das Ergebnis: Unser Sandwich bekommt einen axialsymmetrischen Charakter!

6. Kombination eines Farbdias mit einer zarten Schwarzweiß-Negativ-Kontakt-Kopie

Etwas seitlich zueinander versetzt, ergeben die beiden Bilder einen deutlichen Relief-Effekt.

7. Kombination eines Farbdias mit einer harten Schwarzweiß-Positiv-Kopie

Die Kopie (natürlich wie auch das Zwischennegativ im Kontakt hergestellt) soll auf hartes grafisches Material (Seite 162) angefertigt werden. Original-Farbdia und Positiv-Kopie deckungsgleich miteinander montiert, ergeben bei geeigneten Motiven eine kontrastreiche, grafisch wirkende Gestaltung.

8. Kombination von bis zu drei hellgrundigen Dias mit Zwischenräumen zwischen den Schichten (Bewegungseffekt)

Die einzelnen Aufnahmen sind in Papprähmchen zu fassen und diese sind dann zusammenzukleben. Dadurch kommt »Luft« zwischen die Dias. Bei der Projektion wird vor den Augen der verblüfften Zuschauer durch Objektivverstellung die Schärfe zwischen den einzelnen Bildern nach Belieben hin und her verlagert. (Das gelingt um so besser, je kürzer die Projektionsbrennweite ist!)

Wichtig: Die Hintergründe der Bilder sollen weiß sein. Durch leichtes Überbelichten sind diese hellsten Stellen dann so klar durchsichtig zu halten, daß sie im Bedarfsfalle mit einer Fensterscheibe konkurrieren können. Interesse verdienen auch Kombinationen, deren Einzelmotive so aufgenommen worden sind, daß sie sich in der Montage gegenseitig nicht überschneiden.

9. Kombination von Dia mit Cellophan und Polfilterfolie (Bewegungseffekt)

Das im Projektor der Lichtquelle zugewandte Deck-Gläschen ist durch ein Stück Polfilterfolie zu ersetzen. Davor wird das Dia und etwas gefaltetes Cellophan angeordnet. Ein weiteres Polfilter, vor dem Objektiv gedreht, läßt die mit Cellophan bedeckten Stellen in wechselnden Farben aufleuchten, die cellophanfreien Bildteile bald dunkel, bald mehr oder weniger hell erscheinen.

10. Kombination von vier Dups zum Viererblock

Vier Duplikate eines möglichst grafischen Motives werden mit dünnen schwarzen Klebestreifen diesmal nicht hintereinander, sondern nebeneinander und untereinander zu einem Viererblock zusammengefaßt.

Die Anordnung der Bilder:

oben links	seitenrichtig
oben rechts	seitenverkehrt
unten links	seitenverkehrt kopfstehend
unten rechts	seitenrichtig kopfstehend

Das Ergebnis ist ein zentralsymmetrisches Muster. Die ca. 50 × 75 cm große Montage läßt sich durch einen Kopierprozeß so verkleinern, daß sie von einem Projektor für 24 × 36 mm aufgenommen wird. Sollten die einzelnen Bilder ohne Verlust an Wirkung von 36 mm auf etwa 29 mm Breite verkürzt werden können, so passen sie in ein 7 × 7-cm-Rähmchen für 6 × 6-cm-Projektion. Vier Dup-Ausschnitte 19 × 19 mm zu einem Vierfachbild zusammenzufassen, das geht auch ganz gut, erfordert aber einiges an Fingerspitzengefühl.

11. Kombination von Viererblock mit normalem sowie Zirkular-Polfilter (Bewegungseffekt)

Ein Diaglas (Lampenseite) ist wieder gegen eine Polfilterfolie auszutauschen. Außerdem werden zwei Zirkular-Polfilter-Folienstücke (Seite 33) auf die Größe eines Einzelbildes zurechtgeschnitten. Diese sind zwischen Polfilter und Viererblock, und zwar vor zwei entgegengesetzt angeordneten Einzelbildern, anzuordnen.

Ein vor das Projektions-Objektiv gehaltenes zweites Polfilter läßt je nach Drehstellung einmal das eine Paar von überkreuzt angeordneten Bildern völlig verschwinden, dann wieder das andere. Zwischendurch sind alle vier Bilder zu sehen – allerdings in mehr oder minder gedämpfter Helligkeit.

12. Kombination mehrerer, nebeneinander angeordneter (Panorama-)Dias (Bewegungseffekt)

Geeignete Dias – gegebenenfalls Panorama-Serien – werden (mit Klebestreifen) in zwei längliche, etwa 5 cm breite Glasstreifen einmontiert. Der Streifen läßt sich in verschiedenen nichtautomatischen Projektoren nach dem Entfernen der Bildbühne vor dem Kondensor vorbeiziehen. (Wander-Panorama-Effekt!)

Telegramm-Information:

- Dia-Montagen im Sandwich-Stil (»Hintereinander-Kombination«) lassen sich kombinieren
  a) aus zwei Farbdias,
  b) aus Farb- und hartem SW-Dia,
  c) aus Dia und farbiger Rasterfolie, Gewebe oder Seidenpapier,

d) aus zwei geeigneten, etwas verdrehten Dups vom gleichen Motiv (Kreiseffekt),
e) aus seitenrichtigem und seitenverkehrtem Dup vom gleichen Motiv (Axial-Symmetrie).
f) aus Farbdia und seitlich versetzter SW-Negativ-Kopie (Reliefeffekt),
g) aus Farbdia mit harter SW-Positiv-Kopie,
h) aus drei Negativen mit Zwischenraum (Schärfenverlagerung beim Projizieren),
i) aus Dia sowie Polfilterfolie und Cellophan (Farbwandel durch Drehen von zweitem Polfilter vor dem Objektiv.)

- Für Dia-Montagen eignen sich leicht überbelichtete Bilder besonders gut.
- Dia-Montagen durch Reihung (»Nebeneinander«- beziehungsweise »Untereinander«-Kombination):

a) Vier Dups von einem Motiv teils seitenrichtig, teils seitenverkehrt, teils aufrecht, teils kopfstehend zu einem Viererblock mit zentralsymmetrischem Charakter reihen.
b) Hinter Block (Lampenseite) Polfilter anordnen. Vor zwei überkreuzten Bildern zwischen Dia und Filter zusätzlich Zirkular-Polfilter anbringen. Weiteres Polfilter vor Objektiv drehen.
c) Panoramareihen-Fotos in langen Glasstreifen montieren. Bei geeignetem Projektor vor Kondensor vorbeischieben.

Arrangement farbiger Papierbilder auf farbigem Fond

Randlos beschnittene Farbbilder erscheinen auf grauem Papier leuchtender als auf weißem und auf schwarzem brillanter als auf grauem.

Farbiger Untergrund kann die Bildwirkung unermeßlich steigern oder aber auch ebenso unermeßlich oder sogar noch unermeßlicher herunterdrücken.

Unter Garantie sind ästhetische Effekte zu erzielen, wenn zwei Grundregeln beachtet werden. Diese wurden auch beim Arrangement einiger unserer Farbtafeln auf Tonflächen beachtet.

- Der Untergrund soll in einer Farbe gehalten werden, die bereits im Bilde vorkommt – und zwar entweder in großen Flächen oder aber als auffällige Farbe in kleinen Tupfen auf bildwichtigen Details.
- Der Untergrund kann auch in einem zu wichtigen Bildfarben kontrastierenden Ton gehalten werden. Allerdings müssen Hel-

ligkeit und Sättigung der beiden Komplementärfarben einigermaßen übereinstimmen.

An sich stellt das Arrangieren farbiger Bilder auf farbigen Flächen fast eine gemeine Methode dar. Selbst Bilder, die nicht viel taugen, lassen sich damit nämlich attraktiv präsentieren.

Raffinierte Effekte entstehen, wenn mehrere unterschiedlich farbige Bilder einander auf farbigem Untergrund gegenübergestellt werden. Unter Umständen können wir sie alle gemeinsam mit farbigen Rasterfolien überkleben und somit strukturieren.

Telegramm-Information:

- Wirkungsvolle Präsentation farbiger Papierbilder auf farbigem Grund:
  1. Bildwichtige Farbe auch als Untergrund-Farbe wählen.
  2. Kontrastfarbe gleicher Sättigung und Helligkeit zu einer bildwichtigen Farbe aussuchen.

Teil V

Verrückte Motive – Verrückte Kombinationen

Daß Motive von sich aus verrückt phantastisch oder phantastisch verrückt wirken, kommt zweifellos vor, ist jedoch keineswegs der Normalfall! Den meisten Motiven wird erst vom Fotografen ein Hauch des Außergewöhnlichen verliehen – durch außergewöhnliche Gestaltungsmethoden, durch außergewöhnliches Arrangement. Es ist die Kombination scheinbar oder auch offensichtlich nicht zueinander passender Dinge, es ist die ungewöhnliche Beleuchtung, es ist die Verzerrung durch optische Mittel, die das Motiv erst aus dem Bereich des Normalen herausrückt, entrückt, verrückt!

Spiegeleien

Allenthalben und überall in diesem Buch stolpern Sie über den Spiegel als Trick-Hilfsmittel (Seite 39, 157). Geht er dabei zu Bruch – macht nichts! Verwerten Sie dann einfach die Splitter für ein Foto! Ein Porträt etwa, das sich in malerisch auf schwarzem Grund zusammengepuzzelten auseinanderklaffenden Scherben spiegelt, gemahnt mit seiner zerrissenen Struktur an den ganzen elenden Jammer der Vergänglichkeit.

Unwirkliche Faszination können jedoch im Planspiegel abgebildete Motive ausstrahlen, wenn das Spiegelbild selbst zwar sehr scharf, die Umgebung um den Spiegel herum aber total unscharf erscheint.

Dazu muß:

- der Abstand Kamera–Spiegel verhältnismäßig kurz, der Abstand Spiegel–Objekt verhältnismäßig groß gehalten werden,
- die Entfernungseinstellung auf die Gesamtstrecke Kamera–Spiegel–Objekt abgestimmt werden,
- die Blende möglichst weit aufgetan werden.

Interessant: Zerknitterte Silberpapierstreifen quer über einen Spiegel geklebt, sorgen für eine Überlagerung des Spiegelbildes mit Unschärfenkreisen (Seite 53).

Aparte Effekte entstehen auch, wenn Spiegelbild und Spiegel-Umgebung unterschiedlich farbig beleuchtet werden. Neben den eigentlichen Spiegeln können natürlich für Spiegeltrick-Fotos auch Hochglanzfolien, Wasserpfützen und einfache Glasscheiben herangezogen werden.

Gleichgültig, unter welchem Winkel unser Auge oder das Auge unserer Kamera den Metallspiegel anpeilt – immer erscheint die Spiegelung in annähernd unveränderter Helligkeit. Der allgemeine Leuchtdichteabfall des Spiegelbildes gegenüber dem Original liegt bei normalen Spiegeln knapp in der Größenordnung von etwa 1/2, bei Hochglanzplatten von 1 Blendenstufe.

Fensterglas oder Wasseroberflächen spiegeln um so kräftiger, je flacher der Reflexionswinkel ist – je schräger also in der Praxis der Peilwinkel der Kamera zur Fläche. Visiert die Kamera eine Scheibe im rechten Winkel an, so ist von der Spiegelung kaum etwas zu sehen. Bei einem Peilwinkel von 75° hingegen ist die Spiegelung bereits so kräftig, daß nur noch eine Belichtungszugabe von zwei Blendenstufen erforderlich wird (bei 86° 1/2 Blendenstufe!). Übrigens ist es zwar bekannt, daß ein Polfilter schräg anvisierte Spiegelungen löschen kann. Weniger hat sich jedoch herumgesprochen, daß bei entgegengesetzter Drehstellung des Filters die Spiegelung gegenüber ihrer Umgebung etwas kräftiger herausgekitzelt wird.

Schräg anvisierte Glasplatten ermöglichen einen Effekt, der wie eine Doppelbelichtung aussieht: die Kombination von einem gespiegelten und einem dahinter angeordneten Motiv.

Gebogene Spiegelflächen verursachen verzerrte Abbildungen. Hier einige ausgewählte Zerrspiegel:

- Wasseroberfläche mit Wellen,
- Durchgebogene Hochglanzfolie,
- Hochglanzfolie in einer Wasserschale liegend. Wasseroberfläche soll etwas bewegt sein,
- Christbaumkugel komplett oder als Scherbensalat,
- Dunkle Porzellan-Teekanne,
- Blanke Innenseite von Schöpflöffel,
- Rasierspiegel.

Genaue Scharfeinstellung ist in all diesen Fällen nur mit Hilfe einer Spiegelreflexkamera möglich. Steht nur eine Sucherkamera zur Verfügung, dann muß so kräftig, wie nur möglich, abgeblendet werden.

Bei kugeligen oder walzenförmigen Spiegeloberflächen liegt die verkleinerte beziehungsweise verschmälerte Abbildung optisch etwas näher an der Kamera als der improvisierte Zerrspiegel selbst. Andererseits befindet sich bei spiegeligen Hohlkugeln und Wannen das vergrößerte beziehungsweise breitgezogene Bild, das sich aus nahem Abstand ergibt, in einer sehr viel größeren Distanz. Oft ist die Abbildung sogar noch weiter als unendlich entfernt – optisch natürlich!

Das kopfstehende beziehungsweise sich verschmälernde Bild, das bei weitem Aufnahmeabstand erscheint, ist demgegenüber der Kamera wieder näher gelegen als der Spiegel selbst.

Das bedeutet praktisch: Mit Hilfe eines Rasierspiegels läßt sich also ein näheres sowie ein weiter entferntes gespiegeltes Objekt gleichzeitig scharf abbilden.

Telegramm-Information:

- Langbrennweitige Objektive geben ferne Objekte, die sich im Spiegel abbilden (Einstellung auf Distanz Kamera–Spiegel–Objekt), bei weiter Aufblendung scharf, die Spiegelbegrenzung und -umgebung unscharf wieder.
- Interessante Zerrspiegel: Christbaumkugeln (auch in Scherben), dunkles Porzellan, gewellte Wasseroberfläche, gebogene oder im Wasser liegende Hochglanzfolien. Entfernungseinstellung per Spiegelreflexsucher vornehmen oder sehr kräftig abblenden.

Kohlensäure-Blasologie

Zeitweise war ich so richtig auf dem Nahaufnahme-Trip. Ganze Serien von großaufgefaßten Blatt- und Blütenfotos begannen meine Diakästen zu bevölkern. Einige dieser Dias zeigten eine ganz merkwürdige Erscheinung: Eine Kette feinster hell aufleuchtender Perlen säumten die Umrisse der Blätter oder Blüten die ich aufgenommen hatte. Später habe ich auf Aufnahmen anderer Bildautoren (4 B, 18 B) ähnliche Glitzerperlen-Säume entdeckt. Wie aber kommt so etwas zustande?

Die Praxis: Beliebige Gegenstände werden in ein Glasgefäß mit möglichst kaltem Leitungswasser gelegt. Im Verlauf einiger Stunden scheidet das sich erwärmende Wasser Luftbläschen ab. Diese klammern sich an den Gegenständen fest. Bedauerlicherweise haften sie auch an der Wand des Glases. Von da müssen sie vorsichtig entfernt werden, beispielsweise mit Hilfe einer Stricknadel. Während der Wartezeit sollten Sie das Glas möglichst nicht bewegen, da sich durch die Erschütterung sonst viele Perlen lösen und hochsteigen.

Ich wurde bei meinen Experimenten kribbelig, weil ich mich immer so lange gedulden mußte. Deshalb bin ich kurz entschlossen dazu übergegangen, für einschlägige Gestaltungen Mineralwasser zu verwenden. Dann muß ich zwar nach dem Eingießen auch warten – aber nur ein paar Minuten, bis das lebhafte Sprudeln abgeklungen ist.

Im Mineralwasser lassen sich auf den eingebrachten Gegenständen größere und schönere Glasperlen nieder als im Leitungswasser. Außerdem neigen die Kohlensäurebläschen freundlicherweise nicht so sehr dazu, sich an die Glaswände zu klammern. Allerdings steigen immer wieder einmal Gasballons vom Boden des Gefäßes mitten durchs Objektfeld nach oben. Durch längere Belichtungszeiten – etwa zwischen 3 und 10 Sekunden – wird jedoch erreicht, daß im Bild nicht einmal eine Spur davon zu sehen ist. Als Beleuchtung sollte übrigens grundsätzlich Gegenlicht gewählt werden.

Die Gasperlen-Büroklammer-Aufnahme auf einer der Farbtafeln entstand am verflossenen Silvester. Da lag es natürlich nahe, mit farbigem Licht zu spielen. Außerdem habe ich mir eine besondere Extravaganz gestattet: statt in nüchternem Mineralwasser ließ ich die Büroklammer in Sekt baden!

Dabei trat eine ganz komische Erscheinung auf, die ich mir einfach nicht erklären kann! Nach der zehnten oder elften Aufnahme etwa sah ich die Klammer im Spiegelreflexsucher ganz deutlich doppelt! Auf allen entwickelten Bildern ist sie aber nur einmal drauf! Drollig – nicht?

Telegramm-Information:

- Kleine Gegenstände, eingetaucht in ein Glas mit Mineralwasser und von Gegenlicht bestrahlt, erscheinen umsäumt von geheimnisvoll aufleuchtenden Gasperlen. Damit Bläschen, die das Objektfeld durchschweben, im Bilde nicht zu sehen sind, sollte die Belichtung möglichst auf einige Sekunden ausgedehnt werden.

»Das Ei-nfache« oder »Schlußwortersatz«

Dies Buch beschäftigt sich vorwiegend mit *Fotomethoden,* mit *Fotomotiven* jedoch nur am Rande – sowie jetzt zu mehr oder minder guter Letzt!

Sowohl für normale wie für verrückte Fotomethoden sind einfache Objekte die geeignetsten Prüfsteine. Ich habe sehr viel mit einer simplen Zange herumexperimentiert. In Fotoschulen wird häufig den Schülern das Ei-nfachste vom Ei-nfachen in die Hand gedrückt – das Ei! Und schon in mancher Hand hat sich so ein schlichtes Hühnerprodukt in ein fotografisches Ei des Kolumbus verwandelt.

In diesem Zusammenhang muß ich an einige Farbaufnahmen denken, die mich unwahrscheinlich stark beeindruckt haben, an die *Color-Ei-fnahme* von Jirí Macák, Prag (4 B).

Objekt-Umgestaltung geschieht nun bei der Aufnahme und auch bei der Verarbeitung in der Dunkelkammer. An dieser Stelle interessiert lediglich die Aufnahme.

Die wichtigsten Beeinflussungsmöglichkeiten sind:

- Wahl des Filmtyps
- Blickpunkt der Kamera
- Festlegung des Objektausschnittes
- Abstand der Kamera vom Objekt in Verbindung mit der Wahl der Brennweite
- Schärfeneinstellung
- Abblendung
- Beleuchtung
- Wahl der Lichtfarbe
- Kombination des Objekts mit einem Hintergrund
- Kombination des Objekts mit anderen Objekten
- Beeinflussung der Schärfe der Objektumgebung
- Verformung des Objekts durch optische Mittel
- Vervielfachung des Objekts durch optische Mittel
- Einbringen des Objektes in ein ungewohntes Medium (etwa eine Flüssigkeit)
- Bewegung der Kamera während der Aufnahme
- Veränderung der Kamera-Brennweite während der Aufnahme
- Bewegung des Objektes

- Verformung des Objektes
- Zerstörung des Objektes.

Nicht nur die Bereicherung des Objektes durch Zusätze, nicht nur seine Vervielfachung – nein, auch seine scheinbare oder echte Deformierung kann ein bildgestalterisches Mittel sein. Unter »scheinbarer Deformierung« verstehe ich, daß das Objekt undeutlich im Bilde wiedergegeben wird.

Flamingo von Seite 163 nach 5. anamorphotisch verzerrender Reproduktion

Ich selbst gehe sehr weit mit dem Verundeutlichen, allerdings nicht bis zum völligen Verundeutlichen.

Meine Begründung dafür: Da im Moment der Aufnahme das Objekt vorhanden sein muß, ist das Foto mehr als alle anderen Formen bildnerischen Gestaltens dem Objekt verpflichtet. Bei aller Vorliebe für Experimentieren möchte ich einen Rest von Objekterkennbarkeit gewahrt wissen. Meine Bilder sollen Abbildungen bleiben – notfalls gerade noch Abbildungen. In Grenzfällen mag es – so paradox das klingt – nur noch die Bildunterschrift sein, die dem Betrachter den abbildenden Charakter des Fotos erschließt.

Um nicht mißverstanden zu werden: Ich kann nicht so weit gehen, Karl Paweks (12 A) Formel, daß »Photographie die optische Fixierung des Faktischen ist«, zu unterschreiben. Fotografie ist untrennbar mit Wirklichkeit verknüpft, aber sie ist nicht in der Lage, ein »Bild der wirklichen Wirklichkeit« zu liefern. Jedes Foto ist meiner Meinung nach Interpretation der Wirklichkeit, genau übrigens wie die Wahrnehmung unserer Augen und als solche Baustein für unser Weltbild (35 B, 36 B). Das beeinträchtigt keinesfalls den Wert einer Fotografie, denn alles, was um uns ist, können wir uns nur dann aneignen, wenn es in Phantasiebilder umgesetzt ist. Daher möchte ich das Dogma »Photographie, die optische Fixierung des Wirklichen« durch die Vorstellung ersetzen: Photographie ist ein Vehikel intellektueller und emotioneller Aneignung von Wirklichem – also nicht »das Wirkliche«, sondern »von Wirklichem«.

Wenn aber ein Foto eine derart innige Beziehung zu seinem Objekt hat, was soll dann die gestaltende Verunklärung des Wirklichen im Bilde? Das Recht zur Verunklärung ist abzuleiten aus der Blindheit des menschlichen Gehirns für alles, was es zu genau kennt oder zu kennen vermeint! Schwer zu Deutendes hingegen erregt Aufmerksamkeit, wird überdeutlich gesehen. Phantastische Fotopraktiken breiten den Schleier des Geheimnisvollen über sattsam bekannte Motive. Der Schleier ist es, der durch halbes Verhüllen und halbes Enthüllen Kopf wie Gemüt erregt. Der Schleier reizt – nicht das Wolltuch und nicht die völlige Entblößung.

Nicht die abgeschlossene Erkenntnis ist es, die den Menschen beglückt – sondern der Prozeß des Erkennens. Wenn wir unsere Motive daher aus der Normal-Lage herausrücken, schaffen wir uns eine neue Welt – ein Paradies voller Geheimnisse und Abenteuer. Das Geheimnis aber und das Abenteuer – ist das nicht ein unverzichtbarer Bestandteil des Glücks?

Telegramm-Information:

- Je einfacher unsere Objekte sind, desto besser eignen sie sich als Versuchskaninchen für normale oder verrückte fotografische Methoden.
- Der Sinn fotografischer Verunklärung liegt unter anderem darin, allzu vertraute Motive zu verschleiern und ihnen dadurch den Reiz des Geheimnisvollen zu verleihen.

Schnittmontage aus 3 Teilen ▶
Das Ergebnis wurde mit einem Breitwandobjektiv reproduziert und erscheint deshalb gedehnt (Dehnungsfaktor 1,5)

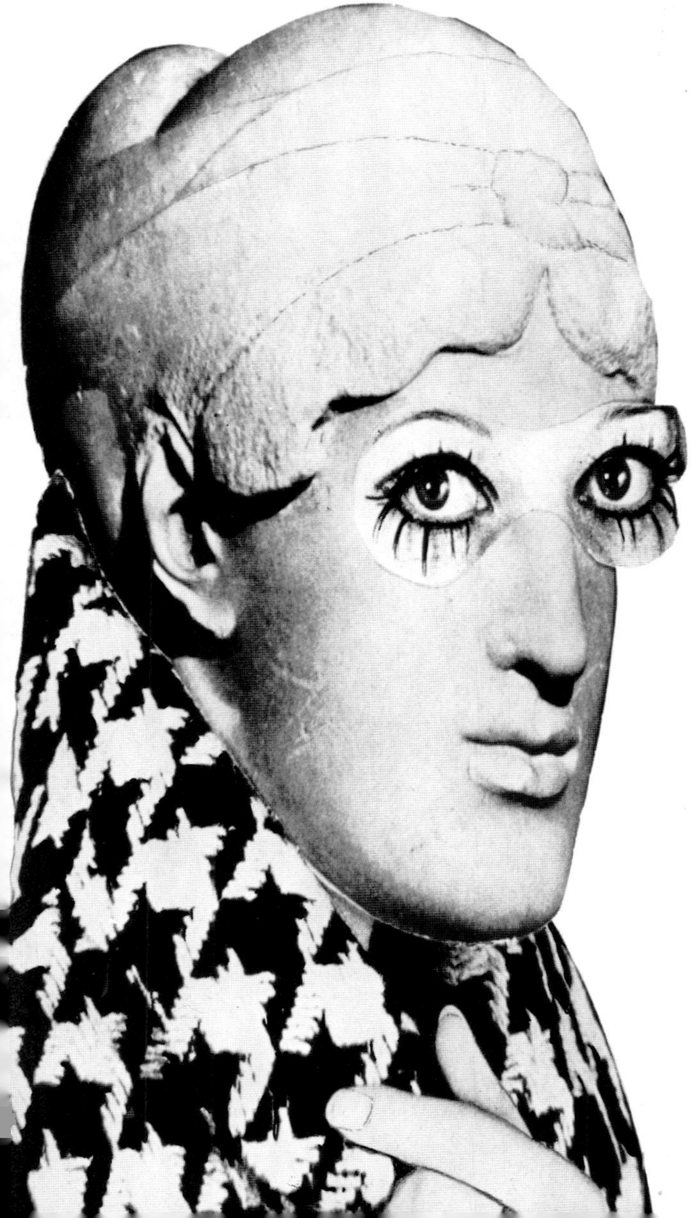

Siamesische Zwillinge
Links: Schnittmontage aus einer seitenrichtigen und einer seitenverkehrten Vergrößerung. Das zugrundeliegende Originalfoto wurde mit dem 21 mm-Superweitwinkel aufgenommen.
Rechts: Weitere Schnittmontage. In diesem Fall wurde das linke Bein angefügt.

Schnittmontage aus zwei seitenrichtigen und zwei seitenverkehrten Vergrößerungen von einer Super-Weitwinkelaufnahme. Die Gestaltung diente als Ausgangsprodukt für die farbige Titel-Fotografik.

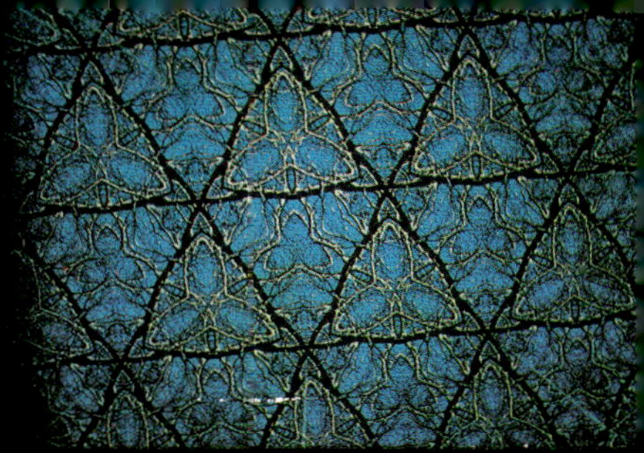

Kaleidoskop-Aufnahmen:
Oben links: Originalaufnahme des Kokons einer Zikadenpuppe.
Oben rechts: Diareproduktion: Beschneites Gezweig.
Mitte links: Diareproduktion: Kopf eines Sängers.
Mitte rechts: Diareproduktion: Mädchen im Freien, mit orange gefilterter Leuchte geblitzt.

Unten links: Diareproduktion: Windmühle (Amrum).
Unten rechts: Diareproduktion: verwischt aufgenommene elektrische Eisenbahn mit Innenbeleuchtung.

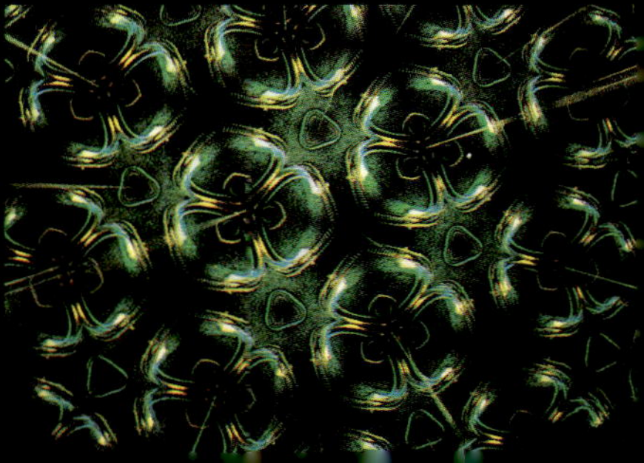

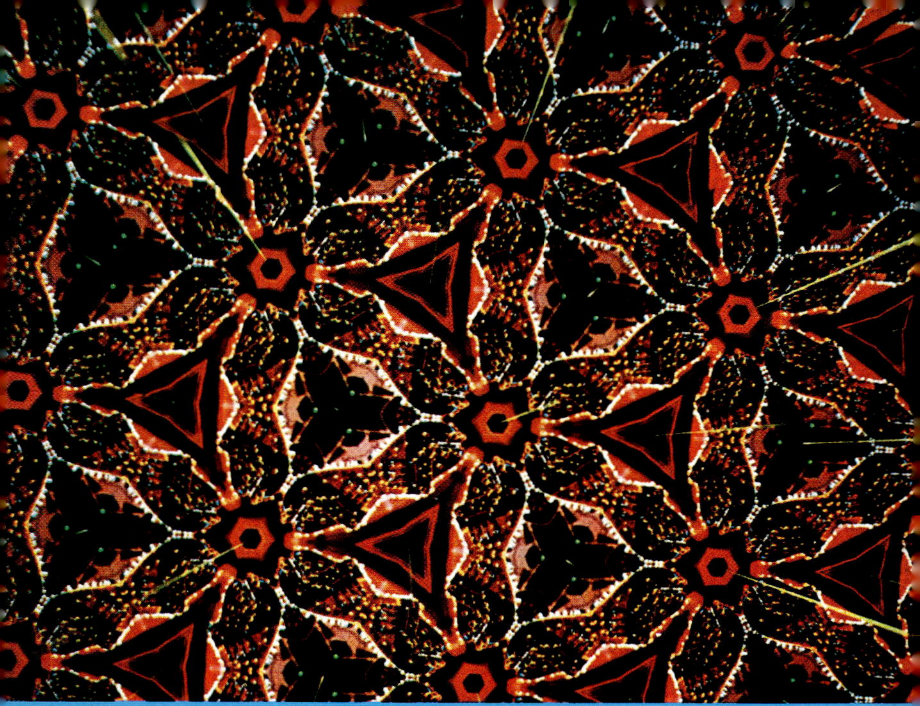

Links: Kleines Werkzeug, in Sekt getaucht und grün und blau beleuchtet.

Oben: Das gleiche Motiv, jedoch rot und gelb beleuchtet. Dia, im Kaleidoskopverfahren reproduziert.

Rechte Seite: Büroklammer im »Schampus«. Im Hintergrund ist unscharf ein blauer Comptaluxstrahler zu sehen.

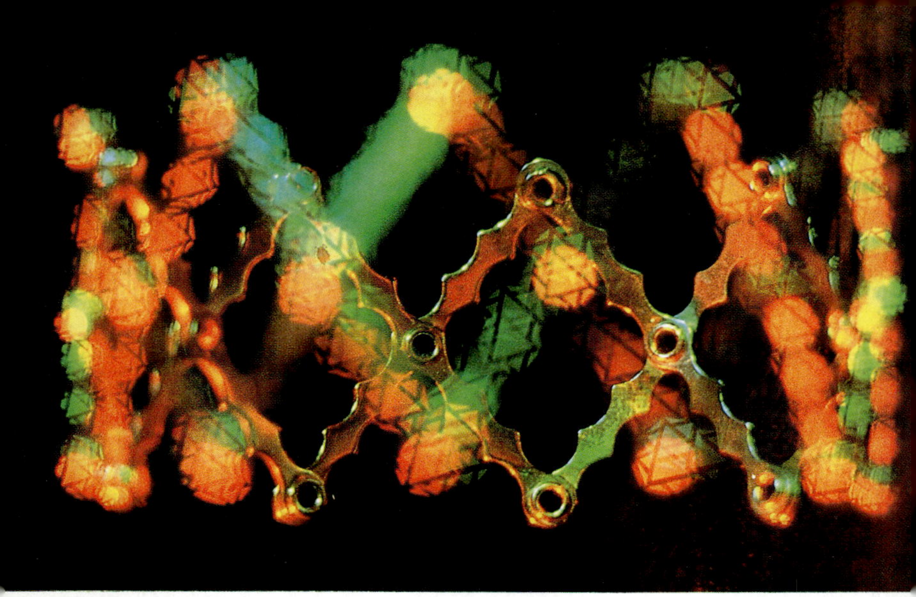

Haarreif aus Messing dreifarbig beleuchtet, angeordnet vor dunklem Hintergrund (schwarzer Seidensamt). Beim unteren Bild wurde das Objekt mit weit geöffneter Blende völlig verunschärft aufgenommen und somit die Lichtpunkte, die sich auf der glänzenden Oberfläche bildeten, in sich gegenseitig durchdringende Farbkreise verwandelt.
Im oberen Bild liegt die Schärfe auf dem hinteren Teil des Reifens. Die unscharfen Glitzerpunkte davor wurden durch eine Schablone vor dem Objektiv in einen Davidstern umgeformt.

Teil VI

Übersichten und Tabellen

Wichtige Tabellen und Übersichten im Textteil

Übersicht über Motiv-vervielfältigende Methoden zur Bildstrukturierung

Mini-Lexikon

Mini-Lexikon

Die bekannten fotografischen Begriffe sind in dieser lexikalischen Übersicht nicht erklärt, da sie dem Leser wohl vertraut sein dürften.

Akkomodation: Selbsttätige Anpassung des Auges an unterschiedlich weit entfernte Objekte.

Anamorphot: Spezial-Objektiv oder Spezial-Vorsatz, der ein Motiv bei der Aufnahme der Breite nach zusammenquetscht. Normalerweise erfolgt auch die Projektion einschlägiger Fotos mit Hilfe eines Anamorphoten. Dadurch wird das Motiv entzerrt, aber das Bildformat breit auseinandergezogen.

Auflösungsvermögen: Fähigkeit einer Schicht oder eines Objektives, nahe nebeneinander liegende Details ausreichend unterscheidbar wiederzugeben.

Beugung: Ablenkung eines Lichtstrahles durch eine Kante, an der er vorbeistreicht. Die einzelnen Farben im weißen Licht werden unterschiedlich stark abgebeugt. Beugungserscheinungen bilden sich auch an den Blendenlamellen.

Bildweite: Abstand zwischen Objektiv und der Bildebene. In der Kamera ist die Bildebene mit der Filmebene identisch.

Dioptrie: Maßeinheit für die Brechkraft einer Linse oder eines Objektives. Umrechnung von Brennweite in Dioptrie:

$$\frac{100}{\text{Brennweite (in cm)}} = \text{Dioptrie}; \quad \frac{100}{\text{Dioptrie}} = \text{Brennweite (in cm)}$$

Dokumentenfilm: Hartes Filmmaterial, wird meist für Reproduktionen verwendet. Steht in unsensibilisierter, orthochromatischer und panchromatischer Ausführung zur Verfügung.

Dup: Umgangssprachlicher Ausdruck für Dia-Duplikat.

Farbauszugsfilter: Sehr strenge Farbfilter. Mit ihrer Hilfe werden Color-Vorlagen reproduziert. Die Farbauszüge, die dabei auf schwarzweißem Material entstehen, werden für die Herstellung von Farbklischees benötigt.

Fisheye: Objektiv mit extrem kurzer Brennweite. Gibt die Objekte in sphärischer Perspektive wieder (Seite 109).

Fluoreszenz: Manche Materialien werden durch Einwirkung ultravioletter Strahlen dazu angeregt, selbst längerwellige Strahlung, insbesondere Licht, auszusenden. Diese Erscheinung wird gewöhnlich als Fluoreszenz bezeichnet. Blaulicht ruft mitunter gelbe und rote, Grünlicht rote Fluoreszenz hervor (Seite 185).

Fotogramm: Volkstümliche Bezeichnung für ein Bild, das durch Belichten von mit einem oder mehreren Gegenständen bedeckten Vergrößerungspapier oder Planfilm zustande kommt. »Fotogramm« darf nicht mit »Photogramm« verwechselt werden. Bei letzterem handelt es sich um ein Meßbild (Photogrammetrie).

Gradation: Maßeinheit für die Kontrastwiedergabe fotografischen Materials. Hartes Dokumentmaterial hat eine »steile«, weiches Filmmaterial eine »flache« Gradation.

Halogenlampen: Glühlampen, die mit Halogengas (Jod, Brom) gefüllt sind. Das Gas verbindet sich mit dem von der Wendel absprühenden Wolfram zu Wolframhalogenid. Ein Teil der Wolframhalogenid-Moleküle zerfällt in der Nähe der heißen Glühwendel, an der sich dann das freigewordene Wolfram wieder anlagert. Durch diesen Kreislauf wird eine Abschwärzung des Lampenkolbens verhindert, was wiederum zu einer hohen Konstanz von Lichtstrom- und Farbtemperatur der Lampe während ihrer gesamten Lebensdauer führt.

Infrarot: Nahezu unsichtbare Strahlung. Schließt sich in der Wellenlängenskala an das rote Licht an.

Kompendium: Gegenlichtblende mit verstellbarem Lederbalgen. Wird für Trickaufnahmen (Foto und Film) verwendet.

konkav: Wölbung einer Hohlform (Siehe: Zerstreuungslinse).

konvex: Wölbung einer Form nach außen (Siehe: Sammellinse).

monochrom: Wörtlich ist monochrom mit »alleinfarben« zu übersetzen. Bei Farbfotos: Vorherrschen eines einzigen Farbtones.

orthochromatisch: Schwarzweißmaterial, das für UV, Violett, Blau, Grün, Gelb und Orange empfindlich ist. Rot wird schwarz wiedergegeben.

panchromatisch: Schwarzweißmaterial, das für UV, Violett, Blau, Grün, Gelb, Orange und Rot empfindlich ist. Rot wird verhältnismäßig hell wiedergegeben.

Panorama-Kamera: Besonderer Kameratyp, mit dem ein extrem breites Bildfeld durch Verschwenken des Objektives während der Belichtung zu erreichen ist.

Polfilter: Natürliches Licht ist unpolarisiert. Die einzelnen Strählchen führen ihre Schwingungsausschläge in beliebiger Richtung durch. Polarisiertes Licht besteht aus Strählchen, die alle vorwiegend in einer Ebene ihre Wellenausschläge vollziehen. Polfilter machen aus natürlichem Licht polarisiertes. Bereits polarisiertes Licht wird von diesen Filtern bei entsprechender Drehstellung gelöscht. Deshalb lassen sich zwei hintereinander angeordnete Polfilter so kreuzen, daß man nicht durch sie hindurchsehen kann (Seite 32). Unser Auge nimmt keinen Unterschied zwischen natürlichem und polarisiertem Licht wahr.

Pseusol-Effekt: Eine Methode der Umsetzung von Bildern mit Grauflächen in Linienbilder. Näheres unter »Solarisation«.

Rasterfolie: Transparente Folie mit oder ohne einseitigem Klebstoffbelag schwarz, rot, grün oder blau strukturiert. Wird von Spezialgeschäften für Zeichenbedarf geliefert.

Sammellinse: Ein- oder zweiseitig (bikonvex) geschliffene Linse. Positive Menisken haben eine konvexe und eine schwächer brechende konkav geschliffene Seite. Sammellinsen werden als Nahlinsen verwendet.

Sandwich-Dia: Eigentlich Dia-Kombination, bei der zwei Bilder Schicht auf Schicht gelegt werden. In unserem Zusammenhang werden alle Montagen mit mehreren, hintereinander angeordneten Dias als »Sandwich« bezeichnet.

Schnittweite: Abstand des Scheitels der letzten Linse im Objektiv von der Bildebene.

Solarisation: Mit Solarisation wird meist nicht ganz korrekt die sogenannte Pseudo-Solarisation (Sabattier-Effekt) bezeichnet. Nach einer Erstentwicklung wird das lichtempfindliche Material (Dokumentenfilm, Reprofilm, hartes Papier) einer genau abgestimmten Zweitbelichtung mit künstlichem Licht ausgesetzt und anschließend kurzzeitig weiterentwickelt. Dadurch werden die bisher hell gebliebenen Bildteile veranlaßt nachzudunkeln. Es tritt teilweise Bildumkehrung ein. Noch interessanter ist jedoch, daß sich zwischen den ausgeprägten »Erstbelichtungsschwärzungen« und den »Zweitbelichtungsschwärzungen« helle Linien bilden. Gut zu steuernde Pseusol-Effekte gelang es mir dadurch zu erreichen, daß ich die Zweitbelichtung des Materials in einem Bromkalibad vorgenommen habe (genaue Angaben darüber in 20 A). Gleichartige Effekte konnten früher mit dem sogenannten Agfacontour-Film erzielt werden, dessen Produktion allerdings inzwischen eingestellt worden ist.

Super-Weitwinkel: Kurzbrennweitiges Objektiv. Die Brennweite ist kürzer als die kleinere Formatseite. Super-Weitwinkel zeichnen jedoch im Gegensatz zum Fisheye die Motive in der üblichen Zentralperspektive auf.

Synchronisation: Von sich öffnendem Kameraverschluß gesteuerte Kontaktgabe, die die Zündung eines Blitzlichtgerätes bewirkt. Alle Kameras sind heute mit dem X-Kontakt ausgestattet. Gemäß Normentwurf 19040 »bewirkt« dieser die »Kontaktgabe kurz vor dem Zeitpunkt, an dem der photographische Verschluß seine volle Öffnung erreicht«. Mit dem X-Kontakt werden Blitzlampen und E-Blitzgeräte betrieben. Kameras mit Verschlüssen, die sich anders verhalten, deren Synchronisation aber häßlicherweise dennoch als X-Kontakt bezeichnet wird, sind vereinzelt anzutreffen.

Der nur noch in älteren Kameras eingebaute M-Kontakt bewirkt eine Kontaktgabe 16,5 ms (1 ms = 1/1000 sec) vor Verschlußöffnung. Er dient zur Benutzung mancher Blitzlampentypen in Verbindung mit kürzeren Verschlußzeiten. Der F-Kontakt – meist Schlitzverschlußkameras als Zweitkontakt eigen – bewirkt Kontaktgabe zwischen 5 und 10 ms vor Verschlußöffnung.

Unsensibilisiertes Filmmaterial: Film, der nur für ultraviolette, violette und blaue Strahlung empfindlich ist.

Vario-Objektiv: Objektiv mit kontinuierlich veränderlicher Brennweite (Seite 95 f.).

Zerstreuungslinse: Ein- oder zweiseitig konkav geschliffene Linse. Negative Menisken besitzen eine stark brechende konkave und eine schwächer brechende konvexe Fläche. Zerstreuungslinsen können dazu benutzt werden, optische Systeme auf weiter entfernte Objekte abzustimmen.

Zirkular-Polfilter: Filter, das durchdringende Lichtstrahlen in einen besonderen polarisierten Zustand versetzt. Derartige Filter sind, je nachdem, ob die eine oder die andere Seite dem Auge beziehungsweise der Kamera zugewandt ist, wahlweise als Zirkular- oder als normales Polfilter zu benutzen.